画像石鉴赏

看得见的汉朝生活图志

张道一◉著

文化艺术出版社
Culture and Art Publishing House

图书在版编目（CIP）数据

画像石鉴赏：看得见的汉朝生活图志 / 张道一著.
— 北京：文化艺术出版社，2018.12
ISBN 978-7-5039-6657-6

Ⅰ.①画… Ⅱ.①张… Ⅲ.①画像石—研究—中国—汉代
Ⅳ.①K879.424

中国版本图书馆CIP数据核字（2018）第299581号

画像石鉴赏

看得见的汉朝生活图志

著　　者　张道一
责任编辑　董良敏
特约审读　顾　颖
书籍设计　马夕雯
出版发行　文化艺术出版社
地　　址　北京市东城区东四八条52号　（100700）
网　　址　www.caaph.com
电子邮箱　s@caaph.com
电　　话　（010）84057666（总编室）84057667（办公室）
　　　　　（010）84057696　84057699（发行部）
传　　真　（010）84057660（总编室）84057670（办公室）
　　　　　（010）84057690（发行部）
经　　销　新华书店
印　　刷　国英印务有限公司
版　　次　2019年4月第1版
印　　次　2019年4月第1次印刷
印　　张　26.75
字　　数　430千字
开　　本　880毫米 × 1230 毫米　1/16
书　　号　ISBN 978-7-5039-6657-6
定　　价　98.00元

作者简介

张道一，中国当代著名工艺美术理论学者，享受国务院政府特殊津贴。1953—1957年先后跟随著名美术家陈之佛、庞薰琹研修图案和工艺美术史论。1958年起任教于南京艺术学院。1994年调入东南大学任教，创建我国第一个艺术学系。著有《吉祥文化论》《造物的艺术论》《张道一论民艺》《中国拓印画通览》《美哉汉字》《汉画故事》《设计在谋》《孝道图：二十四孝图等考析》《纸马：心灵的慰藉》等数十种著作，发表论文近300篇。

目 录

第二部分　赏——画像石赏析

深沉雄大的艺术

——汉代石刻画像概说

（代序）

在中国的历史长河中，汉代是一个很重要的朝代。两汉400多年，正是封建社会上升和发展的阶段，各方面都呈现出无比的活力，显示出一种巨大的力量。对于我国的传统文化，“先秦诸子”的文献都经过整理和过滤，新的思想得到增饰和发挥。直到现在，我们的文化仍然炫耀汉唐的辉煌。如果说唐代文化以富丽壮美著称，那么，正是汉代的深沉雄大而质朴无华，奠定了深厚的基础。因此，就艺术方面看，不论是对其艺术成就进行分析还是对其历史的研究，特别是有关艺术的原理，它是怎样形成的，又是怎样发展的，探讨一些规律性的问题，显得十分必要。其中，画像石和画像砖就是很突出的两项。人们在当时的物质条件下，选取了石头和砖头作为艺术的载体，注入以生命，使坚硬冰冷的东西带着温暖，产生情感，创造了艺术的辉煌，将造型艺术推向一个历史的高峰。

一、艺术的“进化论”

过去的艺术与现代的艺术不一样，不仅对内容和审美的要求有别，在形式上也有很大的差异，总之是所处的时代背景变了，人们的价值观念取向也不一样。我们是现代人，必然以今天的文化观念看过去，然而汉代已距我们2000年左右，不可能要求汉代人同我们一样，应该持以唯物史观。如果以生物的“进化论”做比较，艺术的成长与发展，也有自身的过程，总是由简而繁，由单一到多样。我们知道，汉画像石是刻在平面之石头上的，画像砖则是模印在砖坯上，这种艺术的“载体”今天已很少见到，尤其是画像石，虽然是刻在石头上，却又不同于西方人所说的“浮雕”。有人用现代的艺术分类学去套画像石，结果套不准确，便提出了“拟绘画”“拟雕刻”

和“准绘画”“准雕刻”之类的名称，实际上是颠倒了事物发展的关系。画像石所刻的石头主要用于建筑，成为建筑（祠堂、墓室、门阙和棺椁）的一部分，也就是说，它起初不是独立的一幅一幅（一块一块）的作品，而是用于建筑装饰，有的作为殡仪，有的供人观览。它的画面基本上是线条，或者在线条的基础上将空白处“减地”，使形象突出。也正因为如此，可以将画面用纸墨拓印下来，成为拓片，这也是一种中国式的“版画”。如果用今天的艺术分类学去衡量，便跨在了建筑、雕刻和版画之间，或者说兼有三者的特点。那么，它究竟算什么呢？汉朝人称此为“雕画”（雕画成章），清朝人叫作“画像石”，这是很确切的。需要指出的是，在此时期纸张还没有普及，蔡伦虽然改进了造纸的技术，但纸的使用范围不大，也就是说，到东汉时期纸张并没有作为绘画的最佳选择。对于艺术的载体来说，纸本绘画在东汉之后才得到发展。因此，画像石正好说明了事物发展是由笼统而具体、由综合而单一的规律，说明那时的绘画虽然在表现方法上趋于成熟，却没有完全独立，仍然依附于实际的应用。即使所谓的“壁画”，即文献中画在宫廷、庙堂的墙壁上和现在还能见到的墓室的石灰墙上所作的绘画，也是如此。这是一种混元一体的艺术，带有综合的性质，以后才逐渐分化、派生出不同的艺术形式，它是符合事物发展的历史逻辑的。

从艺术的发展规律看，是使用价值先于审美的价值。画像石“附着”在建筑上，在当时是合理的存在。正因为建筑有此要求，才为绘画提供了这种发展的条件。它在实用中孕育了绘画，并逐渐走向了成熟。

二、成熟的“果实”

今天的艺术已经发展得门类齐全，就像一棵参天大树，枝干交错，郁郁葱葱，如果从“大美术”的眼光看，汉代的各种艺术因素虽已具备，但还没有分得那么细致，不像今天艺术分类学那么条理分明，并适应着各方面的需要，各显其技，各尽其能。这是事物的发展规律。任何事物的发展总是由单一到多样的，美术当然也不例外。汉代的绘画，即通常称作“汉画”者，除了画像石之外，还包括墓室壁画、帛画和画在其他材料上的绘画（如漆画），但比较起来，画像石不仅数量多、内容丰富，在表现手法上也更加完美。画像石在今天的概念中并非纯属于绘画，实际上它同建筑、雕刻、装饰等紧密结合着，又是丧葬习俗的一部分，因而得以保留至今。也就是说，它的用途和艺术手法是带有综合性的。这种综合性在现代艺术中已很少见到。

从内容上看，画像石所表现的几乎无所不包，它不但反映了一个汉代社会，而且表现了一个想象奇异的神话世界，把汉朝人脑子里所想的、所希求的都揭示出来了。时隔2000年左右，社会的变化很大，当我们去欣赏那些刻在石头上的画面时，有的虽已不明其意，也有的并不陌生。譬如那些礼仪和宴会的场面、庖厨和杂技，以及耕田者、纺织者和打铁的人。有些生活和生产的方式至今仍在延续。由此也可看出，民族文化的脉络是难以割断的。它的变化正是说明文化的生命力、源远流长不等于一成不变，有变化才有活力，有活力才能发展和前进。所以说，我们回头看那些画像石时，有的看得懂，有的看不懂，可以说是很自然的现象。因此，我们要对画像石进行“解读”和“诠释”，也就是人们常说的“现代语释”。

我们研究绘画的历史，特别是写实性的绘画，不在于古人画了什么，而是他们在表现什么和怎样表现。不能说画了一只鸟就是“花鸟画”，画了一棵树就是“山水画”。画人物也是如此。如果所画的人物仅仅是带有宗教性的仪式，类似偶像，和为了表现某一事件而刻画的情节场面是不一样的，至少有程度上的差别。譬如画像石中的《荆轲刺秦王》，从揭示历史背景到壮士的侠义和勇武，从画面的人物关系到“图穷匕见”的紧张气氛，好像画面中的一切都在刹那间，足见汉画作者在创作上的严谨态度与深厚功底。这使人联想起“风萧萧兮易水寒，壮士一去兮不复还”的悲壮诗句。中国的绘画，像这样深刻地反映历史、故事事件和情节的，以前没有过，只有到了画像石的艺术，才表现得如此深刻，如此成熟。

自从有了艺术的专业和职业，也就出现了艺术的“自娱性”和“娱他性”。也就是说，创作艺术的人尽管在创作过程中和艺术融在了一起，在塑造人物的个性时，或在表现大自然的意境中，得到了一种精神的享受，但他的作品最终总要交给社会，以供他人欣赏。当艺术与大众产生了“共鸣”，对于艺术家来说也是一种享受。从画像石的一些题记中得知，当时的画者与雕刻者还被称为“石工”“石匠”，他们的工作也包括开采石料和搬运石料；他们只是一种职业的组合，还没有脱离一般的体力劳动。虽然没有在作品上署名，还是有少数在题记中留下了名字，说明他们已在社会上受到了不同程度的尊重。如著名的“武梁祠”画像的雕刻者为“良匠卫改”，“武氏石阙”的建造者是“石工孟孚、李弟卯”，石阙前的石狮子作者为“孙宗”。像卫改、孟孚、李弟卯、孙宗等这样的艺术家，在中国美术史上应该占有一定的地位，是他们将早期的绘画和雕刻推向了成熟的阶段。

然而，有不少美术史的专著却忽略了汉代的画像石。因为它来自于民间，为工匠之作，也有的是对它不认识。古代的金石学家，从宋代起就注意到了它的存在，如《金石录》《隶释》《隶续》等，但多是重点摹拓上面的榜题文字和有关的题记，作为书法研究，对其图像则不重视。清代的《金石索》虽然刊印了一些如像武梁祠、孝堂山等画像，却系木版摹刻，多失去石刻的原味。对于画像石研究的著作，较早的有关于武梁祠画像的两部专著，一部是清道光五年（1825）瞿中溶的《汉武梁祠画像考》，另一部是1936年印行的容庚的《汉武梁祠画像录》，两部书都是考据性的，还不能说是侧重于艺术的研究。真正重视汉代画像艺术的先行者是鲁迅，他不但从艺术的角度审视了画像石，并且对画像石做了正确的评价。

三、“气魄深沉雄大”

辛亥革命后，民国初建，鲁迅曾在教育部工作，住在北京的绍兴会馆。他用闲暇的时间校书、抄碑，还亲自描绘了一本《秦汉瓦当文字》。自1915年至1924年，他收集的石刻拓本就有1500多种。他曾说：“本来，有关本业的东西，是无论怎样节衣缩食也应该购买的，试看绿林强盗，怎样不惜钱财以买盒子炮，就可知道。”[1]可见，他的收集是为了研究，而且当作“本业”，并非为了赏玩古董。从《鲁迅日记》和通信中知道，他一直想编印一本《汉画像考》。1926年，他到厦门大学去，曾说：“我最初的主意，倒的确想在这里住两年，除教书之外，还希望将先前所集成的《汉画像考》和《古小说钩沈》印出。……及至到了这里，看看情形，便将印《汉画像考》的希望取消。”[2]书虽然没有编成，但他是对此做了充分酝酿的。对于画像石的研究，他在一封信中评论清代瞿中溶的《汉武梁祠画像考》说：“瞿氏之文，其弊在欲夸博，滥引古书，使其文浩浩洋洋，而无裁择，结果为不得要领。”[3]他在同一封信中透露：“我陆续曾收得汉石画像一箧，初拟全印，

---

[1] 鲁迅1936年7月7日致赵家璧信，载《鲁迅全集》（第十四卷），人民文学出版社2005年版，第111页。

[2] 鲁迅：《厦门通信（三）》，载《鲁迅全集》（第三卷），人民文学出版社2005年版，第413页。

[3] 鲁迅1935年11月15日致台静农信，载《鲁迅全集》（第十三卷），人民文学出版社2005年版，第583页。

不问完或残，使其如图目，分类为：一，摩崖；二，阙，门；三，石室，堂；四，残杂（此类最多）。材料不完，印工亦浩大，遂止；后又欲选其有关神话及当时生活状态，而刻划又较明晰者，为选集，但亦未实行。”[1]

这是非常遗憾的。但从鲁迅的有关文字和实际行动中，他研究画像石是用心良苦的。他在1934年2月11日致姚克的信中写道：“关于秦代的典章文物，我也茫无所知……生活状态，则我以为不如看汉代石刻中之《武梁祠画像》……汉时习俗，实与秦无大异，循览之后，颇能得其仿佛也。”[2]1935年在致李桦的信中，有两次提到画像石。他说：“我以为明木刻大有发扬，但大抵趋于超世间的，否则即有纤巧之憾。惟汉人石刻，气魄深沉雄大，唐人线画，流动如生，倘取入木刻，或可另辟一境界也。”[3]又说：“倘参酌汉代的石刻画像，明清的书籍插图，并且留心民间所赏玩的所谓‘年画’，和欧洲的新法融合起来，也许能够创出一种更好的版画。”[4]

鲁迅提倡新兴木刻运动，并将传统的“复制木刻”与“创作木刻”分开，在20世纪30年代，他亲自主持木刻研习班，培养了一大批年轻的木刻家。经过半个多世纪的实践，证明了他的观点和做法是非常正确的。他不但精通美术理论和历史，也间或自作书面，他的设计，无不朴茂可喜。他为《心的探险》和《桃色的云》所设计的书面，便是取材于石刻画像。他曾对老友许寿裳说：“汉画像的图案，美妙无伦，为日本艺术家所采取。即使是一鳞一爪，已被西洋名家交口赞许，说日本的图案如何了不得，了不得，而不知其渊源固出于我国的汉画呢。”[5]

“气魄深沉雄大”，不仅是汉画像石的灵魂所在，也是中国艺术传统的趣旨。它不仅表现了中国人的气质，也是中国人数千年来所追求的一种精神。不论石头也好，砖头也好，都是坚硬的、冰冷的物质材料，谁能够将这些无情的东西注以感情呢？是画像石和画像砖。虽然这些作品也有高下

---

[1] 鲁迅1935年11月15日致台静农信，载《鲁迅全集》（第十三卷），人民文学出版社2005年版，第582—583页。

[2] 鲁迅1934年2月11日致姚克信，载《鲁迅全集》（第十三卷），人民文学出版社2005年版，第23页。

[3] 鲁迅1935年9月9日致李桦信，载《鲁迅全集》（第十三卷），人民文学出版社2005年版，第539页。

[4] 鲁迅1935年2月4日致李桦信，载《鲁迅全集》（第十三卷），人民文学出版社2005年版，第373页。

[5] 许寿裳：《亡友鲁迅印象记》，人民文学出版社1953年版。

之分，但总的说品位是很高的。其既为后来的绘画开辟了现实主义和浪漫主义的道路，也为中国的造型艺术树立起一个历史的制高点。

值得注意的是，在老一辈的艺术家中，有不少人已经感受到画像石的这种艺术的气质和精神。20世纪的60年代初，由于众所周知的原因，年轻的钢琴家傅聪旅居国外，他的父亲、著名文学家、艺术家、翻译家傅雷提醒儿子说："单靠音乐来培养音乐是有很大弊害的。"便给他寄去了一些汉画像石的拓片，并再三说明："目的只是让你看到我们远祖雕刻艺术的些少样品。你在欧洲随处见到希腊罗马雕塑的照片，如何能没有祖国雕刻的照片呢？我们的古代遗物既无照相，只有依赖拓片，而拓片是与原作等大，绝未缩小之复本。"傅雷在信中详细地介绍了画像石的历史背景和艺术价值，说："汉代石刻画纯系吾国民族风格。人物姿态衣饰既是标准汉族气味，雕刻风格亦毫无外来影响。"他介绍拓片时说："搨片一称拓片，是吾国固有的一种印刷，原则上与过去印木版书，今日印木刻铜刻的版画相同。惟印木版书画先在版上涂墨，然后以白纸覆印；拓片则先覆白纸于原石，再在纸背以布球蘸墨轻拍细按，印讫后纸背即成正面；而石刻凸出部分皆成黑色，凹陷部分保留纸之本色（即白色）。木刻铜刻上原有之图像是反刻的，像我们用的图章；石刻原作的图像本是正刻，与西洋的浮雕相似，故复制时方法不同。"他甚至嘱咐傅聪："倘装在框内，拓片只可非常小心的压平，无数皱下去的地方都代表原作的细节，将纸完全拉直拉平就会失去本来面目。"[1]由此不难看出傅雷对艺术的见地和对后辈的关心。这里体现着对民族艺术的传承，而传承是需要深刻认识的。

常任侠在《东方艺术丛谈》一书中说："汉代的艺术劳动者，为了适应封建社会的需要，曾创造出不少伟大的作品，其最著名如山东嘉祥武梁祠，孝堂山郭巨祠，两城山画像，沂南汉画像等，规模都相当大，而且创作的内容与方法，较之过去的艺术，都有很大的发展。汉画可以说是汉代社会的一面镜子，它所表现的事物，包括统治与被统治，剥削与被剥削，劳动与不劳动，主与奴的两个阶级，生动地画出了当时社会的诸形态。它所表现的，例如贵族们的巡游、田猎、战争、献俘、通谒、宴享、歌舞、百戏、弹琴、弈棋、投壶、蹴鞠等等活动；劳动人民的治馔、宰牲、弋鸟、斗兽、农作、纺织、汲水、舂谷、牵犬、荷毕、负物、曳鼎、撑船、驾车

[1] 傅雷：《傅雷家书》，生活·读书·新知三联书店1981年版。

等活动；以及车马、宫室、楼观、帏幕、亭台、栏楯、瓶罍、勺盂、厨灶、井杵、衣服、甲胄、戈戟、刀剑、弓弩、斧钺等生活用具与战斗武器；此外如珍禽、异兽、奇树、嘉禾、殊方异物等，不可胜举。在构图方面，如武梁祠画像中的海上诸神战斗，空际诸神战斗的场面，云奔海立，幻怪恣肆，变化纷聚，不可端倪。又如荆轲刺秦、豫让吞炭、程婴救孤、专诸进馔等故事画，人物显出强力而紧张，反映出封建社会旺盛期的雄劲气概。在造型技术方面与使用色彩方面，都有很大的进步。人物的形象虽则古拙，但自具一种朴厚的作风。特别是动物中的犬马虎狼鹿兔之类，因为当时习于狩猎，这些形态，非常生动、逼真、有力，一直到今天还值得艺人们学习。”[1]

对于画像石，一个说“气魄深沉雄大”，一个说“旺盛期的雄劲气概”，共同道出了我们民族艺术的优秀气质和积极精神。中华民族的艺术，正是要发扬这种精神，使它万古流传。

四、关系性的律动

什么是“关系性的律动”呢？在绘画上，不论人物也好，动物也好，甚至山水树木，只要组成画面，就必须在构图上将各种形象有机地组合在一起，不但在内容上产生呼应的关系，并且在形式上要求合度，有节奏感。就如闻一多谈舞蹈那样，是“一种节度整齐的动”。汉画的画面，已经做到了故事情节的合理性与形象之间的夸张与节制，在审美上引起观赏的振奋。譬如表现“二桃杀三士”这一题材，画面并不复杂，主要是三个勇士和放在盘中的两只桃子。既然是“论功行赏”，可是三个有功的武将怎样分配两只桃子呢？最后一个拿不到桃子的以不平而自刎，而拿到桃子的则因愧疚而自杀，结果是不动干戈，仅用两只桃子，就杀死了三个勇士。这种戏剧性的矛盾和悲剧，是在功劳和荣誉面前进行的。在汉代画像石中，表现这一题材的画面很多，而且均有特色，是非常了不起的。

民间变戏法的常说：会看的看门道，不会看的看热闹。话虽俗，意很深。它揭示了人们认识事物的关系。然而，在看“门道”与看“热闹”之间，并没有不可逾越的鸿沟，关键在于修养。人的很多能力并非是与生俱来的，

---

[1] 常任侠：《东方艺术丛谈》，新文艺出版社1956年版。

而是后天的学养。从幼年起学着说话，学着写字，从精神生活的角度看，即使不去学绘画和音乐，也应该学会看和学会听。正如马克思所指出的：你要想听懂音乐和看懂绘画，就应训练“有音乐感的耳朵、能感受形式美的眼睛”[1]。实践证明，善于修养的人自然会找到艺术的门道。所谓“操千曲而后晓声，观千剑而后识器”[2]，是很有道理的。

对于艺术的欣赏是人生所必需的，因为它体现着和充实着精神生活的一个重要方面。对于具体的人来说，他可能喜欢这种艺术而不喜欢那种艺术，但是，很难说有对所有艺术都不喜欢的人。由于艺术的种类很多，不仅在选择上和爱好上有所不同，甚至喜爱的方式和深度也因人而异。只有艺术触动了心灵，人的情感同艺术的描述产生了共鸣，艺术的作用也就发挥到极致。现在的艺术已向多元发展，这里所说的是写实性的艺术。唐代张彦远《历代名画记》说：“夫画者：成教化，助人伦，穷神变，测幽微，与六籍同功，四时并运，发于天然，非由述作。”这里所指的“六籍”，即“六经”（诗、书、礼、乐、易、春秋。据说《乐经》在秦焚书后亡），“四时”即春、夏、秋、冬。这是一种“文以载道”的观念。在汉代虽然还不是太明显，实际上已朝此方向发展了。我们通常所说的“欣赏”，从字面看也就是领略和玩赏，但进一步又解释成“赏析”，赏与析总是联系在一起的，即所谓“奇文共欣赏，疑义相与析”。至于“鉴赏”，就不是一般对艺术形象的直观与感受，而是包括了观赏者对作品的理解和评判过程。这样，在艺术创作与艺术欣赏之间就产生一种互动、互补的关系，也就是作者和观者共同由感性认识向理性认识的飞跃。对于鉴赏者来说，有助于素养和情操的提高。

有一个汉代的实例很值得一读。就是在1980年山东嘉祥县宋山村出土的一块画像石上，刻着一篇490字的题记。时间是东汉永寿三年（157）十二月，死者是一个地方小官，名叫“安国”。题记主要写安国的为人敦厚、病死原因和为他建立祠堂的经过与规模。这块画像石是用在祠堂上的，因此在文后刻了这样几句话：

> 唯诸观者，深加哀怜，寿如金石，子孙万年。牧马牛羊诸僮（童），皆良家子，来入堂宅，但观耳，无得涿（琢）画，令人寿；无为

[1] ［德］马克思：《1844年经济学—哲学手稿》，刘丕坤译，人民出版社2000年版，第87页。
[2] （南朝梁）刘勰：《文心雕龙·知音》。

贼祸，乱及孙子。明语贤仁四海士，唯省此书，无忽矣。

这几句话的意思是说：愿来祠堂参观的诸位，对于祠堂的主人能够深加哀怜。如此，则寿命长如金石，子孙万代昌盛。放马和牧牛牧羊的诸位孩子，你们都是好人家的子女，如到祠堂里来，可以观看，不要乱刻乱画，这样可以长寿；否则，灾祸就会降临到你的子孙头上。明白地告诉诸位贤达和仁爱的四海人士，都要看一看刻在这里的文字，不要忽视了啊！

有劝诫，也有警告，类似咒语，目的则是哀怜死者和爱护祠堂。由此可以看出，汉代画像石的产生与作用，除了家人的尽孝和对死者的纪念之外，我们也应该知道这些相关的情况。

五、再现和表现

作为占有一定空间的造型艺术，从最早人们在器物上刻画起，已经经历了上万年，但它进入成熟期并相应地稳定下来，才不过几千年。从艺术的手法看，至少有三种方式和方法：一是写实的；二是想象的；三是意象的。写实的方法后来通向了"现实主义"，即以典型的形象和环境来反映现实生活。由于所描绘的对象是看得见的实在的生活，既有喜怒哀乐，也有激荡和优雅，人们感到亲切，产生共鸣，因此发展得特别快，形成了艺术的主流。譬如汉画像石中大量的历史故事、孝子故事，如"孔子见老子""周公辅成王""荆轲刺秦王""二桃杀三士""泗水升鼎""赵氏孤儿""董永卖身""季札挂剑"等，所谓"文以载道"，用以"成教化，助人伦"者，主要是指这一种。

然而，写实的方法虽然长于表现现实生活，但是难以描绘出人们的想象，譬如古代流传下来的神话，对自然物的崇拜，以及对未来的幻想等，于是有了想象的手法，后来称作"浪漫主义"。有的作为现实主义的补充，有的也独立表现。在汉代，黄老思想盛行，特别推崇"伏羲女娲"和"西王母"。古老的神话说：女娲伏羲创造了人类，并开创人文，在画像石中把他们画成了"人首蛇身"，下身交缠在一起；两人分别手持规矩，象征着创造世界。西王母最早是"昆仑之丘"的女神，神话中的西王母"其状如人，豹尾虎齿而善啸，蓬发戴胜，是司天之厉及五残"的凶怪，但在画像石上已是端庄的中年妇女，根据中国传统的对偶观念，还给她配了一个对象"东王公”。崇拜西王母是由于她曾给后羿“不死之药”。按照一般逻辑，她既是“司天之厉”，掌握着灾疫，也必然能免除灾疫，使人长生不老。因此，画像石中在她周围的玉兔、九尾狐、羽人等，都是为她取食和捣制“长生不死”之药的。

所谓“意象”的方法，是表现一种观念，一种抽象的符号。如古代的“太极”“龙马负图，河出洛书”之类。远古的“图腾”也是如此。东汉时期，正是谶纬之学盛行，为了对封建帝王歌功颂德，各地官员专门搜罗一些奇异怪胎加以附会，视为“符瑞”。以后的《宋书》就编有《符瑞志》三卷，罗列了各种符瑞达97种之多。譬如麒麟，这种被儒家当作“仁”的表征的虚拟动物，据说从汉武帝元狩元年（前122）十月，到东晋成帝咸和八年（333）五月，竟然出现了75次。到了明代，连外国赠送的长颈鹿也被附会为麒麟了。那么，麒麟到底是个什么样子呢？《宋书·符瑞志》说：“麒麟者，仁兽也。牡曰麒，牝曰麟。不刳胎剖卵则至。麕身而牛尾，狼项而一角，黄色而马足。含仁而戴义，音中钟吕，步中规矩，不践生虫，不折生草，不食不义，不饮洿池，不入坑阱，不行罗网。明王动静有仪则见。”在画像石上所刻的麒麟很多，大都似鹿而一角，不像现在图画中所见的样子。现在所见的麒麟，是宋代之后才逐渐定型的。用虚拟、虚构的形象代表某一抽象的概念，在中国传统文化中并不鲜见。从“真龙天子”到“天上麒麟儿，人间状元郎”，都属于这一类。后来发展的大量的“吉祥图”，有许多在画像石上都能找到开端。

以上所谈三种方式和方法，在艺术的初创时期即已产生，我们可以找出不少的原始艺术作为例证。问题在于后来的发展。当绘画成为造型艺术的主流之后，写实的方法也被奉为正宗。因为写实的艺术是直观的，不但最符合视觉习惯，也易于理解所画的内容。与此相反，想象的艺术和意象的艺术在理解上就要绕一个弯子，需要靠知识和联想，并且还存在社会风俗和约定俗成的问题。在艺术的历史上，“浪漫主义”曾经紧靠着古老的神话和传奇，而意象和观念的艺术便走向了标志和符号性的设计。直到19世纪末，西方的现代派大师们又祭起这面大旗，表现为绘画时，人们感到惊奇，以至被称为“前卫艺术”。

由此看来，艺术的再现与表现，在画像石的作者面前并不奥妙，看得见的就画实在的，看不见的就画想象的。譬如中国人雕刻狮子，把它当作守门之瑞。狮子本来是实有的，可是在中国不易看到。特别在古代，雕刻艺人终生雕狮子，却不一定见过狮子。因此，只能靠传说，靠想象。嘉祥汉代武氏祠的狮子的造型，与其说是狮子，不如说是传说中的“天禄”和“辟邪”，然而在当时人的题记中却明明刻着：“孙宗作师（狮）子，直（值）四万。”

六、平面造型的章法

现代艺术分类学将美术（造型艺术）分为六大类，即绘画、书法、雕塑、建筑、工艺和摄影。就当前的实践看，设计艺术已成为一个热门，并且发展得很快，有可能与工艺美术分作两个部门。这是不奇怪的，世间的事物总是由需要和实践决定分类，而不可能由分类束缚实践。只是有一点可以肯定，不论什么美术的样式，既然是“造型艺术”，在其形态上就有平面和立体之分。雕塑和建筑是立体的，绘画、书法、摄影是平面的，工艺美术和设计艺术既有立体的，也有平面的。这是最浅显的常识。问题在于，平面的艺术尤其是写实性的绘画，出于内容的需要，并不满足于平面的处理，一直在追求立体的效果。于是，就在平面上出现了表现“二维度”和“三维度”的两种画法。直到西方的“文艺复兴”，一些艺术巨匠横跨于艺术与自然科学之间，将解剖学、透视学、光学和色彩学用于绘画，在平面上画出了立体的效果，我们通常称作“明暗画法”。在此之前，人类的绘画基本上都是平面造型，真可说“五百年前是一家”，譬如古埃及的壁画和古希腊的瓶画。中国的传统绘画也是如此，虽说是平面的，却也在追求立体的效果，如在晕染、层次、虚实的处理上产生一定的立体感，“三远法”所造成的空间感等，在实践上也达到了很高的成就。然而在此之前，在汉代画像石和画像砖上，“纯”平面的造型却是主要的。

艺术成就的高低取决于艺术家驾驭艺术方法的能力，技巧的高下是显而易见的。过去有人将“平面造型”和“立体造型”（明暗画法）做比较，称后者是“科学”的方法，实际上是不理解“艺术科学”，也不懂得艺术的原理。按照这种观点，“孙悟空”就不可能产生，“现代派”也无由出现。在人文科学的制高点上，中国的绘画已经升得很高，容后专论，在此仅谈画像石和画像砖。

平面造型的最大特点是首重物象的轮廓特征，如画人物和动物，多是以侧面为主，很少有所谓半侧面（即成角透视）者。侧面的形象如同影子，就像植物学家的压制标本，平整了，也单纯了，在艺术的处理上也方便得多了。不论勾线或涂面，都可自由地进行。画像石的所谓“减地”，也是为了突出这种侧面“影绘”的效果，然后再在各个部位勾勒线条。因为是以侧面轮廓为主，必然是删繁就简，而对特征的强调也势必有所夸张。现代的绘画虽早已突破了这种局限，但在图案学中仍然视为装饰造型的基础。

以上所说的“轮廓特征”和压平了的“标本化”，只是就其平面造型的艺术特点而言，不存在对于艺术的评价。所谓轮廓特征，对于人物和动物的造型，当然也包括它的姿势、动态和气度。南阳画像石中的走兽都不是静止的，不论牛、马、猪、熊、狗还是各种祥禽瑞兽，无不显示出一种动态和力量；而那些手持生活用品的纤腰侍女和威武的勇士，也都各具风采。从造型上看，他们是平面的，却又是生动的。在艺术的特点上，有局限才会有无限，真正高超的艺术都是对自身的超越，显示出一种特有的魅力。画像石就是如此。

为什么现代人看汉代画像石认为装饰性很强呢？一方面是因为有些艺术的处理手法为现代绘画所不常用，另一方面是现代写实性绘画过于强调直观的“对物写生”，在构图上很少有组合、拼接、演绎，都是直来直去。从画像石中看出，汉朝人并不是这样的。他们所画的对象，虽然是现实的，但在构图上却是为了表现自己的意念。因此，不仅不顾人物的大小比例和空间距离，现实生活的合理性与艺术的目的取得了统一。在表现人与人之间出现了有大有小，除了“尊卑观念”的关系之外，主要是突出主体人物；所谓“水不容泛，人大于山”，也是为了表现人与景象的主次。还有一种被称作“组合法”的，即将两个不同的视觉角度画在同一个画面上，最典型的是《泗水升鼎图》。我们知道，古代的青铜鼎虽然是一种炊饪之器，但它又被视为代表统治者社稷的镇国之宝。相传夏禹收九州之金铸成九鼎，遂以鼎为传国的重器。秦始皇的暴政直到东汉时期还被人们引以为戒，因此，各地的画像石上多刻“泗水捞鼎”，用以说明秦始皇的无德而行。泗水原在现今的苏北地区，古代属于鲁国。从春秋战国到秦汉，泗水之有名，除了它的地理位置之外，是因为孔子曾在“泗上”讲学，汉高祖刘邦曾任“泗水亭”的亭长。宋代以来，由于黄河改道和北移，泗水便为黄河所夺，在地面上消失了。相传，夏禹所铸的九鼎周亡时献给了秦昭王，但有一鼎落入泗水之中。据《史记·秦始皇本纪》所载，秦始皇东巡，“过彭城，斋戒祷祠，欲出周鼎泗水。使千人没水求之，弗得”。这个历史故事流传到东汉，说是众多人入水中捞鼎，秦始皇等在岸上观看，还有人准备庆祝祭祀。人们用绳索将鼎拉出了水面，快要拉到岸上时，忽然从鼎中伸出一个龙头，将绳索咬断，大鼎又掉进了泗水之中。画像石所表现的就是龙咬绳索的当儿，说明秦始皇无德，不能拥有此鼎。

要画此图，无疑是个大场面，而且有地面、桥头与河床、水中之分。正是千钧一发之际，龙从鼎腹中伸出头来，将绳索咬断，鼎倾斜了；两岸的拉鼎者松动了，有的滚到了下坡；水面船上的人企图用长竿将鼎顶住；站在桥头上的观望者惊慌了，连水中的鱼儿也不知所措，总之乱成了一团。不消说在那时，即使在今天，处理这样的构图，也是不容易的。从若干幅画像石的《泗水升鼎图》的构图看，虽然有繁有简，大都采用的是不同角度的“组合法”。他们把某些局部采用一般的正面画法，但将泗水河画成了“断面”，即在河中心的水面上画两岸。把各方面的人物处理得有条不紊，而且形成了对称的格局。

按照现代人的理解，这是一幅典型的装饰画，因为它不是从一个视点看场景，而是通过了画家的有意组合。实际上，遥想汉朝人不一定认为这是装饰画，唯其如此才能表现出这个故事的内容。由此可以看出，随着平面造型的轮廓特征、删繁就简、夸张变形的特点，必然会有相应的构图与之配合，从而形成一个艺术的体系。

有些画像石的石料是很大的，它可以构成一个祠堂的壁面，或者是一个棺椁的椁板，或者是两个墓门的门楣；在每块石头的正面（有的是两面）刻满了图画，并且有不同的内容。在这种情况下，如何分割石面是很重要的，图案学上称作“区划面”，须处理得协调而有节奏。山东嘉祥武梁祠是最有代表性的，上下分作若干层，每层刻画几个不同的画面，并有栏线和榜题间隔，但是，整体看起来宛如一幅大画，有的画面会突破栏线产生沟通，出现了隔与不隔、似隔非隔的状态，实在是最好的设计。值得注意的是，这种设计已成为中国艺术的一个传统。试看敦煌石窟壁画的组合和大同出土北魏的屏风漆画，都是采用了区划面来处理，使整体与局部形成有机联系。

我们知道，中国的传统绘画是以线条为主要表现方式的。一方面是因为毛笔和书法的关系，另一方面是由于平面造型。画像石上的线条，就多数而言还看不出线条在艺术上的优异，不过是区分各部分的界线，但也有几处的作品，表现出线条的流动和使画面所产生的气氛，如山东沂南画像和浙江海宁画像，明显已展示出线条的作用。这些线条是在坚硬的石头上用凿刀刻出来的，不难想象，人们一旦认识了线条的功用，用笔墨落在纸上，必然会有长足的进展。

七、夸饰与隐喻

前已述及，汉代的画像石是一种混元一体的带有综合性的艺术，还带有初始的意味，不能也不必拿今天的分类学去套。我们所指的绘画的成熟，只是就其孕育的主体而言，实际上，在当时，绘画、装饰、图案、工艺是没有明确分工的。也就是说，那些在石头上进行刻画的艺术家，在创作中是将多种形式和手法"糅"在了一起。正因如此，在画像石中常常会浮现出一些装饰性很强的形式。如将两只鸟交颈、对喙；两条龙缠绕成麻花形或是相互"穿璧"；二兽一头或三鱼一头；飞鸟在云朵中露出一个头，使云鸟同体；人兽同舞等。这些形式在一般写实性绘画中是不常见的，然而在图案中却是司空见惯，呈现出一种别开生面的意匠之美。

在图案学中，对于纹样强调轮廓特征和夸张变形，不仅可以发挥平面艺术之长，与画像石的造型也是相吻合的，在艺术的形象思维中居于较高的层次。所谓"轮廓特征"，即是在"影绘"（剪影）的基础上进行修饰加工；而"夸张变形"则是对于物象特征的突出。刘勰《文心雕龙》有一篇题作"夸饰"的，就是讲夸张的修饰（修辞）手法。刘勰讲夸张，主张"夸而有节，饰而不诬"，不要"夸过其理"，也完全适用于图案纹样的原理。画像石也是如此。所谓"水不容泛，人大于山"，表面上是不合比例，实际上是夸张了主体，突出了主题。正如张彦远在《历代名画记》中所说："详古人之意，专在显其所长，而不守于俗变也。"[1]在画像石中，野兽出没于山林，为了突出野兽的凶猛，山石树木不过是表明特定环境的陪衬。又如画鸟，传说中的凤凰（朱雀）是最美的，而它的母型是孔雀和山鸡，所夸张的是冠和尾。沂南汉墓画像中的凤凰，大冠长尾，昂首健步，在秀美之中透露着一种力量。仔细看去，那高高翘起的尾羽，竟是一根羽毛；夸张了覆羽的金翠钱纹，显得富丽而高贵。这种以少胜多、极度夸饰的手法，在今天，恐怕连想象力最丰富的设计师都要为之惊叹。

---

[1]（唐）张彦远:《历代名画记·论画山水树石》。

揭示事物的本质，真实地反映生活，是写实性艺术的特长。然而，删繁就简之变形的形象，尤其是那些夸饰的动物，说明了什么呢？难道就是为变化而变化，或是美丽的鸟和雄健的兽吗？看来，汉朝人还没有那种闲情逸致，就像没有画花的习惯一样，而是赋予其一种新的内容和精神。换句话说，它不是看图识字式地反映什么内容，而是以此代彼地表达什么内容。诸如连理木、交龙和交颈鸟，象征着和睦、友好和爱情；立官桂树代表着升官和射猎功名；龙穿璧则是升天所乘和礼天之物。有的是象征，有的是隐喻，即将一些抽象的概念或不便直说的事情，换一种方式表达出来。这是人类文明进步的一种标准，艺术也随之走向多样。

闻一多曾以“鱼”为例，说明文学中的“隐语”。他说：“隐语古人只称作隐（讔），它的手段和喻一样，而目的完全相反，喻训晓，是借另一事物来把本来说不明白的说得明白点；隐训藏，是借另一事物来把本来可以说得明白的说得不明白点。喻与隐是对立的，只因二者的手段都是拐着弯儿，借另一事物来说明一事物。所以常常被人混淆起来。但是混淆的原因尚不止此……喻有所谓‘隐喻’，它的目的似乎是一壁在喻，一壁在隐……目的虽不同，效果常常是相同的。”闻一多进一步指出：“隐语的作用，不仅是消极的解决困难，而且是积极的增加兴趣，困难愈大，活动愈秘密，兴趣愈浓厚，这便是隐语的，也便是《易》与《诗》的魔力的泉源。”[1]文学与艺术的语言是相通的。如果说，作为语言，它有一种“选择作用的社会功能”，是社交场合中“智力测验的尺度”，那么，画像石中的有关图画，则是对此的形象化。如同语言一样，这种隐喻是相当广泛的。

八、“难以匆匆理解”的艺术

1989年，王朝闻看了南阳画像石之后说：“南阳汉画像石是难以匆匆理解的文化现象。初步印象可以说明，阳春白雪与下里巴人之间没有绝对的界限，这一艺术宝库的价值在未来将更加光辉。”他对于汉画像石的这一评语是非常准确的。不仅南阳出土的画像石是如此，其他各地出土的汉画像石也是如此。其中提出了两个问题：一是“难以匆匆理解”，二是“艺术的雅俗之间没有绝对的界限”。前者是对于后者而言的，而一旦“理解”了这

[1] 闻一多：《闻一多全集》（第一册），生活·读书·新知三联书店1982年版。

个没有的绝对界限，它的艺术价值也就更加光辉了。

为什么汉画像石是“难以匆匆理解的文化现象”呢？只能说明它距我们的年代太远了，加之这种特殊的艺术形式，在今天没有与其相媲美者，从内容到形式，都要好好地揣摩，了解其本来的意图、用途和艺术意味，才能进一步地估量它的艺术价值。自古以来，“阳春白雪”和“下里巴人”好像是两个不同的领域，两种不同的境界，也是为两种不同的人所有，在其间画了一条界线，因而出现了艺术的高低和雅俗之分。为什么汉代的画像石将这一界限打破了呢？既是因为内容，也是因为形式，更重要的是艺术家的艺术功力及其手法。在二维度造型的处理手法上是相当多样的和高超的，在处理各种形象之间的“关系性律动”上，画像石做到了历史性的突破，中国绘画从此走向了成熟。

纵观中国的美术史，在长达7000多年的历史长河中，虽说每个时代都有自己的辉煌，也都有自己的特点，诸如新石器时代的彩陶，商周的青铜器和玉器，春秋战国的各种精美工艺品，包括漆器和锦绣等，可以说都是无与伦比的。然而，从绘画的角度看，汉代之前已出现了壁画、帛画、漆画等，可是所画的人物，多是仪式性的场面，在具体用途上也是如此。也就是说，在表现人的思想、人与人的关系和情节，以及特定的环境等方面，还没有达到绘画应有的品质和水平。这种特具的功能只是在画像石上才开始发挥出来，而且有的已展现出优异的成就。这是非常可贵的。

既如此，我们应该认真地研究汉代画像石和画像砖，真正地了解它和深刻地认识它，特别是它在艺术上的成就，以体验它的博大和崇高精神。

艺术家最可贵的是修养和气质，艺术创作最可贵的是境界和灵魂。汉代人在他们的时代做出了伟大的成就，我们在新的时代应该做出新的努力，呼唤这种深沉雄大的艺术精神再现。

本文写于2006年4月，原题为《深沉雄大的砖石精神》，发表于《艺术与科学》卷三（清华大学出版社2006年版）。今改此题，并作修订，以代本书之序。

前言

本书为《汉画故事》的姊妹篇。题名《画像石鉴赏》，其中也包括了一部分画像砖，因数量不多，没有画像石那样的大幅巨制，所以既无并列，也不明列，只是在具体作品上标出。全书分作两部分：第一为鉴（有关画像石的文化鉴识），第二为赏（对于石刻画像的赏析）。

研究汉代的画像石，可以有不同的角度和目的。诸如从丧葬的制度、建筑的配置、石刻的技法，以及社会形态、宗教信仰、艺术构想等。我们所选择的对象是画像石的拓片，即研究带有大型版画意味的拓印绘画。当然，在分析和描述具体的作品时，也会涉及以上的不同角度，但其主旨是分析在造型艺术上所取得的艺术成就和达到的水平。

这是一个伟大时代的伟大艺术。我们之所以做出这样的选择，是有鉴于当时的艺术还没有今天的分类，绘画仍然被包括在一个巨大的综合体中。然而它已经成熟了，很快就会分离出来，甚至脱离开刻石而去寻找别的载体。成熟的标志是：以平面为主的二维度的造型手法提高了它的表现力，开始描绘社会的复杂情节，表现人与人、人与物、人与环境等的关系，也就是发展了"关系性的律动"。在物质条件方面，纸的发明和改善，无限开阔了绘画艺术的活动范围，不必再局限在刻石上；而由刻石所衍生出的拓印术，又启迪了木版画的诞生。在艺术史上，这是由综合应用到独立欣赏的过程，也是由混元一体向多样化的发展。可以说，画像石的拓片，虽不是最初刻石的目的，但由此所拓印的纸本绘画，却是中国版画艺术的滥觞。

我们所面对的汉代画像石（以及画像砖）所表现的画面，距今已有2000年左右，而且鉴赏的对象是从石头上和砖头上拓印下来的拓片，虽然仍能看出砖石的坚爽性质，但大部分都有残缺，显得斑驳不整。如何透过它的表面，看出艺术的奥妙，既需要掌握一些有关的知识，也应该锻炼一双看得懂“形式美”的眼睛。汉代画像石（以及画像砖）在我国美术史上占有特殊的地位，不仅表现出绘画的成熟，而且是在公元之初的一种独特的艺术形式。画像石分布于今天的山东、江苏、河南、四川、山西、陕西、安徽等地，在河北、甘肃、湖北、浙江、云南等地也有少量发现，总计已出土逾万块。其内容表现了汉代生活的各个方面，以及奇思妙想的神话、各种祥禽瑞兽，艺术技巧也是多种多样的。刚强有力，粗犷洒脱，表现出“深沉雄大”的气派。

画像石是我们民族文化传统的一个重要组成部分。鉴赏画像石，也是继承和发扬民族文化传统的一个重要方面。

鉴者，鉴别也。观看美术作品，需要了解作品的内容和形式。它的题材意向，所画的具体情节及其意义，并透过画面探索作者的意图和作品的时代背景。尤其是古代的作品，不但要认识许多不熟悉的东西，还要了解在文化上的相互关系，进而对有关的历史知识做出综合的判断。也就是说，鉴赏绘画首先要识别画。鉴别，鉴识，就像镜中照影一样，审察作品的各个方面，包括有关画外的知识。

赏者，欣赏也，是对艺术的感受与感染。从艺术的形象魅力，通过理解和评判，得出相应的认识。陶渊明说：“奇文共欣赏，疑义相与析。”欣赏文学作品如此，欣赏美术作品亦是如此。从为数众多的画像石（以及画像砖）拓片中，我们不仅可以看到汉朝人的生活，并且能了解他们在想什么，以及他们的艺术趣味。不过，他们与我们相隔的年代太远了，有许多已为我们所不了解。在本书的姊妹篇《汉画故事》中，对一些不熟悉的人事故事、神话故事、祥瑞故事等做了内容的考证。除此之外，我们还要对汉代人的世俗生活、劳作情景、礼仪和娱乐等，通过不同的画面，做分析和介绍。

艺术的鉴赏有一个过程，逐渐由感性到理性；也存在不同的层次，希望能逐步深入和提高。鉴赏艺术不仅有助于人文素质的提高，也是一种精神的享受；只有达到一定的境界，才能体味到个中三昧。本书将画像石（包括画像砖）按内容分作三个方面、十五个种类。分类的依据主要视其特点和数量，并不十分严格，仅是为了鉴赏的方便，有一个先后的次序和条理。由于画像石的画面设计必须适应原建筑的结构，因此它的构图采取了“区划”与“组合”的方法。为了便于欣赏，我们选图时有的系原石原画，有的则采取了原图的局部。由局部看整体，见树又见林，也是观赏艺术的一个诀窍。

第一部分

鉴——画像石鉴识

第一章 鉴赏画像石的基本知识

砖头和石头，是坚硬的、冰冷的和没有生命的，然而，艺术的魔力在于它能够改变砖石的性质，赋予生命，产生感情，并体现出一种“深沉雄大”的精神。汉时的绘画还没有独立发展，多是依附于建筑和工艺品上，如建筑的墙壁和丝帛。西汉虽然造出了纸，至东汉又加以改进，但并没有普及，还不见有用作绘画者。因此，利用石头和砖头施展绘画的特长，在当时形成了一种风气。从物质材料和技法上看，虽带有雕刻的特点，然而又不同于一般的“圆雕”和“浮雕”，于是，古人给它起了个名字叫作“画像”。

一、汉代的历史与文化背景

在中国历史上，汉代是封建社会早期的一个强大的王朝。从公元前206年至公元220年，其中除去外戚王莽篡位，改国号为“新”，共历24个皇帝，统治达400多年。汉代前后分西汉（前206—8）与东汉（25—220），或称前汉与后汉。

“秦皇汉武，略输文采。”公元前221年，秦王政统一中原，建立了中国历史上第一个统一的中央集权的封建国家——秦朝，建都咸阳。秦朝进一步统一了东南和西南地区，分全国为36郡，郡下设县；确定最高统治者的称号为“皇帝”（自称“始皇帝”，即秦始皇），国家一切重大事务都由皇帝决定，中央和地方的重要官吏直接由皇帝任免。秦始皇统一了法律、度量衡、货币和文字，修建驰道，加强了全国的陆路交通；修筑长城，有助于巩固统一和推动经济、文化的发展。但他也是一个暴君，实行专制，严刑苛法，租役繁重；为了加强统治，销毁民间兵器，焚烧过去各国的史书和儒家经典，坑杀以古非今的方士和儒生460多人。他的这些政策和措施，激化了地主阶级和农民的矛盾。他死后不久，在秦二世元年（前209）便爆发了农民大起义。公元前206年为刘邦领导的起义军所灭。秦王朝仅历二世，统治15年。

公元前206年，刘邦（即汉高祖）灭秦，后来又打败了与其争夺王位的项羽，在公元前202年称帝，建都长安（今陕西西安），国号“汉”（即西汉）。秦朝命短，但为汉朝奠定了基础。汉朝继续实行中央集权制度，重本轻末，发展农业生产，在多方面取得了伟大的成就。汉文帝和汉景帝，在汉初社会经济衰敝的情况下，采取“与民休息”和“轻徭薄赋”的政策，使生产很快得到恢复，被史家誉为“文景之治”。至汉武帝（汉景帝之子）时，汉朝成为亚洲最富强繁荣的多民族国家，并和亚洲各国建立起经济、文化上的密切联系。

汉武帝（前156—前87）即刘彻，在位时“罢黜百家，独尊儒术”，作为巩固政权的工具，并采用法术刑名，以加强统治。打击富商大贾，把冶铁、煮盐、铸钱收归官营，同时兴修水利，移民西北屯田，促进了农业生产的发展。曾派张骞两次出使西域，加强了对西域的统治，并发展了与西方多国的经济文化交流。汉武帝是个颇有作为的皇帝。《汉书·武帝纪》说："如武帝之雄才大略，不改文景之恭俭以济斯民，虽《诗》《书》所称，何有加焉？"然而，他也是个刚愎自用、好大喜功、迷信神仙的人，由于举行封禅、追求长生、挥霍无度，加以徭役繁重，致使农民大量破产，造成社会混乱。西汉末，初始元年（8），外戚王莽代汉称帝，改国号为"新"，史称"新莽"，曾进行复古改制，在公元23年绿林农民军攻入长安时被杀，西汉结束。

公元25年，远支皇族刘秀（即汉光武帝）重建汉朝，建都洛阳，史称东汉或后汉。汉光武帝削平各地割据势力，统一了全国；多次发布释放奴婢的命令，减轻赋税，兴修水利，裁并了400多个县，精简官吏等，使汉朝得以恢复。东汉末年，宦官掌握政权，横征暴敛，地主豪强残酷掠夺农民，中平元年（184），爆发了黄巾农民大起义，在此打击下，东汉王朝名存实亡。延康元年（220），曹丕代汉称帝，东汉灭亡。继东汉之后出现的魏、蜀（蜀汉）、吴三国，形成了三足鼎立的局面。自公元220年魏文帝曹丕黄初元年起，到公元280年吴亡止，共历61年，史称"三国"。

以上是汉代（西汉与东汉）400多年及其前后的历史轮廓。在中国历史上，汉代正处于封建社会的上升时期，由于农业为主的经济发展，也必然带动文化等多方面的繁荣，其影响是很大的。

史学家翦伯赞在《秦汉史》中说："说到这一时代的文化思想，探本索源，不由我们不回想到秦代统治者焚书坑儒的惨剧。因为我们知道，汉代所接受的文化遗产，只是一堆古典文化的黑灰，要从这一堆黑灰中抓出中国的文化，那是非常困难的。……可惜汉代的太祖高皇帝，是一位毫无文化教养的小土豪。他一到咸阳，只知搜集阿房宫中的珍宝、美人和田赋、户口的册籍，对于这唯一的一座古典文化的宝库，竟视若无睹。以致后来项羽入关，再来一把大火，而这一库仅存的古典文献，也就化为灰烬了。……自然，这也是我们多余的惋惜，我们不能以文化上之存亡继绝的事业，希冀于一位'以儒冠为溺器'的'长者'。实际上，这位'长者'之痛恨文化，并不减于他的前辈秦始皇和李斯。"[1]

汉代之初，为了恢复经济，实行"休养生息"的政策，在思想上则利用

[1] 翦伯赞：《秦汉史》，北京大学出版社1983年版，第485—486页。

和改造道家的“黄老之学”，法礼并用，“清净无为”。所谓“黄老”，就是黄帝和老子。王充《论衡·自然》：“贤之纯者，黄老是也。黄者黄帝也，老者老子也。”作为道家的一个学派，在哲学上提出“静作相养，德虐相成，两若有名，相与则成。阴阳备物，化变乃生”的观点。(《十大经·果童》)及至后来道教形成，发展了养生和神仙之术，并将远古流传下来的一些神话糅了进去，在民间影响很大。即使汉武帝“罢黜百家，独尊儒术”之后，这种影响依然普遍存在。反映到画像石上则是大量的“伏羲女娲”和“西王母”画像等。汉画中的伏羲女娲是作为人类的始祖，还处于“人首蛇身”的状态，两人都拖着一条长长的尾巴，有的将两条尾巴交缠在一起。因为他们是“人祖”，并创造了人文，所以不但能保护人，并能助人繁衍后代。西王母本是住在“昆仑之丘”的一个半人半兽的神仙，据《山海经》说，她是“豹尾虎齿而善啸”，其职能是“司天之厉”，也就是掌管刑罚。因为能够决定人的死，也就能够延长人的生，所以她又掌握着“长生不死之药”。这种药曾经给过射掉九个太阳的后羿，但后羿没有吃，嫦娥偷吃后，升天到月亮中去了。汉画中的西王母，已经变成“梯几而戴胜”的中年贵妇，有时还坐在龙虎座上，显然已转化为可使人长寿的生命之神，只是周围的侍从还是老样子，如三足乌、九尾狐和持杵捣药的玉兔等。据说西王母所捣的药，就是“长生不死之药”。

汉朝人的对偶观念很强，为了避免西王母感到孤独，还给她解决了一个配偶，叫作“东王公”。有时候两个神仙驾着龙车，驰骋于太空，可以想象得出，那场面是非常壮观的。

在古小说《穆天子传》中，周穆王西巡，曾会见过西王母。《汉武帝内传》和《汉武故事》中都记有西王母下降会见汉武帝，还给他吃了五枚桃子。汉武帝边吃边想，桃子象征长寿，便偷偷地将桃核装在口袋里，被西王母看到了，告诉他这是仙桃，3000年才开花结果，在人间是种不活的。当然，这是在讲故事，却也说明人都希望长寿，尤其是皇帝特别怕死，至高无上的王位和荣华富贵，都是以生命的延续才能显示出真实的价值，所以他们祈求天帝的保佑，希望与神仙结交。秦始皇统一六国之后，二十八年（前219）登泰山封禅，举行告天的祭祀典礼。《史记·秦始皇本纪》说：“祠祀，下，风雨暴至，休于树下，因封其树为五大夫。”史家说差一点与天帝对话。有齐人徐福（徐市）上书，说“海中有三神山，名曰蓬莱、方丈、瀛洲，仙人居之。请得斋戒，与童男女求之”。于是，为了求仙长生，秦始皇批准了徐福的请求，派他带领数千个童男童女，入海寻求仙人，至今没有回来。

一个伟大民族的文化不论遇到什么灾难，都不会轻易消失，文化的脉络也不会中断，所谓“春草自绿，春水自波”，文化也会迎着春风而成长。汉代正处于封建社会的上升阶段，具有很强的生命力，当它在经济上恢复起来，社会走向安定之后，文化必然会得到快速的发展。

秦始皇曾颁布过《挟书律》。挟者，藏也，就是禁止民间藏书，“敢有挟书者族”。在当时，读书也有被杀头的危险。汉初依然如此，直到惠帝四年（前191）才废除了这道法令，可见对文化的态度。即使如此，在楚汉之际，丰衣博带而道儒墨者，已遍及天下。当汉高祖刘邦举兵围鲁，要攻打鲁国的时候，鲁国的儒生们正在相与讲诵习礼，弦歌之声不绝。这种情况，也反映在后来的画像石上。那画面是一条河，河上有桥，桥这边是兵马行进，桥那边是书声琅琅，连刘邦前卫的过桥马车都受惊了。

然而，经过秦始皇的焚书，文化复兴的难度是很大的。学者们只能在秦火的灰烬中和头脑的记忆里，重新编缀和抄写那些断简残篇。《汉书·刘歆传》说：文帝时“天下众书往往颇出，皆诸子传说”。这里所指的天下众书，就是汉兴以来，学者们重新整理编辑出来的古书的新版。当时，诸子百家的原著已大都无存，包括儒家的经典，学者们各依所据，各凭所记，同一古书而有不同的版本，同一学说而有不同的学派。于是，出现了“古文经学”和“今文经学”的分歧。古文经学大致是从文字训诂和名物考证来研究儒家经典，要求效法古代西周的社会政治制度，并将其理想化。今文经学大致是阐发经文的“微言大义”，并加以引申比附，宣扬神学，为当权的统治者服务。自从汉武帝采纳了董仲舒的建议，“罢黜百家，独尊儒术”之后，其他学派虽然存在，但都得以儒家的学说为正统。儒家哲学变成了封建制度的最高理论，成为衡量所有文化思想的标准尺度。

从西汉末到东汉初，在儒家思想中产生了一个怪胎，就是所谓“谶纬之学”。也可以说从解经的今、古文派之争到谶纬的出现，是儒家哲学从分派到玄学化的过程。所谓“谶纬”，“谶”即图谶，亦即宗教性的预言，作为吉凶的符验和征兆。“纬”是对“经”而言，即用图谶的观点对儒家经典进行解释和比附的著作。它以阴阳灾异和天人感应为主干，以预占为特征，其中也包含着一些天文历法和古代的神话传说。一时间纬书四起，为了对封建统治者歌功颂德，到处出现“祥瑞”的征兆。

吉凶征兆之说早已有之，并非起始于汉代，只是在此时有了所谓“谶纬之学”的理论，更加流行罢了。汉代之前，秦穆公就曾在梦中会见天帝，天帝告诉他“晋国将大乱，五世不安，其后将霸”。这种预言被史家称作“秦谶”，是秦国的统治者为自己称霸所造的舆论。谶语是两方面的，有吉也有凶。秦始皇时，反对他的人也利用谶语造出“今年祖龙死”“始皇帝死而地分”之类的传言。《史记·高祖本纪》载：“高祖，沛丰邑中阳里人，姓刘氏，字季，父曰太公，母曰刘媪。其先刘媪尝息大泽之陂，梦与神遇。是时雷电晦冥，太公往视，则见蛟龙于其上。已而有身，遂产高祖。”现代人一定难以理解，甚至会问，这种荒唐事怎么可能呢？刘邦太不知羞耻了，竟然写进历史，岂不是侮辱了自己的母亲。须知，这是在两千多年之前，那时候科学还不昌明，人们不但会相信这种谣言，甚至他母亲也会感到光荣，因为她生了一个“龙种”，一个显赫的“天子”。在古代，论人论事，只要与“天”有关的，都被视为神圣，连儒家的经典，不是也有“河图”“洛书”吗？

山东嘉祥县城南15公里武宅山北面，原为东汉时期武氏家族的墓地，地面上有石阙、石狮、石祠、石碑等，现在遗物仍存，只是原先的布局和环境变了。其中的“武梁祠”，刻石保存比较完整，发现也早，已为宋代的金石学家所著录，因而名气较大。据墓碑所知，武梁是个儒生，曾做过从事，后来隐居为“处士”，死于元嘉元年（151）。武梁祠为单开间悬山顶房屋式建筑，前面敞开，不设门扉，由六块大石板构成，每块石板上都刻有画像。在用作屋顶两坡的两块大石板上，满刻着各种“祥瑞图”，有浪井、神鼎、麒麟、黄龙、蓂荚、六足兽、白虎、玉马、玉英、赤罴、木连理、璧流离、玄圭、比翼鸟、比肩兽、白鱼、比目鱼、银瓮、白马、朱鬣、泽马、玉胜等。这些祥瑞图都有榜题，上面标有祥瑞的性质，并说明在什么情况下才会出现，才能见到。如“白虎，王者不暴虐则白虎至，仁不害人”；“玉马，王者清明尊贤者则至”；“木连理，王者德纯，洽八方为一家，则连理生”。既然都是祥瑞征兆，必然都同王者的美德联系起来，以达到歌功颂德的目的。武梁祠的“祥瑞图”虽然石板还在，但画面已剥蚀，漶漫不清。清代冯云鹏、冯云鹓所编辑刻印的《金石索》之“石索”中，摹刻了部分图样，可相参照。

又，梁代沈约撰《宋书》中有《符瑞志》三卷，所载祥瑞共97种。其中仅麒麟一种，记有汉武帝两次获白麟，一次是元狩元年（前122）的十月，一次是太始二年（前95）的三月。《史记·孝武本纪》说：“其明年郊雍，获一角兽，若麃然。”集解：“韦昭曰：楚人谓麋为麃。”说明这里将大鹿当成了麒麟。从图像学的角度看，汉画像石上的麒麟确实像鹿，只是长着一个肉角而已。所不可解的是，《宋书·符瑞志》说：“汉章帝元和二年（85）以来，至章和元年（87），凡三年，麒麟五十一见郡国。”说明章帝刘炟是个迷信谶纬的人。上之所好，下必附焉，武梁祠的房顶上刻满了祥瑞图，是与东汉祥瑞的盛行分不开的。

汉代画像石中，有不少题材是表现宴享娱乐和求仙长生的，当与汉代的经济发展有直接关系。人富了便会追求生活上的享受，这是很自然的现象。但是画像石的用途，首先是为了装饰墓葬，岂不是要带到另外一个世界吗？关于阴阳两界的观念，对于物质财富来说都是一样的，在冥冥世界也要生活上的享受。人越富，越希望多带些去，这就是历来的所谓厚葬。

中国古代的厚葬之风由来已久。这种现象是与私有制的发展和权力集中相适应的。且不说文献记载，仅仅在近几十年各地若干大墓的发掘，从出土的文物看，是相当惊人的。如1976年发掘的殷墟妇好墓是商代晚期的一座王室墓，约在公元前11世纪之前，墓主是武丁的配偶妇好，庙号“辛”。随葬器物共1928件，其中青铜器468件，玉器755件，石器63件，宝石制品47件，骨器564件，象牙器皿3件及残片2件，陶器11件，蚌器15件等，另外还有货贝6820多个。这么多的随葬品和贵重的器物，说明了妇好生前的奢华和死后的厚葬，其中6820多个货贝也是一笔巨大的财富。

1978年湖北随州市西郊擂鼓墩附近出土的曾侯乙墓是战国早期曾国君主乙的墓葬，其下葬的年代为公元前433年或稍后，出土随葬品共1万多件。在墓葬的中室摆满了礼器和乐器。编钟悬挂在曲尺形的立架上，与编钟相对的是一套编磬，其他乐器如瑟、笙等列于钟磬之间。各种青铜礼器如鼎、鬲、甗、豆，分类陈放，井然有序。这种情景，真实地反映了君王宴飨时饮酒作乐的豪华生活场面。

1972—1974年在长沙马王堆发掘的三座汉墓，是西汉初期长沙国丞相、轪侯利苍及其家属的墓葬。其中一号墓和三号墓保存较好，随葬品都置于棺房周围的四个边厢之中，主要有盛满衣物、食品和药材等物的竹笥、漆器、木俑、乐器、竹木器和陶器，以及“遗策”竹简。马王堆汉墓出土的漆器共500件，织绣品46卷和制成的衣物15件，均为历来出土数量最多、保存完好的精品。另外还有大量的帛书和重彩帛画，都是非常珍贵的。

1968年发掘了河北满城两座汉墓，在满城陵山上，是西汉中山靖王刘胜墓及其妻窦绾墓。刘胜是汉景帝刘启之子，汉武帝刘彻的庶兄，死于武帝元鼎四年（前113），窦绾死年稍晚。两人都以“金缕玉衣”为殓服，它的外观和人体一样，分为头部、上衣、裤筒、手套和鞋五部分，全部由玉片拼成，再用金丝加以编缀。刘胜的玉衣由2498片玉片组成，所用金丝约1100克。两墓共出随葬器物4200多件，有陶器、铜器、铁器、金银器、玉石器、漆器和丝织品等。如“长信宫”灯、错金博山炉、错金银鸟篆文壶、鎏金银蟠龙纹壶等精美的铜器，都是汉代铜器中难得的艺术瑰宝。

以上所举，人们不禁要问，那么多的珍贵财物，为什么要随人埋入地下呢？很明显，是受到灵魂不灭观念的驱使，认为在生前所取得的东西也可随身带走，以备在阴间享用。在古代，这种思想是很普遍的，上至国君大臣，下至平民百姓，全国皆然。至于墓室的建筑，对于生者来说，是为了尽一份孝心。

儒家提倡孝道。《孝经·开宗明义章》说：“子曰：夫孝，德之本也，教之所由生也。复坐，吾语汝。身体发肤，受之父母，不敢毁伤，孝之始也。立身行道，扬名于后世，以显父母，孝之终也。夫孝，始于事亲，中于事君，终于立身。”这是孔子对曾参说的一段话。孝敬父母是中国人的传统美德。然而，任何事物往往都带有两面性。西汉始元六年（前81），汉昭帝时，举行了一次全国性的“盐铁会议”，召集各地推荐的贤良文学60多人，以“问民间所疾苦”，对盐铁官营等展开辩论，实际上涉及政治、经济、军事、文化等，最后由桓宽编著了《盐铁论》。在该书卷六中，反映出当时的一个事实，即在耗资巨大的丧葬设施背后，隐藏着非孝的动机。《盐铁论》卷六《散不足》：

> 古者事生尽爱，送死尽哀。故圣人为制节，非虚加之。今生不能致其爱敬，死以奢侈相高。虽无哀戚之心，而厚葬重币者，则称以为孝，显名立于世，光荣著于俗。故黎民相慕效，至于发屋卖业。

以“厚葬重币”为孝，已失去了孝的本义，如若借此炫耀出名，更是有悖于孝。在画像石的题记文字中，有的确实能看出这种炫耀的意味。尤其是一些石祠堂（小食堂）的刻石，除了祭祀之外，还可供人观览。所以在题记中描述刻画精美，倾其家财，价值万钱等，如山东嘉祥宋山出土永寿三年石刻题记（安国祠堂）便是如此。还有一种情况，家庭中有人正在攻读，

◀鉴1　女黄牵马图（邢螟刻石）
山东微山县两城出土，原石高90厘米、宽92厘米

为了谋求功名，必先扬以孝名。这是与当时的“举孝廉”有关系的。

在古代科举制实行之前，汉朝选拔人才和任命官吏采用的办法是由地方推举。其条件有二：一是“孝”，指孝子；二是“廉”，为廉耻。这是两条封建伦理道德标准，合称“举孝廉”。由此看来，做官首先要成为“孝子”，这是很重要的一个条件。

山东微山县两城镇早年出土的一块画像石，为东汉永和二年（137）刻石。画面刻的是一株大树，树上有羽人、人首鸟、凤鸟和飞鸟，树下有两个张弓仰射者和一个牵马者，各有榜题。凤鸟上方刻“蜚鸟”，下边刻“乌生”，右上角人首鸟旁刻“山鹊”，树下二射者刻“长卿”和“伯昌”，牵马者刻“女黄”。画面见方，高宽各约90厘米，有花边作框。右边框外刻题记两行，有的字已不清。文曰：

永和二年大岁在卯九月二日[弟]乡广里决□昆弟男女四人少□□□复失慈母父年(下缺，为第一行)

时[经]有钱[刀]自足思念父母弟兄悲哀乃治冢作小食堂传孙子石工刑螟□□□□财弗直万(下缺，为第二行)

从以上题记、榜题并结合画面可以看出，榜题中的三个人名是真实的。牵马者可能是姐姐女黄，两个射箭者是弟弟长卿和伯昌。他们原是姐弟四人，小弟不幸夭折了，父母也先后去世，但家中还算富裕，为了纪念他们，便请了石工刑(邢)螟，用一万多钱建造了这个小食堂(祠堂)。

值得注意的是，为什么要画那棵大树，难道就为了让两个未成年的孩子射鸟吗？而树上的羽人、人首鸟、凤鸟和飞鸟与那三个榜题是什么意思？树下的女黄为何牵一匹马？所有这些，应该怎样解释呢？

关键是那棵大树。在汉代画像石中，有不少这种将树枝编结起来的、郁郁葱葱的树，很富有装饰意味，并且树下都有人仰射树上的鸟。因为枝干连接，故有人称其为“连理树”，也有人叫作“扶桑树”，长期以来，习以为常。

1972年在内蒙古和林格尔发掘了一座东汉晚期的大型墓葬。墓主曾被举为孝廉，再经由郎而出任西河长史等，最后官至使持节护乌桓校尉。墓中虽然没有画像石，但有大量壁画，壁画的内容和形式与画像石非常相似，各图像旁的榜题有近250条。有一幅题为“立官桂树”的画面，即是一棵大树，树下还有射箭者。很明显，表面上射的是鸟，实际上隐喻的是射猎“功名”，因为他面对的是可以“立官”的“桂树”。

就像在西南地区流行“摇钱树”一样，铜铸的枝条上挂满了铜钱，并由仙人(羽人)维护，在这棵“立官桂树”之上也有羽人。两棵树均非实有，完全出于想象，却反映了汉代的一种世俗观念。人生路长而艰难，想要发财就应有“摇钱树”，想要做官就应有“立官桂树”。自古以来，读书做官的仕途走起来并不平坦，后来虽有“麒麟送子”“文昌帝君”“魁星点斗”等吉祥的事物，以慰学子的心，大都是在实行科举以后。如果汉代的“立官桂树”属实，那它不是自然生长的植物，而是植根于心田之中的意识结晶。

树上的“蜚鸟”可能如“飞廉”之“蜚”，形容神禽之快捷，可“驰于方外，休乎宇内”。

“乌生”应为“孝乌”所生。传说乌能反哺，故称孝乌。以乌比人，晚

◀鉴2 立官桂树（摹本，树下有榜题）内蒙古和林格尔汉墓室壁画（《文物》1974年第1期）

辈孝敬父母，应该做“孝子”。

“山鹊”是一种长尾鸟。鸣声喳喳，俗以为吉祥之兆，所谓“鹊噪兆喜”。在古代，名医扁鹊被誉为“鹊王”，山东一带的画像石中，常将他画成人首鹊身，为人针灸。

现在回头来看这块画像石，很可能是由女黄主持制作的，画面主题也体现了她的意图。因为她操持家务，带养着两个年幼的弟弟。她祈盼两弟勤奋读书，被举为孝廉，不仅可以光宗耀祖，也尽了一份苦心；宁愿牵着大马，期待射猎功名，以昭前途。

二、画像石与画像砖

砖头和石头，是坚硬的、冰冷的和没有生命的，然而，艺术的魔力在于它能够改变砖石的性质，赋予生命，产生感情，并体现出一种“深沉雄大”的精神。汉时的绘画还没有独立发展，多是依附于建筑和工艺品上，如建筑的墙壁和丝帛。西汉虽然造出了纸，至东汉又加以改进，但并没有普及，还不见有用作绘画者。因此，利用石头和砖头施展绘画的特长，在当时形成了一种风气。从物质材料和技法上看，虽带有雕刻的特点，然而又不同于一般的“圆雕”和“浮雕”，于是，古人给它起了个名字叫作“画像”。

画像也作“画象”，确切地说应称为“石刻画像”，具体的则有“画像石”和“画像砖”。

作为一个艺术的专用词，“画像”始用于宋代兴起的金石学。如赵明诚《金石录》、洪适《隶释》和《隶续》，开始关注到砖石上的图画和文字，并以“画像”之名收录。千百年来，已为学界所习惯。但在原作的汉代，并不使用这个词，多用“刻石”“雕文刻画”的称呼，没有统一的名称。

史学家翦伯赞先生高度评价画像石，认为它是“一部绣像的汉代史”。1944年的夏天，正处于抗日战争时期，他在四川巴县歇马场的刘家院子里，为所著《秦汉史》写的序言中说：

> 除实物和简牍外，汉代的石刻画像也提供了不少新的史料。汉代的石刻画像，如武氏祠、孝堂山祠、两城山及武阳石阙等石刻画像，皆传世已久；但并未引起历史家的注意。晚近南阳一带汉墓中，又发现了大批的汉代石刻画像，始有若干学者开始对石刻画像作艺术的研究。我以为除了古人的遗物以外，再没有一种史料比绘画雕刻更能反映出历史上的社会之具体的形象。同时，在中国历史上，也再没有一个时代比汉代更好在石板上刻出当时现实生活的形式和流行的故事来。汉代的石刻画像都是以锐利的低浅浮雕，用确实的描写手腕，阴勒或浮凸出它所要描写的题材。风景楼阁则俨然逼真，人物衣冠则萧疏欲动；在有些歌舞画面上所表示的图像，不仅可以令人看见古人的

形象，而且几乎可以令人听到古人的声音。这当然是一种最具体最真确的史料。

例如从石刻画像中楼阁宫室的构图，我们便了然于桓宽所说的汉代贵人之家“兼并列宅，隔绝间巷，阁道错连，足以游观；凿池曲道，足以骋骛”之语。从石刻画像中的乐舞图像，我们便了然于仲长统所说的豪人之室，“妖童美妾，填乎绮室；倡讴伎乐，列乎深堂”之语。看侏儒舞的画像，则《徐乐传》所谓“帷幄之私，俳优侏儒之笑”如在目前；看戏兽的画像，则张衡《西京赋》所谓“熊虎升而拏攫，猿狖超而高援”之态，跃然纸上；看乐队的画像，则流徽鸣鼓，如闻其音；看战争的画像，则矛挺搏击，如历其境。此外，还有许多描写风俗、记录传说、鼓励道德、宣传信仰的画像，不及备举。总之，这些石刻画像假如把它们有系统的搜辑起来，几乎可以成为一部绣像的汉代史。[1]

史学家是科学地解释历史的学者，对于某一时代，看中某一美术作品，用以解释一个问题或说明一种现象，是不奇怪的，然而如此重视画像石，用以解释一个时代，却是绝无仅有的。这是现代人的一种看法。那么，汉代人又如何看待画像石呢？

1973年，山东苍山县（今兰陵县）卞庄镇城前村清理的一座汉墓中，出土了13块画像石，其中有“元嘉元年”（151）的题刻二石。共计15行、328字，其内容有别于一般的题记，而主要是对画像石的描述。题记的全文是：

元嘉元年八月廿四日，立廓（椁）毕成，以送贵亲。魂灵有知，柃（怜）哀子孙，治生兴政（保佑子孙治理生计和政途顺利），寿皆万年。

薄疎郭中画观（绵薄粗陋的墓室中有画观）：后当（后面的横档上）朱雀，对游[奂][仙]人（朱雀对面有大仙人飞行），中行白虎，后凤凰。

中直柱（中间的立柱上），隻（双）结龙主（驻）守。中雷（中室），辟邪。

夹室（耳室）上殃（央），五子举僮（童）女，随后驾鲤鱼；前有白

[1] 翦伯赞：《秦汉史·序》，北京大学出版社1983年版，第5页。

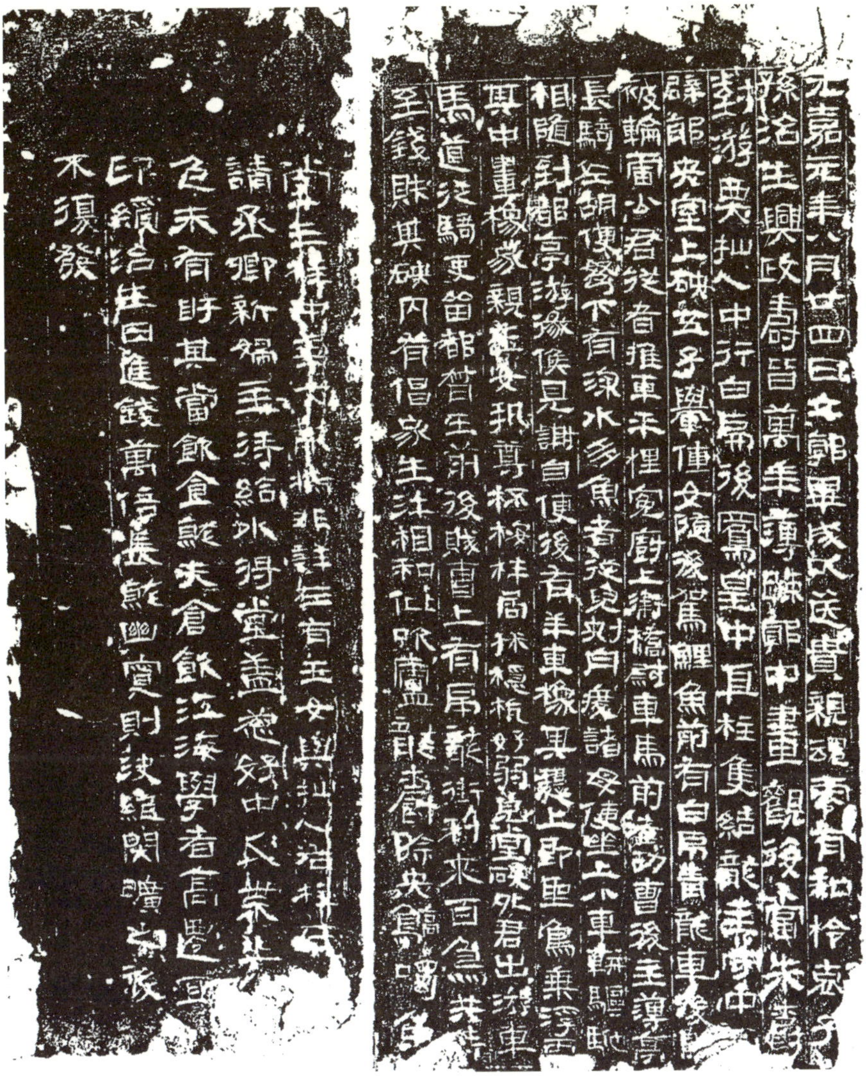

▲鉴3 东汉元嘉元年题记 山东兰陵县卞庄镇城前村汉墓出土

虎青龙，车后□（即）被（负）轮雷公；君从者推车；乎梩（狐狸，即九尾狐）冤厨（鹓雏，即凤凰）。

上卫桥，尉车马，前者功曹，后主簿亭长。骑佐胡使弩；下有深水。多鱼（渔）者；从儿刺舟（随行的年青侍者操舟），渡诸母（渡过诸位夫人）。

使（诸位夫人）坐上小车軿，驱驰相随，到都亭，游徼候见，谢自便（在都亭由游徼迎接，谢后各自方便行事）。后有羊车，橡其櫘（橡木做的棺具）。上即圣鸟乘浮云。

其中画像，蒙亲玉女执尊、杯、桉（案）、柈（盘），局秫（拘束），稳［拖］（妥），好弱貌（显出一副拘束、稳重弱女子的样子）。

堂殃（央）外（在堂央的外方），君出游，车马道从，骑吏、留都督在前，后贱（贼）曹。上有虎、龙衔利来，百鸟共持至钱财。

其殃（央）内（墓室的堂央），有倡家生汻［舞］，相和仳（比）吹，庐龙雀。除（涂）央，鷊（鹤）噣（啄）鱼。

堂三柱（堂有三柱），中□□龙□非详（飞翔），左有玉女与仙人。右柱右□，请丞卿新妇主持给水将（浆）（丞卿的新妇在招待客人饮酒浆）。

堂盖（墓顶盖石）恣（姿）好（外形），中［瓜］［叶］，上□包，末有旴（鱼）（瓜叶、圆包和鱼，均为装饰花纹）。

其当饮食，就夫仓，饮江海（对墓主：吃不尽，喝不完）。学者高迁宜印绶（对后辈：学业卓著，高升大官，能系佩绶印）。

治生（治理生计），日进钱万倍。长就幽冥（阴间），则决绝（和家人诀别）。闭旷（圹）之后（墓室封闭之后），不复发（永远不会再发掘）。

这篇“元嘉元年题记”，错别字太多，李发林在《山东汉画像石研究》中对此做了考证。他说：“从题记中缺少墓主姓名、官职、德行、品性等情况及用字的洒脱不羁，我推测此题记不是墓主家属所为，而是修墓的画工、刻工中好事者主动为之。‘以送贵亲’的话也可以认为不是墓主家属的口气。”又说：“从语言来看，一般汉碑语言流利，句子通顺，文章优美，书法、刻工也往往属于上乘。这是因为汉碑往往是文化水平高的人撰写、镌刻的。此题记在语句、文字上不及汉碑之精美，但由于出自劳动人民手笔，恰恰是研究汉代一般群众的语言、词汇不可多得的宝贵资料。”[1]

这一判断是正确的。它不具备墓志的性质，却像一篇描写墓室的散文和记述文。虽然文章写得不是太顺达，我们核对了同墓出土的若干块画像石，其画面与文字的对应也不紧密，说明作者是就一般墓室而言的。但从

[1] 李发林：《山东汉画像石研究》，齐鲁书社1982年版。

▲鉴4　君出游图　山东兰陵县卞庄镇城前村汉墓出土

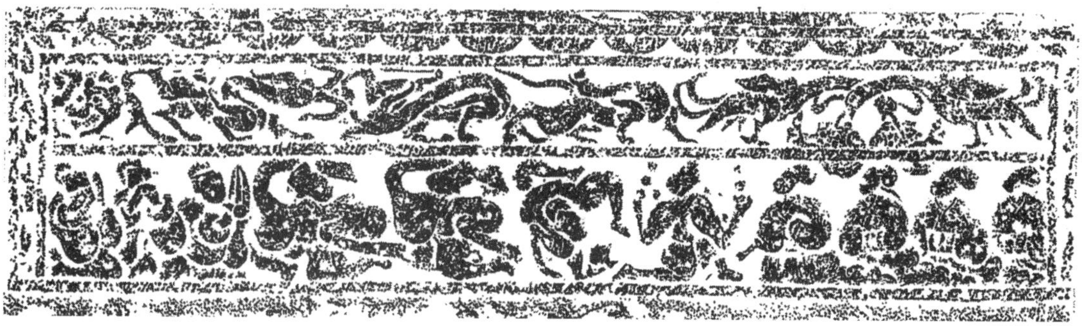

▲鉴5　伎乐舞图　山东兰陵县卞庄镇城前村汉墓出土

▲鉴6　上卫桥图　山东兰陵县卞庄镇城前村汉墓出土

▲鉴7　到都亭图　山东兰陵县卞庄镇城前村汉墓出土

整体内容看，其结构和层次还是清楚的。

一开始是记明时间，说是“立椁毕成，以送贵亲”。接着便是介绍墓室的“画观”：从中室后当的上方、后当的对面、中间的立柱，到耳室的上方、央堂之外、央堂之内和堂中的三柱，以及墓顶的盖石。上面都有一组组的画面与花纹，有仙人和祥禽瑞兽相游，有玉女执送酒浆，有伎乐歌舞，有“太仓”和“江海”，永也吃不尽，喝不完。在这里使我们知道，汉朝人所想象的龙虎和百鸟，是“衔利来”和“至钱财”的。

最后，送葬的人都来了。他的妻妾乘着小軿车，驱驰到都亭，有游徼前来接待，相谢之后便各自方便行事。后面的一辆羊车，象征他的棺材。羊车上方，刻有神鸟，乘着浮云远去。作者颇带伤感地写道：“长就幽冥，则决绝；闭圹之后，不复发。”从此以后，墓主将永远处在阴世间，就和家人诀别了；墓室封好之后，再也不会掘开。

通过汉朝人写的这篇“题记”，使我们清楚地知道了画像石在当时的目的和作用。一块块的石头，上面刻着不同的形象和图画，构成了一个特殊的空间，创造出了另一个虚幻的世界。然而它又折射出那个时代的现实和特点、意识和理想，既是流光溢彩，又是古怪离奇。

我们之所以认为绘画在汉代没有得到独立发展，是说它与另外的目的结合着，并非是单独供人欣赏的画幅。譬如汉代画在“麒麟阁”中的人物，都是为了表彰他们的功德，是以褒奖和纪念为目的的。墓室的壁画则是为了创造一个特定的“生活”环境或是表现排场的仪仗。马王堆出土的“T”形帛画，是用来送死者升天的旗幡；挂在椁板上的帛画，如同墓室壁画一样，都是围绕死者的“需要”。汉代的画像石也是如此。每一块石板，不论大小或形状，首先是某种建筑的一个部件，既没有独立性，也不是多余的，所谓“画像”，是附着在这些石头之表面的。换句话说，作为建筑的整体，每块石头都是有机构成的一部分，可以没有画像，但不能缺少任何一块石头。作为“画像”，虽不是独立的，但所起的作用却很大。它能把建筑改观，使人感觉到不是在建筑中，而是在另一个世界里。这是艺术的力量，是艺术成熟之后所发挥出来的热能。

从艺术学的角度看，以石料作为艺术的载体，无疑是建筑或雕刻，这在全世界、全人类都是如此，已经成为常识。画像石的发展，也是踩在这两点上。所不同的是，它始终没有成为完全的建筑或雕刻，而是表现为以平面为基础的二维度的绘画，并形成中国艺术所特有的一种形式。以后纸的发明和拓印术的产生，验证了它在艺术特色上的不可取代性，及至雕版印刷的出现，更是说明了艺术灵魂之所在，即通过石头或木头的雕刻，当画面转移到纸上的时候，不是原来艺术特色的消失，而是在纸面上跃动着石头的“金石味”和木头的“木味”“刀味”。因而，在人类的版画史上，中国人率先创造了版画的样式。

不妨这样说，在石头上进行雕凿，会产生两种结果：一是停留在石板的平整的表面，所追求的是绘画效果；二是在石头上深凿，或是将平面的刻画产生“圆”的起伏，所追求的是雕刻效果。两者不存在高下之分，只是意匠不同，意味迥异。从历史的实际情况考察，汉朝人是深明此理的，只是他们重点发展了第一种，第二种的数量不多。这第一种便是“画像石”。

我们知道，艺术发展与实际需要是分不开的，而社会的情况还要复杂得多，其中包括经济等问题。譬如建造武氏祠石阙，在西阙上刻有铭文曰：

> 建和元年(147)，大岁在丁亥，三月庚戌朔，四日癸丑，孝子武始公，弟绥宗(武梁)、景兴、开明，使石工孟孚、李弟卯造此阙，直钱十五万。孙宗作师(狮)子，直四万。开明子宣张(武斑)，仕济阴，年廿五，曹府君察举孝廉，除敦煌长史。被病夭殁，苗秀不遂。呜呼哀哉，士女痛伤。

武氏祠石阙和石阙前的一对狮子，现仍在嘉祥原地。在东汉时期，15万钱和4万钱加在一起，是个不小的数目。而那一对石狮子，雕刻得很好，但所需费用也很高。通过这个例子，说明那时的立体雕刻(圆雕)水平并不低，同样达到了相当的高度，作为石阙前的仪表是很有气势的，但若说明具体故事情节，就受到一定局限，再说费用上要高得多。这也可能是圆雕发展缓慢的原因。

关于石刻画像的特点与技法，不同地区差异较大，各家的看法也不一致。

滕固在《南阳汉画像石刻之历史的及风格的考察》一文中说：

> 如孝堂山和武梁祠的刻像，因为其底地磨平，阴勒的线条用得丰富而巧妙，所以尤近于绘画。像南阳石刻都是平浅浮雕而加以粗率劲直的线条阴勒，和绘画实在有相当的距离。所以，我对于中国的石刻

◀鉴8　东汉武氏石阙及阙前石狮
山东嘉祥县武翟山，1960年之前旧景

画像，也想大别为两种：其一是拟浮雕的，南阳石刻属于这一类。其二是拟绘画的，孝堂山武梁祠的产品属于这一类。[1]

闻宥在《四川汉代画像选集》的序言中说：

> 第一类是高浮雕的。凡是乐山享堂部分以及各地石阙部分大多数属于此类。据作者粗疏的记录，乐山享堂所刻，最高有在四十公分左右的。所以虽不是圆雕而已令人有圆的感觉。第二类是低浮雕的。凡是新津的墓门、石函都属于此类。这些画像的雕法正和滕固所说的南阳画像大体相近。第三类是绘画的。凡是成都一带的方砖都属于此类。这一类不但凸度较低，而且全面的布置，细部的刻画等等，比滕固所举的孝堂山武梁祠也更合乎绘画的条件。[2]

以上只是比较而言。所谓平面、浮雕、高浮雕或接近圆雕，对于雕刻来讲，并非困难，在当时，可能由石工的专长和习惯而定，并无严格的区分。关于雕刻的技法，也是如此，有的分得很细，多达十数种，所用名称也不统一。

一般地说，汉代的画像石都是就地取材。从各地的出土画像石看，主

[1]　胡适、蔡元培、王云五编辑：《张菊生先生七十生日纪念论文集》，商务印书馆1937年版。
[2]　闻宥集撰：《四川汉代画象选集》，中国古典艺术出版社1956年版。

要的石料有两种：一种是石灰岩，俗称“青石”，石质较细，硬度也较高，打平磨光后呈浅灰蓝色或灰白色；另一种是页岩，因有砂粒成分打平后石面较粗，俗称“砂石”，呈淡褐色。两种石头的肌理都会直接影响到艺术的视觉效果。

在石料的加工方面，将石料打成大块的石板、石条之后，在雕刻之前多将石面磨得平整光滑。但也有的直接用毛料进行雕刻，所谓毛料，就是将石头打成型（石板、石条）之后，不再磨光，石面上存留着一道道的“剁纹”。它是用凿石的钢斧修整石面时所留下的痕迹。剁纹的纹路不深，但排列非常整齐，或竖或斜，虽也有斑驳效果，但线条清晰，成行密布。有的画像石便直接在这种剁纹石上进行雕刻，仿佛是有意留下的刀斧痕。

以下，我们将影响画面效果的石料肌理和雕刻技法组合成下图，以示其详：

- 画像石
  - 青　石
    - （1）在石面上单纯用线刻出画面（阴纹线刻）
    - （2）在线刻的形象之外将空白刻深（阴刻减地，铲平地）
    - （3）在形象之外“铲平地”上作剁纹
    - （4）减地较深，在画面与铲平地之间作斜口
    - （5）在减地之后的画面上修圆如浮雕
  - 剁纹石
    - （6）在剁纹石的平面上阴刻粗线（形象上有剁纹）
    - （7）将空白减地（形象上有剁纹）
    - （8）将形象减地，然后在铲平地上刻线（空白处有剁纹）
  - 砂　石
    - （9）在砂石面上留粗线和块面形象，减地
    - （10）局部形象着色，或在细部线描

以上十种刻石的技法，包括少数的局部敷彩与描绘者，说明画像石的表现手法是很丰富的。从各地大量出土的原石观察，作者的艺术技巧有的相差很大，参差不齐，所运用的手法也不是平均对待的。并且在画像石的制作中，有的时间充裕，“作治连月，功夫无极”，雕刻者可尽心去做，也有的急急从事，草率而就，这些都与作品的质量有关。

在中国各地的汉代画像石中，山东的孝堂山和武氏祠是在历史上久负盛名的，早在宋代就为金石家所关注，载入著录之中。孝堂山石祠在今济南长清西南孝里铺的孝堂山上，约为东汉章帝时期（76—88）所建；武氏

祠的几座祠堂在今嘉祥县南武翟山北面，约建于东汉桓、灵时期（147—189）。两者在时间上相跨几十年，在地域上相距几百里，在画像石的雕刻技法和艺术风格上也是迥然不同的。孝堂山石祠画像是在石面上单纯用线刻出画面，即所谓“阴纹线刻”。武氏祠画像则是在线刻的形象之外将空白刻深，即所谓“阴刻减地”，并将减地铲平或作出剁纹。这两处画像石也确实具有代表性，其技法是各地使用最多的。

特别是“阴刻减地”的方法和形式，不但在画像石中数量最多，也是在艺术上最有特色的。它比单纯的刻线在形式感上要丰富得多。对于画像石来说，不论原石还是拓片，绝大多数都是单色的，即由画面所产生的黑白效果来吸引视觉。如果在拓片上使之产生灰色调，是很容易的，但对石头

◀鉴9　大王车
孝堂山画像石局部拓片

◀鉴10　庖厨图
武氏祠画像石局部

▶鉴11　主人与侍卫
河南南阳麒麟岗汉墓出土，
高60厘米、宽50厘米

的雕刻就很困难，而“减地”之法不但解决了这个问题，并且加强了画面的清晰度。对于造型艺术，单纯的用线造型难以避免单调，如果搭配以块面（虚与实，黑与白），无疑就会增强画面的丰富感。

对于剁纹石，推测当初并非有意如此，可能是因为时间急促，来不及将毛石磨光，也可能是受到财力限制省去了将石面磨光的过程。这样，在画面上便产生了两种意想不到的效果：一是在剁纹石上所刻出的形象，不论减地与否，都会出现一些或横或斜的并列线条。喜欢画面干净清爽的人可能认为这是对形象的干扰，使画面不清，但也有追求朦胧和气势的人以为这是一种特殊的肌理，颇有“大匠若拙”的意味。二是雕刻者为了避免剁纹的干扰，索性将画面的形象用“影绘”的办法铲下一层，即将所有形象低于剁纹，然后在铲平的形象轮廓内刻阴线。这种效果，虽近似于阴纹线刻并在空白处加剁纹者，但比之多了一个深浅的层次，使画面更具感染力。

砂石较松，不适于刻细线，画面多为块面和较粗的线。在陕北地区出土的画像石中，有的在画面的细部（如面部）用墨线描出，也有在局部敷彩，涂饰朱红、黑色等色的。

▲鉴12　汉墓墓门左右石柱画像　1997年陕西神木大保当23号汉墓出土

在汉代，与画像石并行发展的还有“画像砖”。它虽然没有画像石的规模，不像画像石那样自由施展，但也同样显示出一种深沉雄大的精神，可说是画像石的姊妹艺术。尽管两者的制作方法完全不同，可是在艺术的气质、形式、风格上，却有异曲同工之妙。因此，为了在表述上避免冗长，我们在研究画像石的同时，将画像砖一并带出，不再单独分类。

画像砖不是在烧好的砖头上进行雕刻，而是在制砖的过程中当泥坯未干时用模具印出图像。其图像的模具可能是用木板雕刻而成的。

砖呈灰色，有不同的大小和形状。大体可分三类：

（1）类似普通砖的实心条形砖：尺寸有大有小，一般长度为30厘米左右，花纹印在正面或侧面。

（2）大型的空心砖：这是画像砖中最有特色的一种。砖的长度可达1.5米。较大的木模长120厘米、宽33厘米左右，画面都印在正面。一般空心砖的侧面是平整的，也有的为了建筑结构需要，在一侧有凸棱或呈斗状。

（3）专用的异形砖：有方砖、小条砖、楔形砖、子母楔形砖等。均为实心砖，系墓室建筑的特殊构件。

我国的造型艺术，自古以来就长于不同材料的雕刻，尤其是平面刻纹，从商周时期起渐成传统。骨雕、木雕、石雕、青铜模印，各有特色。到了汉代，木雕和石雕特别发达，而且在艺术上表现出一种共同的气质。江苏盱眙县东阳西汉墓出土的木雕泗水捞鼎图，是表现秦始皇在泗水捞鼎而不得的情景，同一题材在画像石、画像砖中也很多，两者相比，可以看出其

▶鉴13　木雕《泗水捞鼎》图

江苏盱眙县东阳西汉墓出土，木板高40厘米、宽45厘米

▲鉴14 模印画像砖
河南汉墓出土

共同之处。由此说明，用木雕板模印砖坯，所形成的画像砖，与画像石确有许多内在的联系。

画像砖的木板模具雕刻，不仅有大小之分，并且有深浅和方圆之别。小的印模，就像人们用的图章，刻一棵树、一只鸟、一头兽或是一个几何形图案，然后一个个地捺印在砖坯上；有的相互搭配，可排列成一个有趣的画面，几何形则连缀成大片的四方连续图案。

如果说小型的画像砖以捺印组合的画面见长，那么，大型的空心砖画像则是以构图的章法取胜。南阳文物研究所《南阳汉代画像砖》之“概论”说：“据观察，空心砖的制作方法有两种：一，四片粘合法：四个面按一定尺寸做成泥片，待泥干后，将四片对合，接口处用泥粘合、抹平。二，支撑法：用几块长条木板，撑板外裹以粗麻布，再在四侧贴泥。”[1] 顺便讲一句，这种空心砖既长又大，烧造得很精致，因为中空，两边留有出气孔，适合于作古琴座，弹起琴来能发出共鸣，明清的文人非常珍视，并给它起了个名字叫作“琴砖”。

由于木雕的模具比较容易制作，对于物象的造型雕刻得有深有浅，印出来的效果便有高有低，并且将一些较大的块面作浮雕的处理，看起来协调得多；在细部的表现上也很精致，连人物的胡须都非常清楚。

[1] 南阳文物研究所编：《南阳汉代画像砖》，文物出版社1990年版。

三、纸本拓印

作为画像石和画像砖，它的产生起于墓葬，本是丧葬文化的一部分，然而艺术的发展并非是一成不变的，随着绘画艺术自身的发展，必然会裂变出新的因素。包括当年的制作者，绝不可能想到若干年后，会有人将那些石刻、印砖与纸墨拓印联系起来，不仅由此产生了“版画”，成为一个新画种，并直接通向了“木版印刷”，开启了木版画的起源。印刷术的发明，是文化上出现的一股巨流，影响了全世界。

纸本拓印要有三个条件：刻版、纸、墨。画像石本不是为“刻版”而存在，但它却具备了刻版的性能；纸和墨的产生也不是为了拓印，但它却为拓印提供了重要的条件。

考古学的资料证明，在我国西北地区已多次发现古纸的残片，其年代远在公元之前，充分说明造纸起源于西汉（前206—8）。如1934年在新疆罗布淖尔发现的麻纸，1957年在陕西西安灞桥发现的古纸碎片，均为公元前1世纪的产品。另外，1974年在甘肃居延金关地区，1978年在陕西扶风中颜村，1979年在甘肃敦煌马圈湾等地，都有西汉纸的发现。1986年在甘肃天水放马滩出土的一幅纸地图，绘有墨笔山水及道路图形；1990年在敦煌悬泉置汉代遗址发现的写有药名的纸，说明西汉时期已经用纸绘图和书写。

历史上所说的“蔡伦造纸”，应是对于造纸技术的改进和普及，并非说纸的发明和创造始于其人。蔡伦是东汉人（卒于公元121年），他总结了前人造纸的经验，使用树皮、麻头、破布等原料，将造纸技术进行了改进，世称“蔡侯纸”。

在此之后，文学家、书法家蔡邕（133—192）等奉灵帝之诏，于熹平四年（175）写定“六经”文字，蔡邕亲自书丹于石，立碑于太学门外，世称“熹平石经”。《后汉书·蔡邕传》：

> 邕以经籍去圣久远，文字多谬，俗儒穿凿，疑误后学，熹平四年，乃与五官中郎将堂溪典、光禄大夫杨赐、谏议大夫马日磾、议郎张驯、韩说、太史令单飏等，奏求正定“六经”文字。灵帝许之，邕乃自书丹

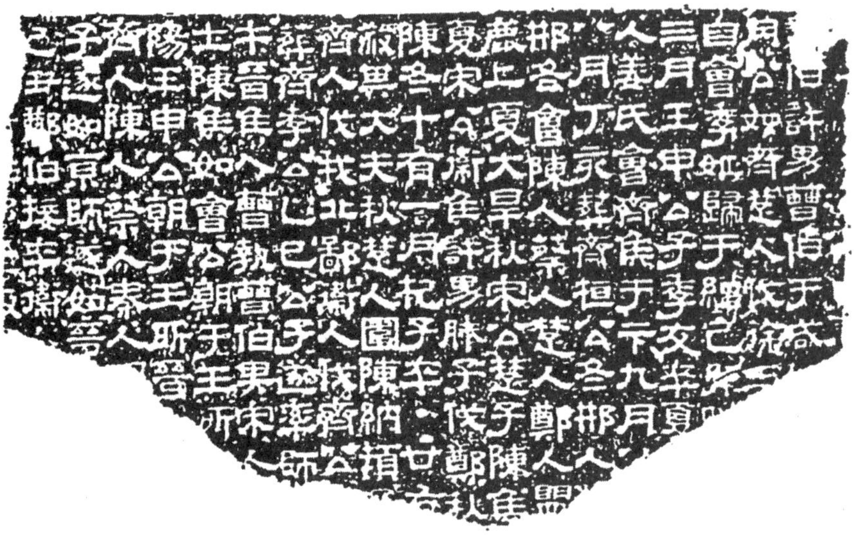

◀鉴15　汉代熹平石经残石（拓片）

于碑，使工镌刻立于太学门外。于是后儒晚学，咸取正焉。及碑始立，其观视及摹写者，车乘日千余两（辆），填塞街陌。

这是我国文化史上的一件大事，尤其为书法家所称赏。我国古代，早有“勒石为铭”以纪事功和永垂久远的做法。但到了这一时期，除了立碑用于颂功和纪念之外，又开始镌刻儒家等的经典，以达到永久保存的目的。“熹平石经”的出现，不仅在文化保存上起了积极的作用，也为后来的“纸本拓印”创造了有利的条件。

在所引上文中，提到“摹写”。“摹写”一般系指书画的临摹，如摹本。印章或称摹印。翻刻碑帖、翻刻书籍，称作摹刻。有人认为，熹平石经已有拓印者。在时间上，这是一个疑问。从蔡伦造纸到熹平石经相距半个多世纪，难道纸的为用已达到如此程度了吗?

现在所能见到的最早的石碑拓片，是公元632年制作的《化度寺塔铭》，还有公元634年之前唐太宗手书的《温泉铭》拓片。在唐代，已有专门拓碑的工匠称“拓书手”，而与拓印相配合的是“装潢”（装裱）。装潢匠可将石碑的拓片通过剪裁、拼接，装裱成册页，类似书本的形式。唐代张彦远《法书要录》卷三所载何延之《兰亭记》中，谈到王羲之的书法碑刻时说：“帝命供奉拓书人赵模、韩道政、冯承素、诸葛贞四人，各拓数本，以赐皇太子、诸王近臣。”由此可见，拓印在当时已成为复制艺术品的手段。王建

▶鉴16　汉代士人拓印石经图

此图为推测想象之图。采自《雕版印刷源流》，印刷工业出版社1990年版

诗曰："古碣凭人拓，闲诗任客吟。"唐代时，为了便于墨拓，还有的将碑刻的书法转刻到木板上。杜甫诗曰："峄山之碑野火焚，枣木传拓肥失真。"这种用枣木传拓的碑帖，已经接近印刷了。直到现在，除了拓印石碑之外，在一些民间木版年画的产地，如四川的绵竹、河北的武强、山东潍坊的杨家埠等，还有用木版拓印的年画，称作"墨拓版"。

不过，早期的石刻拓片，多是拓印文字（书法），很少有拓印图像的。宋代赵明诚的《金石录》和洪适的《隶释》《隶续》虽然用木版摹刻了部分画像石，也仍然是看重画像的榜题。对于画像石的拓片，真正引为重视并进行研究的，要晚近得多。

"拓"与"印"虽然有很大的共性，但不论在形式上还是在方法上，也有很大的差别。

"拓"即"搨"，或称摹拓、拓印。被拓的模板主要是石刻，如碑碣、画像石、画像砖等。其他如平面木雕、青铜器上的铭文和花纹，也可拓印。这些被拓印的东西，最初的制作并非为了拓印，因此其字面和画面都是正面的，并考虑直观的效果。拓印时必须将纸打潮，紧密附着在雕刻的表面，待纸快干时拓墨，将纸揭下。制作拓片的顺序是：

（1）折纸浸湿　将要拓印的纸连续对折，顺序折成手掌大小。将折好的纸放入水中浸透。所用之水略带黏性，一般是清煮的白芨水，或用淡淡的冰糖水，也可用米汤汁，为的是让纸附着于石面，干后不会脱落，但水的黏度不能太大，否则事后揭纸困难。折叠的纸浸水后取出紧压，除去多余的水，备用。

（2）**铺纸捶纸** 将折叠的湿纸铺于石刻的左上角，铺平后依次揭开，边揭边压紧。潮湿之纸不能拉动，容易破裂。待纸铺完后，用毛刷垫薄毡捶打，将纸紧贴于石刻的凹处。待干。

（3）**上墨捶拓** 待纸干至八九成时，开始上墨。墨要浓淡适中，用专制的“拓子”在托板上将墨打匀，然后轻轻在画面上捶拓。“拓子”有大有小，一般是用丝绸包裹棉花，扎成扁圆形。如果石面光滑，墨拓一遍即可，若石面起伏较大，须用小拓子修补。捶拓的墨色要均匀。对于石面光洁平整的，拓墨不多，产生一种轻如蝉翼的效果，拓印者称为“蝉翼拓”。如在薄墨之上再拓以浓墨，乌黑发亮，称为“乌金拓”。这都是对小张的拓片而言。另外还有所谓“朱拓”，是用朱砂颜料拓印的，画像石一般不用。

（4）**剥离拓片** 拓墨之后，揭纸用力要匀，避免撕破或将部分拉长，使纸失之平整，影响画面。揭下的纸仍保持着石刻画面的凹凸，须将其压平。至此，石刻之画已转为纸本之画。有的将拓片进行“托裱”，即在背面裱一层纸，使画面更平整，但也减少了雕刻的痕迹。

“印”即后来的木版印刷。其版刻是专为印刷而制作的。画面反转，可直接在版面上涂色，铺纸刷印。印后将版面上刻的反图转成了正图。“拓”与“印”相比较，印刷的制作要方便得多，但作为艺术的复制，两者各有千秋，均可达到一定的境界，成为中国版画艺术的两种创造。

◀鉴17 拓印的工具

四、斑驳效果

任何物品，时间久了总会变旧或破损，艺术品当然不会例外。然而“古色古香”这个词，却是艺术的一种特殊。譬如商周青铜器的锈花斑斓，古玉器的土绣血沁，古陶瓷器的残缺脱釉，古画的虫蛀水渍，倒反而化腐朽为神奇，所谓古意盎然，美称曰“古雅”。其实，古代的物品并非就是破旧的，而是在后来发生变化之后，由观赏者所产生的一种心理反应，有的还上升为审美意识，甚至会影响到艺术家的创作。

对于艺术的客观接受来说，人们的鉴赏力是不一样的，它包括了对事物的理解、判断、感受、态度等，同样一种艺术，同是一件艺术品，会产生不同的看法，其态度也是截然相反的。

鲁迅在《“题未定”草》之七中说：

> 记得十多年前，在北京认识了一个土财主，不知怎么一来，他也忽然“雅”起来了，买了一个鼎，据说是周鼎，真是土花斑驳，古色古香。而不料过不几天，他竟叫铜匠把它的土花和铜绿擦得一干二净，这才摆在客厅里，闪闪的发着铜光。这样的擦得精光的古铜器，我一生中还没有见过第二个。一切“雅士”，听到的无不大笑，我在当时，也不禁由吃惊而失笑了，但接着就变成肃然，好像得了一种启示。这启示并非“哲学的意蕴”，是觉得这才看见了近于真相的周鼎。鼎在周朝，恰如碗之在现代，我们的碗，无整年不洗之理，所以鼎在当时，一定是干干净净，金光灿烂的，换了术语来说，就是它并不“静穆”，倒有些“热烈”。这一种俗气至今未脱，变化了我衡量古美术的眼光，例如希腊雕刻罢，我总以为它现在之见得“只剩一味醇朴”者，原因之一，是在曾埋土中，或久经风雨，失去了锋棱和光泽的缘故，雕造的当时，一定是崭新，雪白，而且发闪的，所以我们现在所见的希腊之美，其实并不准是当时希腊人之所谓美，我们应该悬

想它是一件新东西。[1]

“我们应该悬想它是一件新东西”，这是欣赏古代艺术的一条重要原则。遵循这条原则，我们就可以在悠长浩渺的时空中驰骋，发挥自己的想象。人们对于艺术的感受是会起变化的。不仅随着人的经历、修养、见识不同而起变化，就是艺术品本身在不同的景况下也会发生变化。当这两种变化交汇在一起，主客观产生共鸣，艺术的作用也会发挥到极致。

这种现象是人类所共有的，只是对象不同而已。古希腊雕刻《米洛斯的维纳斯》便是一个典型的例证。

“维纳斯”即希腊女神阿芙罗蒂，在古希腊神话中她是“美”神，又是“爱”神。有关她的雕像很多，但最为称赏的是在米洛岛上出土的断臂维纳斯。长期以来，人们不停地讨论，她断了的两只胳膊原来是什么姿势？是拿着金苹果，还是扶着战神的盾？也有人说，她的一只手正伸向站在她面前的丘比特。曾有人依照推测补塑了她的双臂，但总觉得不协调，很不自然，还不如就让她缺两只胳膊，让人们用自己的想象去补全它。

迟轲在《西方美术史话》中引用了俄国作家屠格涅夫的话说：

> 屠格涅夫在一篇小说里说：《米洛斯的维纳斯》比法国大革命的《人权宣言》更不容怀疑。意思是说，在保卫“人性的尊严”方面，它也许更有力量。的确，这个半裸的女性雕像，虽然优美、健康、充满活力，可是并不给人以柔媚或肉感的印象。它的转折有致的身姿，显得大方甚至“雄伟”；沉静的表情里有一种坦荡而又自尊的神态。她不是他人的奴隶，所以无须故意取悦或挑逗别人；她也不想高踞于人们之上，故也毫无装腔作势盛气凌人之感。在她的面前，人们感到的是亲切、喜悦，以及对于完美的人和生命自由的向往——这也许就是屠格涅夫把她和《人权宣言》相比的理由吧。[2]

艺术的完美与否不在于被表现对象的完整与残缺，在这一点上，东西方的感受是相通的。当我们回头来审视那些曾被埋在地下达2000年之久的

[1] 鲁迅：《“题未定”草》之七，载《鲁迅全集》（第六卷），人民文学出版社2005年版，第441—442页

[2] 迟轲：《西方美术史话》，中国青年出版社1983年版。

画像石时，有的石块已经残破，有的画面已经剥蚀。然而作为艺术，它所蕴含的内容和表现出的精神，却是永恒的。

画像石的斑驳有两种情况。一是在雕凿时的斑驳，其程度取决于工具的钝锐和石面的粗精。一条挺拔的线条不等于是一条光滑的线条，唯其如此，才显出“刀斧痕”和“金石味”，这是一种艺术的“语言”，它虽不是语言的具体内容，却是展现了语言的音韵。就像木刻的“木味”“刀味”，瓷器的“开片”，蜡染的“冰纹”，玉质的温润一样，成为形式美的重要因素。二是埋入地下之后的破损，除严重的剥蚀之外，一般地说，只是加重了前者，而其拓片，又加强了黑白之间的反差，使画面罩上了一层如雨似雪的朦胧。这也是庄子所讲的“腐朽复化为神奇”吧。

艺术无大小。一枚小小的印章，在方寸之内的运筹大有学问。它在体积上虽然不能同数尺论丈的巨大石块相比，但在艺术的意味和处理上，两者却是最为相近的。治印家不但重视篆刻的文字结体和布白，也注意刀法的运作。

注意一下古代的印论，在刀法上可以看出画像石的刻工，虽没有篆刻之细微，却有相通之处。如明代周应愿所著《印说》，在“辩物”章中论印材与刀法时说：

> 凡印，古以铜，间以玉、宝石。近以牙，间以铜。近又以青田佳石。牙文直，印之少韵，不如铜。铜文琐屑，宜铸不宜刻，刻不如佳石。石文差泽，印之有态，然不如玉。但石易工，玉难工。玉，刀不能入，须是碾，碾须是玉人，玉人不识篆，往往不得笔意，古法顿亡，所以反不如石。石，刀易入，展舒随我，小则指力，大则腕力，惟其所之，无不如意，若笔阵然，所以反胜玉。

这是篆刻家以石治印的经验总结。关于刀法，他在“神悟”章中提出了“复刀、伏刀、反刀、飞刀、挫刀、刺刀、补刀”等名称，并注曰：

> 一刀去，又一刀去，谓之复刀；刀放平，若贴地以伏，谓之伏刀；一刀去，一刀来，既往复来，谓之反刀；疾送若飞鸟，谓之飞刀；不疾不徐，欲抛还置，将放更留，谓之挫刀；刀锋向两边摩荡如负芒刺，谓之刺刀；既印之后，或中肥边瘦，或上短下长，或左垂右起，修饰

◀鉴18　现代篆刻三方
（齐白石、罗尗子刻）

> 匀称，谓之补刀。连去取势，平贴取式，速飞取情，缓进取意，往来取韵，摩荡取锋，起要着落，伏要含蓄，补要玲珑，往要遒劲。

这些“刀法”的名目，在汉代不可能如此详尽，在画像石上也看不出来，但是有一点是共同的，就是出现了多种刻法，说明技艺的精进是走的同一条路。当篆刻家使用偏锋、斜刀刻石时，所显现的线条（笔画），不是一边光滑，一边斑驳吗？当几个文字组合在一起，被一个方框围着，犹如四壁无窗，透不过气来，为什么不破墙开窗呢？

印章的斑驳和“破”是有意的，它透出了艺术的灵气；画像石的斑驳和“破”并非是有意的，然而，它的艺术神采也由此而显现。

五、中国绘画的成熟

在造型艺术中，作为写实的绘画形式，基本上有两种造型方法，即在平面上的二维度画法和三维度画法。后者出现较晚，为欧洲文艺复兴时期的艺术巨匠所创造。也就是说，在此之前，人类描绘事物，基本上都是平面的。我国的传统绘画也是在此基础上的发展。

我国的绘画，一开始并非是独立展现的，多是附着在工艺品上，如陶器、青铜器、漆器等，以后才逐渐扩展到建筑（包括墓室建筑）上。在建筑壁画出现的同时，画在绢帛上、木板上的画幅也已产生，大都是应着丧葬的需要，画的多是升天图和仪仗之类。那时候还没有纸，待到纸的普及并适于作画时，已是汉代之后了。

汉代虽然有了纸，但还不见有纸本的绘画。“熹平石经”刻成之后，供士人拓印，也可能较晚。《后汉书·蔡邕传》说：“及碑始立，其观视及摹写者，车乘日千余辆，填塞街陌。”所提“摹写”，不一定就是拓印。也就是说，我国绘画艺术的成熟及其主要载体的确定，在汉代特别是到了东汉时代，是一个关键期。

治理美术史，探讨造型艺术的演变规律，既要尊重史实，又应符合历史的逻辑发展。人类对各种不同艺术的需求，是在自身发展的过程中，为了得到精神上的满足，可以说，任何艺术，都是“实用”早于“审美”，尤其是在原始时代，在“人类的童年”时期，更是如此。在7000多年前新石器时代的仰韶文化彩陶上，和后来马家窑文化、马厂文化等的彩陶器上面所绘的除了大量的几何形纹样外，已出现了鸟、鹿、鱼、蛙等动物形象和简约的人物，有的人物连臂跳舞，有的两人抬物，但是不能说这就是“绘画”。按照艺术分类学的理解，它是一种装饰，确切的定位应称作“纹样”或“纹饰”。在概念上，“装饰”与“装饰性”不同。前者是一个艺术的门类，其目的是用以物体的美化，所谓“物既成而加以文彩也”；后者是作为艺术手法，也可以用在绘画上，但这是后来发展的结果。在绘画产生之前，实用品的装饰是比较单一的，没有那么复杂，只是在后来，人们的思想、意识逐渐复杂起来，要在纹样中表达复杂的思想和意识，于是，绘画开始孕育，直到它成熟和独立。

现在的画家进行创作，除了构思和构图之外，一般不考虑做什么用，不像设计家首先想的是实际的应用和功能。这种关系，在古代一开始是统一于实际应用，以后才逐渐区别开来。对于欣赏性的艺术，所谓“纯艺术”，只能是相对而言，绝对的“纯”是不存在的。

那么，什么是绘画呢，何以界定绘画的成熟与否呢？

写实性的绘画，其目的是描绘客观世界，反映社会生活和大自然的千姿百态。作为艺术，最重要的是其主题性和情节性，即所谓“关系性的律动”。把握主题，是表现的内容、意义和思想，想要说明什么，表达什么；处理情节，是通过形象的塑造，揭示事物的性质和相互关系。它是具体的而不是抽象的，它是具有个性的而不是一般的，因而能感动人、触动人的心灵。在表现的形式上，它可以带有“装饰性”，但又不同于一般的装饰。所以说，当工艺品的装饰孕育了绘画，发展到一定的程度，必然会瓜熟蒂落。因为在工艺品（和建筑装饰）上所附着的纹样容不下如此重大的内容，非装饰所能负。汉代的画像石便带有这一特点，最初不过是建筑装饰，以后增加了吉祥的内涵与仪式，譬如在门楣上雕刻羊头。在汉代，羊与“祥”同义，用来象征吉祥。墓门上刻龙凤或龙虎，也带有吉祥的含义；待刻上门吏手持戟斧之类，便带有把门看守的意味了。我们知道，所谓画像石之“石”，实际是石阙、石祠堂、墓室、石椁的一个个构件，也就是说，画像是刻在建筑构件之表面的。当造墓者要把墓主的生前活动、死后享受和天国的极乐世界表现出来，便刻满了所有的建筑石面。而这一切，已远远超出了建筑装饰的本意。它是绘画，是刻在石头上的绘画，因为那时候还没有纸，或说有了纸还没有用于绘画。当后来的人创造了摹拓之法，用纸将这些石头上的刻画拓印成拓片时，不就是最早的版画吗？

完美的艺术创造不仅要有美好的理想和表现理想的方法与技巧，更重要的是要有紧密无间的合适载体。不论中国还是西方，早期的绘画很多都是画在墙上，称作“壁画”，现在的壁画虽然沿用其名，但内容和意义已经发生了很大的变化。绘画的主要形式，西方人以布为载体，称为“油画”；中国人以纸为载体，称为“中国画”。中国画的形成，是与“卷轴”的发展分不开的，而它的特定概念，也非一般工具、材料所能比。它体现了中国人的传统思维，将绘画当作认识世界、表现世界的一种特殊方式。画分三科——人物、山水、花鸟，绝非是单纯地对于描绘题材的分工，而是把握世界的三个类型：人物画表现人与人的关系，反映整个社会；山水画不是简单的画风景，而是表现人与自然的关系，也就是天人关系；花鸟画表现大自然的生态。由此三者，构成了世界和宇宙的整体。一个人面对着这样三种类型的艺术，等于面对了一切。“工笔”和“写意”也不是简单的技法问题，它所体现的依然是传统的文化思维：一个是细微地观察世界，一个是诗意地看待世界。这就是“中国画”的真正内涵，是何等的深刻与伟大！

在中国绘画的形成过程中，画像石扮演了一个重要的角色，虽然它带有版画的性质，但在人们的观念中对版画是非常模糊的，直到现在，还有人论说“以刀代笔”之类。两汉400多年，发展了画像石不是偶然的，因为它并非孤立的艺术问题，而是在大文化影响之下的结果。同样，汉代之后，有人说画像石消失了，我看不是消失，而是转向了其他。也是因为大文化的影响，包括丧葬习俗的改变等。试看魏晋的佛教造像碑和顾恺之的《女史箴图》《洛神赋图》，不是仍能看出石刻画像的影子吗？

考古学家发现与发掘了古代的墓葬，考察了墓葬的形制和画像石的布置，以及具体的历史年代，判断墓主人的情况，从某些方面看，可以说是再现了历史。历史学家以此为个案，与其他资料进行排比、综合、分析，进而获得有关的知识，可说是认识历史。我们应该感谢他们提供了如此丰富的资料。在此基础上，既可以作丧葬文化的研究、建筑艺术的研究、雕刻艺术的研究，也可以就画像石的画面作各种内容的研究。而本书的主旨，是从画像石拓印的拓片，也就是由石刻转印为版画。它是纸本的拓片，却又在细微处保留着金石味。深沉雄大，气势磅礴，不仅在版画艺术中是一束早开的花，也是中国绘画发展的一个重要里程碑。

第二章 画像石的整体结构

我们所鉴赏的画像石，主要是从一块块石头上拓印下来的拓片。白纸黑图的拓片虽然带有浓厚的金石味，但毕竟不是原石，更不知原石做什么用。为了全面了解画像石，应该知道它的整体结构。刻有画像的各种石板、石条等，都是组建在石阙、石祠堂、墓室、石椁之上，或将画像直接刻在石棺或山崖上，因此，画像的图形各不相同，便是适应石头形状的结果。

我国画像石的分布地区很广，主要有五个地区：一是山东，有50多个县市出土过画像石，在地面的有武氏石阙和武氏石祠、孝堂山石祠；二是江苏，苏北徐海地区10多个县市；三是河南，有10多个县市，画像石以南阳出土最多，石阙多在登封；四是四川，有18个县市，石阙较多，约有30座，画像多刻在石棺上；五是陕北和晋西。除以上五个地区外，还有安徽、湖北、河北、北京、甘肃、浙江、云南等省市，都有少量出土。全国的画像石数以万计。

一、石阙

阙即门观。这是一种高大壮观的建筑。古代多置于宫殿、祠庙、陵墓之前的左右，对称而立。刘熙《释名》:“阙，阙也。在门两旁，中央阙然为道也。”崔豹《古今注》:“阙，观也。古每门树两观于其前，所以标表宫门也。其上可居，登之则可远观，故谓之观。人臣将至此，则思其所阙，故谓之阙。其上皆丹垩，其下皆画云气仙灵、奇禽怪兽，以昭示四方焉。”这是指宫廷的阙。徐锴《说文解字系传》卷二十三:“盖为二台于门外，人君作楼观于上，上员（圆）下方。以其阙然为道，谓之阙，以其上可远观，谓之观，以其县（悬）法谓之象魏。”象魏就是宫廷之外的阙门。所谓“悬法”，就是把公布的法令悬挂于上。但后来多为石阙，作为铭记官爵、功绩和仪饰之用。

在中国建筑史上，春秋时期已有了阙。汉代以来，宫殿、坟墓前多立阙，有木阙和石阙。《白虎通义》说:“阙者，所以饰门，别尊卑也。”这种建筑也就成为标识门第的装饰。山东平邑汉代皇圣卿阙的铭文中便明确刻着“南武阳平邑皇圣卿冢之大门”。在形式上，成双而立，又有单阙和双阙之别，双阙是在大阙之旁加建小阙，也称“子母阙”。阙前有碑及巨大的石兽，如狮子、辟邪之类。现在所能见到的石阙建筑，多为汉代墓葬之前的，如山东嘉祥的武氏石阙及四川雅安的高颐石阙、渠县的沈府君石阙等。石面上都刻有画像。

山东嘉祥县城南15公里的武翟山下，原来有个“武家林”。这里是汉代武氏家族的墓地。有石阙一对、石狮一对、石碑5方、祠堂画像石44块。因祠堂早已倒塌，有的已分不清祠堂的所属。现已查明的有“武梁祠”“武荣祠”等，统称“武氏祠”。

武氏石阙早已埋入地下，清代乾隆五十一年（1786）出土。为双阙，呈楼阁形，是重檐四阿式复体石阙，即正阙之外傍依有较小的子阙，两阙东、西而立。东、西两阙相距6.15米，各高4.3米，底座宽2.58米。在两阙的表面各部，均刻有不同的画像。在西阙前面（北面）刻有铭文93字，曰:“建和元年（147），太岁在丁亥，三月庚戌朔，四日癸丑，孝子武始公，弟

▲鉴19　山东嘉祥武氏石阙（西阙）画像

绥宗、景兴、开明，使石工孟孚、李弟卯造此阙，直(值)钱十五万。孙宗作师(狮)子，直(值)四万……”由此可知，石阙的作者是孟孚和李弟卯，另外两个石狮子为孙宗所作。

武氏石阙上的画像残损比较严重，我们从西阙之子阙阙身南北两面的画像看，其基本结构同其他的画像石是一样的，即在平面上分格，区划成若干层，然后分别刻画不同的内容。画面各分三层，主要是上层的楼阁，其下北面是跪拜与荷戟执鞭的骑者，南面是“周公辅成王”的故事与一只昂首张口的虎。在上层的楼阁中及其周围，有端坐的人物、守卫者和侍者，有马、猴和凤鸟等。可以看出，大约是表现墓主人生前的生活和环境，但不是如实的描写，而是采用符号式的排列，并且不强调物象之间的比例。这种组合式的构图，不仅是汉画的一个特点，在其他艺术上也是如此，而且一直流传至今。

又如沈府君阙，在四川渠县新民乡沈家湾，原属燕家场。分左右两阙，两阙相距21.78米。右阙正面，上刻朱雀，下刻铭文一行，曰：“汉谒者北屯司马左都侯沈府君神道。”据宋代文献记载，铭刻之下还刻有玄武，但早已毁损，在清代的拓片中已见不到。石阙的侧面刻浮雕的青龙衔璧。左阙的正面也是上刻朱雀，下刻铭文一行，曰：“汉新丰令交趾都尉沈府君神道。”沈府君阙上的朱雀画像高达一米多，两者左右呼应，一个前倾，一个

▶鉴20　四川渠县沈府君阙
中图为右阙，左右图为两阙身上的朱雀画像和铭文

◀鉴21　朱雀　四川渠县沈府君阙

◀鉴22　天门　四川简阳石棺画像

后踞，优美而矫健，气度非凡。

汉代墓葬的石阙多是立于大型的墓冢之前，以示墓主的地位和气派。石阙之上雕刻画像。但是，在非石阙的画像石上也有刻画门阙的。其用途和意义有二：一是像世间的门阙一样，为了展示家产的富有和地位的显赫，没有一定官位的人是不会建阙的，在两阙之间还刻上看门的亭长和清扫的侍者，或是有人骑马经过，以表示门阙的气派。另一种是死者希望升天，将阙想象为天国的“天门”，这种天门多是刻在石棺的头部，也有的刻在侧面。在1986年四川简阳董家埂乡鬼头山崖墓出土的石棺上，所刻双阙就明确标出了“天门”二字，并且在两阙之间有守护者，阙上还站着凤凰。

二、石祠堂

这种石祠堂是汉代建在地面之上的一种小石屋，用数块石板搭成，里面刻满了画像。在当时也称作“享堂”或“食堂”，以及“庙祠”“斋祠”等，置于墓前，用以祭祀、供奉死者，也供人观瞻。这种祠堂在山东很多，但因历史久远，大都倒塌，现在所能见到的多是刻有画像的石块，唯一一座完整的是山东长清孝堂山石祠。

长清原为山东的一个县，现为济南市的一个区。石祠堂在城西南孝里铺附近的孝堂山上，为单檐悬山顶两开间的石房屋。平面为长方形，外面阔4.14米、进深2.5米、高约2.64米。石祠无门，内壁满刻画像，用线刻凹进。其画像除原有的榜题外，又有许多后人登祠拜谒后留的题记，其中最早的是刻在三角隔梁石上的“平原湿阴邵善君以永建四年四月廿日来过此堂叩头谢贤明”的题记。由此可知，石祠的建造年代当在东汉顺帝永建四年（129）之前。

最能为孝堂山石祠的年代提供佐证的，是在附近的肥城栾镇村于1956年出土的画像石，其雕刻的技法、风格和文字铭刻的书体、刀法，以及装饰花纹的边饰等，都基本相同，如出一人之手。在一石的画面中，所刻阙身上有隶书题记二行：“建初八年八月成，孝子张文思哭父而礼。石值三千，王次作，勿败□。”建初八年即公元83年，东汉章帝时期，比顺帝永

▶鉴23　山东长清孝堂山石祠

建四年早了40多年。如果这两处的画像石都为王次所刻，可判定孝堂山石祠落成于公元1世纪。

关于孝堂山石祠的主人，千百年来曾有不少推测，而影响最大的是讹传为孝子郭巨的墓祠，即后世编进“二十四孝”中的“郭巨埋儿”的郭巨。唐宋以后，更附会此地是郭巨葬母处，石祠堂也变成了供奉祭祀郭巨及其父母等的场所，香火很盛。1981年秋，考古工作者在石祠后壁下部新发现了有主车榜题“二千石”的一列完整的车骑出行图，为判定祠主的社会地位提供了证据。“二千石”为汉代的官秩待遇。《后汉书·百官志》：“皇子封王，其郡为国，每置傅一人，相一人，皆二千石。”由此看来，孝堂山石祠的主人，很可能是曾任郡国相、傅一类的二千石官吏。有关画像石的墓葬，一般都是中层以下的小官和比较富裕的人，“二千石”的官位已是很高了。

武梁祠是汉代武氏祠的一个祠堂。武氏家族的墓地曾有数个祠堂，均早已解体，只留下一批散乱的画像石。但武梁祠的石件齐全，并有人做过复原的研究，可以想象出它大体的样子。

武梁祠位于山东嘉祥县武翟村。因为发现得早，宋代的文献中已有记录，名气较大，其艺术水平也很高。这一祠堂规模不大，为单开间悬山顶房屋式建筑，前面敞开，不设门扉；屋顶为两面坡，瓦垄是在石板上刻出来的。面阔2.41米，进深1.57米，高约2.4米。整个祠堂只是由几块石板搭成，板面上刻满了画像。全祠共有五石，其中三块为壁面，两块为顶石，顶石上刻祥瑞图，下面有两个方孔，推测原结构在下面有石柱承托，现存断石柱一段，上刻“武家林”三字。武梁祠的三块主要石板，皆分五层，满刻画面，共有三四十个故事，140多个人物，并有200多字的隶书榜题。据

▼鉴24　山东嘉祥武梁祠示意图
左为正面，右为侧面（图为西壁内视）

《武梁碑》所记：武梁字绥宗，官位“从事”，为刺史佐吏，在州内掌有一定的实权。此人不热衷于钻营，也不阿权贵，死于东汉桓帝元嘉元年（151），享年74岁。

对于武梁祠的修建，《武梁碑》中记载：“孝子仲章、季章、季立，孝孙子侨，躬修子道，竭家所有，选择名石，南山之阳。擢取妙好，色无斑黄。前设坛砠，后建祠堂。良匠卫改，雕文刻画，罗列成行。摅骋技巧，委蛇有章。垂示后嗣，万世不亡（忘）。”值得注意的是，这里明确地记载了祠堂画像石的雕刻者“良匠卫改”，并给予很高的评价，在汉代画像石的题记中是不多见的。

卫改在当时当地可能很有名气，就我们将各地的画像石相比较来看，武梁祠画像的人物造型和构图都很严谨，在艺术上水平很高。1978年和1980年，在武梁祠西南24公里的满硐乡宋山村，先后出土了两批画像石，其中也有一个小祠堂，艺术风格和雕刻手法与武梁祠非常相似，说不定也是卫改的作品，或者是受到卫改的影响。总之，卫改的武梁祠画像，在汉代画像石中是具有代表性的。

我们选武梁祠西壁的画像石作一介绍。该画像石整个壁面为一块石板，顶端中间高起，呈锐角形（即屋顶的斜坡）。画面共分五层，由横线或几何形花边隔开。五层的内容是：

第一层是西王母和祥禽神兽。汉代盛行黄老思想，道教兴起，西王母成为“长生不死”的象征，影响于世俗，也成为汉画所表现的主要题材。围绕西王母的还有玉兔和蟾蜍捣药、三足乌和九尾狐供食，以及羽人等仙灵，构成了一个奇异的神话世界。

第二层是传说中的历代帝王，自右至左，有伏羲、女娲、祝融、神农、黄帝、颛顼、帝喾、帝尧、帝舜、夏禹、夏桀。这些都是传说中的原始部落首领，有的带有明显的神话色彩。伏羲和女娲都是人身蛇尾，边栏上的题榜是“伏羲仓精，初造王业，画卦结绳，以理海内”。祝融的题榜是“祝诵氏无所造为，未有耆欲，刑罚未施”。神农手拿农具，题榜是“神农氏因宜教田，辟土种谷，以振万民”。黄帝的题榜是“黄帝多所改作，造兵井田，垂衣裳，立宫宅”。颛顼的题榜是“帝颛顼高阳者，黄帝之孙而昌意之子”。帝喾的题榜是“帝俈（喾）高辛者，黄帝之曾孙也”。帝尧的题榜是“帝尧放勋，其仁如天，其智如神，就之如日，望之如云”。帝舜的题榜是“帝舜名重华，耕于历山，外养三年”。夏禹的题榜是“夏禹长于地理，脉

▲鉴25　山东嘉祥武梁祠（西壁）画像　（汉）卫改刻

泉知阴，随时设防，退为肉刑”。夏桀是个暴君，《史记》说他“虐政淫荒”，画像石上只刻名，不刻事迹，画他骑在两个女人身上。

第三层是孝子故事。有“曾母投杼”“闵子骞失棰”“老莱子娱亲”“丁兰供木人”四个孝子故事，各有题榜。曾母投杼的题榜是“曾子质孝，以通神明，贯感神祇，著号来方，后世凯式，以正抚纲”。闵子骞失棰的题榜是“闵子骞与假母居，爱有偏移。子骞衣寒，御车失棰”。老莱子娱亲的题榜是“老莱子，楚人也。事亲至孝，衣服斑连，婴儿之态，令亲有欢。君子嘉之，孝莫大焉”。丁兰供木人的题榜是“丁兰二亲终殁，立木为父，邻人假物，报乃借与”。这些故事后来都被收入“二十四孝”之中。

第四层是游侠故事，有“曹子劫桓”“专诸刺吴王”“荆轲刺秦王”三个游侠故事。曹子即曹沫，春秋时鲁国的勇士，帮助鲁庄公劫持齐桓公，收复了被侵占的土地。专诸是春秋时吴国刺客，帮助吴公子光刺杀吴王僚，吴公子自立为吴王阖闾。荆轲刺秦王的故事流传较广，战国末年，荆轲帮助燕太子丹刺杀秦王，以献地图为由出使秦国，所谓“图穷而匕首见”，结果未成。这些故事都见于《史记》等书。

第五层是生活中的车骑，有一辆軿车、一辆卷棚车，都用一马拉。导从六骑，还有一个手持便面的人跟在后边，可能与墓主有关。

以上这么多的内容，从想象并追慕的神仙世界，到人间的帝王、人伦、游侠和自己的生活，虽说是关于长生不老、帝王政治和人伦富贵，但从直接关系上说有的是各不相干的，能够将他们刻画在一起，当属不易，非但不觉得杂乱，相反地感到很丰富。在内容上，这是“成教化，助人伦”的形象化，在形式上，作者采用了一种组合排列的最佳方法，就像叙事诗一样，一个一个地道来，既有条理，又有节奏，可以单赏，也可以整观。如果说那是一间小小祠堂的石壁，不如说是汉代人社会思想的浓缩和物化。当我们面对着整个画面看那一道道的横线时，仿佛是一卷乐谱，在它的上上下下跳跃着无数的乐符，是那样和谐而又富于变化。或有人说平面造型比较简单，可能会失之于偏，却不知平面自有好章法，没有相当功夫是难以驾驭的。

汉代的墓地石祠堂，可以孝堂山石祠和嘉祥武氏祠为代表，其画像的雕刻技法也不相同，完全是两种风格。除此之外，还有一种被称为“小食堂”的，其面阔不到2米，深度不到1米，其高度不及一般的人。遗憾的是，这种小石祠在地面上已无存，只能见到一些构件。

1978年和1980年，在山东嘉祥县宋山出土的两批零散画像石中，就可基本复原出四座这样的小石祠。其中有的在两块石头上刻了一篇490字的题记，在汉代可谓是长文了。死者是一个职称为“卒史”的百石小官，叫许安国，卒于永寿三年（157）十二月廿六日（据考证应为十六日）。在这篇题记中，记述了许安国的为人、死因以及家庭关系，修造祠堂的过程和石工及其雕刻，最后是如何纪念死者和保护祠堂。读一读这篇题记，可使我们进一步了解汉朝人的思想、语言和对祠堂的看法。以下所引文字，为了便于阅读，我们将一些异体字、借用字和不识之字作了顺解，用括号区别，并加说明，即使解读有误，也不会损伤整体。全文为：

永寿三年十二月戊寅朔，廿六日癸巳（东汉永寿三年即公元157年，按照干支推算，廿六日可能为十六日之误），惟许卒史安国（“惟”是发语词。死者姓许名安国，“卒史”为百石小官，大约是做管理工作），礼性方直，廉言敦笃，慈仁多恩，注所不可（褒美死者的颂扬之词，称死者为人端正，寡于言辞，忠厚老实，慈爱助人。“注所不可”意为不可胜记）。

禀受卅四年，遭祸（怛）（意为享年34岁，便遇到了死亡）。

泰山有剧贼，军士被病，徊气来西上（可能指农民起义造反，参加镇压的三军士生病。许安国也在其中，犹豫不定，回到了泰山之西的家乡嘉祥）。

正月上旬，被病在床，卜问医药，不为知（治）间，闇（奄）忽离世，下归黄泉，古圣所不（免），寿命不可（增），呜呼哀哉（此言许安国生病致死的经过。求神问卜，求医服药，病情不见好转，忽然离世，葬身于黄土之下。死亡是连圣贤也不能避免的，寿命不可增加，真悲哀啊！）。

早离父母三弟，其弟婴、弟东、弟强与父母并力奉遗，悲哀惨怛。竭孝行，殊义笃，君子喜之；内修家，事亲顺，敕（诫）兄弟，和同相事（安国早死，离开父母和三个弟弟，他们都奉行他的遗命。竭尽孝心，义气深厚，为君子所爱戴。修家顺从父母，兄弟相戒勉励，和气共事）。

悲哀思慕，不离冢侧，草庐（舍）（窨），负土成坟。（蓄）养凌柏，朝（暮）祭（祀）（亲人们悲哀思念，离不开坟侧，在坟旁盖了草

▶鉴26　莲鱼纹画像（二石）
（汉）王叔、王坚、江胡、栾石刻，各高68厘米、宽108厘米。1980年山东嘉祥宋山出土。原为祠堂构件。石上刻有死者许安国祠堂题记

房，挖了地窖守墓，运土堆起坟头。墓边种植高大的柏树，早晚都来祭祀）。

甘珍滋味兼设，随时进纳，省定若生时（随时奉献上各种美味的祭品，问候平安，如同生前一样）。

以其余财，造立此堂。募使名工高平王叔、王坚、江胡、栾石，连车（采）石县西南小山阳山（用多余的钱造了这个石祠堂。几位著名

的石工来自高平。高平故城在今邹城西南，距嘉祥不远。阳山今名羊山。由此使我们知道了四位雕刻者的名字）。

琢砺磨治，规矩施张；褰帷反月，各有文章（这是指磨制石头和雕刻花纹。“褰帷反月”当为垂幛纹之类）。

调（雕）文刻画，交龙透迆，猛虎延视，玄蝯（猿）登高，师（狮）熊嗥戏，众禽群聚，万狩（兽）云布（形容雕刻的龙虎等禽兽）。

台阁参差，大兴舆驾上有云气和仙人，下有孝及贤仁（人）（形容雕刻的建筑和车马，仙人和贤人）。

遵（尊）者俨然，从者肃侍；煌（惶）惶濡濡，其色若（侈）（形容雕刻的人物：身份高贵的人显得很庄重，伺候人的侍者很恭敬，惶惶然而柔顺，但样子很大气）。

作治连月，功夫无极，贾（价）钱二万七千（建造祠堂，一月接连一月，花去无数的功夫，合价钱二万七千）。

父母三弟，（莫）不竭思；天命有终，不可复追；（憔）悴（创）伤，去留有分（家人十分思念和痛苦，但人的生死有命、去留有分，是无法改变的）。

子无随没寿，王（忘）无扶（复）之里（理），恩情未反（返）（许安国的儿子不应该随着短命，忘了你父亲的恩情没有报答，哪有再死之理）。

迫（帛）褾（幖）有制。财（币）（务）隐藏。魂灵悲，痛夫（“帛幖有制”是说引魂之幡是有一定规定的，藏好你的钱财，让魂灵去吧！全家人都很悲痛）。

夫何涕泣双并。传告后生，勉修孝义，无辱生生（何必鼻涕眼泪双双并流呢？最好还是传告后来人，勉励他们修行孝义，世世代代无辱于先人）。

唯诸观者，深加哀怜；寿如金石，子孙万年（但愿诸位来观看祠堂的人，对于祠堂的主人能够表示哀怜。如此，则寿命长如金石，子孙万代昌盛）。

牧马牛羊诸僮（童），皆良家子，来入堂宅，但观耳；无得涿（琢）画，令人寿；无为贼祸，乱及孙子（这是些劝说、告诫、恐吓、诅咒的话。为了保护祠堂，防止乱刻乱画，是专门针对那些在野外牧马放牛羊的孩子而写的）。

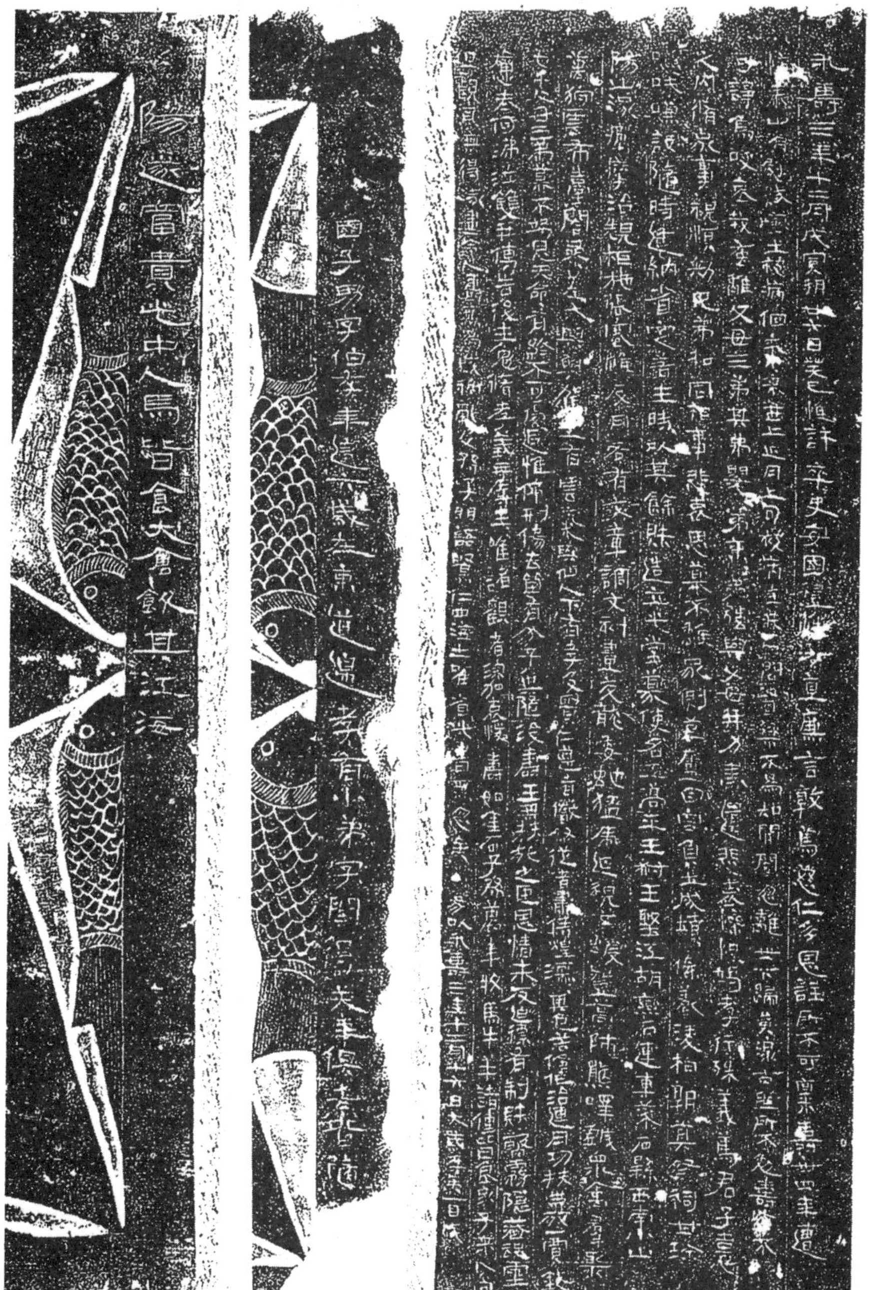

▲鉴27　许安国祠题记　1980年山东嘉祥满硐乡宋山出土

明语贤仁四海士，唯省此书。无忽矣（明白地告诉诸位贤达、四海仁人：都要知道刻写在这里的文字，不要忽视了）。

易（易弓）以永寿三年十二月十六日，太岁在矣，一目（日）戊［寅］（本石刻于永寿三年十二月十六日。太岁已在此了，一日戊寅。此有祈求太岁保护死者平安之意）。

以上文字，刻在画像的左边，共10行。在此画像的右边，亦刻有文字一行，是关于许安国两个夭折的儿子的：

国子男，字伯孝，年（近）六岁，在东道（边）；孝有小弟，字闰得，（夭）年俱去，皆随（国）（此记述许安国两个夭折的儿子，都一起埋葬。据李发林《山东汉画像石研究》之释文，说最后之"国"字，出土时尚存，搬运时不慎损坏）。

在花纹相近的另一石上，右边刻有一行文字：

阳遂富贵，此中人马，皆食大仓，饮其江海（"阳遂"，清晰而悠扬。《文选》汉王子渊《洞箫赋》："被淋洒其靡靡兮，时横溃以阳遂。"注："阳遂，清通貌。"这是一句吉祥祝愿辞，祝人富贵而清通。对于墓中的主人，包括画像石上的人马，有"大仓"的粮食可食，有"江海"可饮，永也吃不完，喝不尽）。

两块石头，记载了这么多的信息，而且都是集中在一座不到2米宽的小石屋中，来自于1800年前的东汉时代。不难想象，那时的人固然也有生老病死和喜怒哀乐，然而在现实的生活之外，一直在想着另一个天上的世界，以便死后去追寻。那一座座的石头祠堂，既描绘着人间的世俗，又勾画出神仙的潇洒和居处，不正说明了那是两界的交接点吗？

三、墓室

人的不同观念是在历史中形成的。生时不言死，死后“入土为安”。将死者埋入地下，又形成了一个“阴间”的世界，与人间（阳间）形成对照，所以人死后要把很多东西带到那边去，包括地下的建筑（墓室）。在古代，在厚葬之风的弥漫下，墓葬的规模与墓主生前的官位大小、财富程度是成正比的。有的豪华墓室，简直就是地面上的豪宅复制，雕梁画栋，藻井斗拱，蔚为壮观。但是，在古代墓葬中，刻有画像石的墓室并非是最豪华的，只能算中等的水平，或者说只是讲求艺术，属艺术性较高的一种。

从画像石的墓室看，其规模大小和制作水平也不一致，有的悬殊较大。归纳起来有以下几种情况：

第一种是画像石集中于墓门者，包括门楣、门柱、门扉，多用大条石雕刻，连画面的构成都与门、楣、柱有关。在陕西北部和山西西部地区出土的画像石，基本上属于这一类型。一般墓室较小，多为长方形，个别的附有耳室。

陕西汉画像石主要分布于陕北榆林地区，以绥德、米脂县为多；山西汉画像石主要分布于晋西吕梁地区，以离石比较集中。这两个地区以黄河为界。隔河相邻，是沟壑纵横、岗峦层叠的黄土丘陵地带，再往北就是一望无际的草原了。在汉代，它是汉与匈奴等民族杂居之地，以长城为界，南边是“冠带之室”，北边是“引弓之区”，成为边陲军事要地。

历年的军屯与守边，促进了这一地区的经济和文化发展。画像石墓的主人，从若干题刻中可以了解，既有“辽东太守”，也有“圜阳守令”“中郎

▼鉴28　周穆王会见西王母（局部）
陕西绥德汉墓门楣画像

◀鉴29　榆林画像石墓门楣全图
1958年陕西榆林牛家梁古城滩村出土

将莫府奏曹史”“西河太守盐官掾”“西河太守行长史事离石守长”“山阳尉”等中下级官吏，以及无官职的地方富豪。

这种以墓门为中心的画像设计，表现出一种独具的风貌。在横长的门楣上一般刻画有墓主车马的出行图，也有的是狩猎图，说明了墓主人的身份和爱好。还有的追求长寿，还有的羡慕周天子的风流，竟在门楣上刻画了“周穆王会见西王母”。

在门扉上除了铺首衔环居中以外，多在铺首之上刻朱雀，下边是龙虎或其他瑞兽。两旁的门柱，上部分别刻东王公和西王母，他们坐在高高的昆仑山上，有三足乌、九尾狐和羽人拥簇着；下部是门吏或其他神兽等。可以说，把所有的画像内容都集中表现在墓门上了。

第二种是墓室结构复杂，多为砖石混合，画像石嵌在砖墙中，或以画像石作为转角、横楣、支撑、斗拱等的建筑构件，画像石的画面也就随形而设。1972年，河南南阳市赵寨砖瓦厂出土的汉画像墓，是一座汉代早期的墓葬，当在昭帝（前86—前74）时期，共13块画像石，也是集中排在墓前，其中，五个门柱皆刻门阙，上有凤鸟飞舞，八扇门扉皆刻楼阁。很

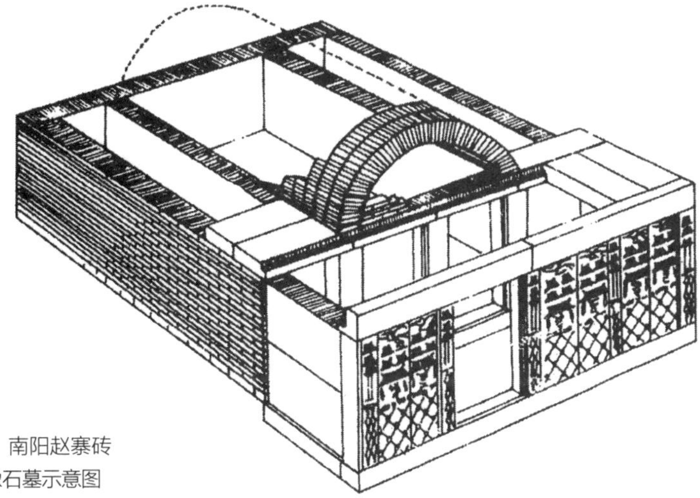

▶鉴30　南阳赵寨砖瓦厂画像石墓示意图

▶鉴31　江苏铜山义安汉画像石

明显，这是有意显示墓主的地位和功绩，所谓“阙者，所以饰门，别尊卑也”。江苏徐州铜山于1988年征集的一块画像石上，考虑得比较实际，所刻画面是宾主拜会相谈，便在石头的上方透雕了一个直棂式的窗子，以便空气流通（实际上，在冥冥世界，是没有空气和阳光的）。

第三种是全石结构的墓室，规模也较大，有门厅、前室、中室、后室和耳室等，石面上多有画像。这是画像石墓最复杂、最讲究的一种。兹举具有代表性的两座：一是河南唐河针织厂汉画像石墓，其时代为西汉晚期；

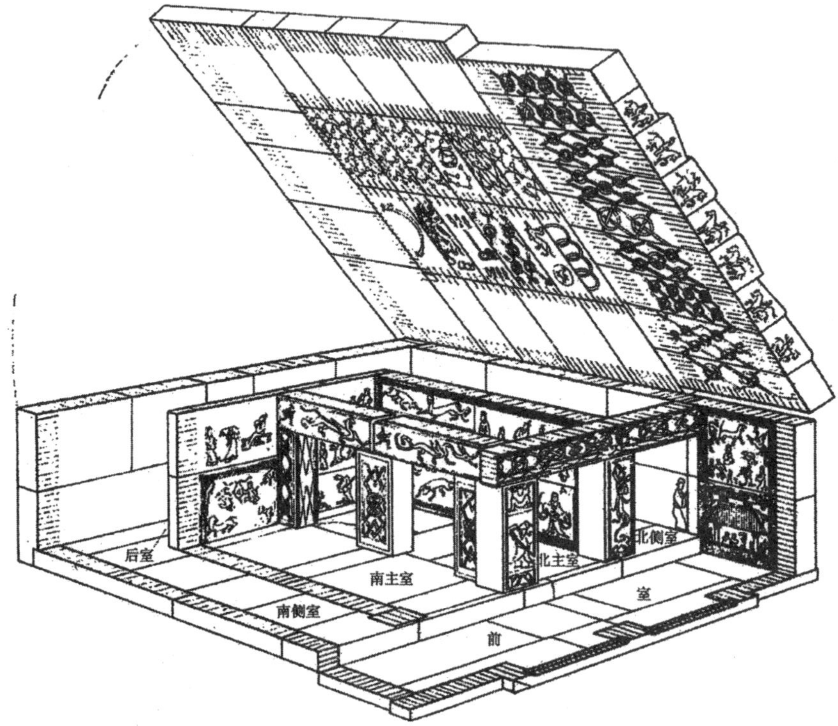

◀鉴32　南阳唐河针织厂汉画像石墓示意图

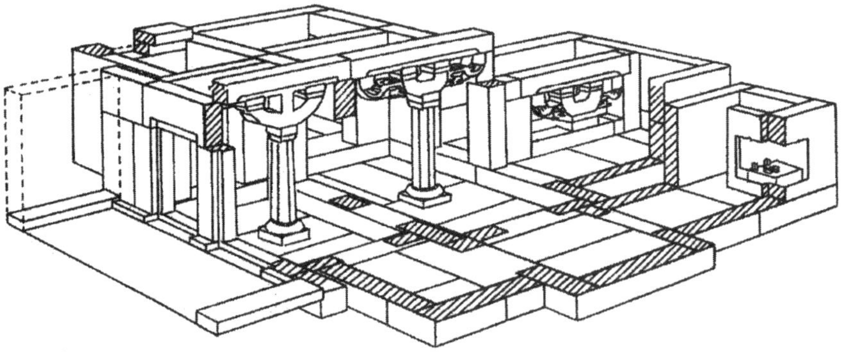

◀鉴33　山东沂南县北寨汉画像石墓示意图

二是山东沂南汉画像石墓，其时代为东汉晚期。

唐河针织厂汉画像石墓，位于河南唐河县针织厂院内，为纯石结构，墓室长5.08米，宽4.52米。由墓门、前室、南北两主室、南北两侧室和后室组成。所用石料130块，共刻画像74幅。画像有车马出行、宴飨舞乐、神话传说、祥禽异兽、历史故事等。在前室东壁有“武库图”，置矛、戟、盾等，并有二人守护，说明墓主人可能是个军界官员。

沂南汉画像石墓，位于山东沂南县北寨村内，1954年发掘。墓主姓名无考，从墓的规模和车骑出行画像的导从制度看，应是高级官吏。墓室全部用预制石材筑成，宽7.55米，长8.7米，由三个主室、四个耳室及一个侧室组成，占地面积88.2平方米。画像总面积442平方米。在墓门的门额上刻有战争图，描绘了胡汉两军在桥上激战的情景。主室的前室和中室之横额上，刻有场面宏大的祭祀、车骑出行、百戏乐舞、宴饮庖厨等画像。中室四壁，刻有蔺相如完璧归赵、荆轲刺秦王等18幅历史故事。后室则主要刻墓主家居生活的画面。在墓室各处还有大量神话故事和祥禽瑞兽的画像。沂南汉画像石墓的画像刻工细致，气魄雄浑，不仅艺术水平很高，在墓葬建筑的设计上也是个完整的艺术整体。

▶鉴34　浙江海宁长安镇画像石（摹本）前室北壁、南壁

◀鉴35　浙江海宁长安镇画像石（摹本）前室西壁、东壁

我国汉代的画像石，主要集中在山东、河南、苏北、陕北、晋西和四川地区，而且以墓葬为主，其他地方都是星星点点，出土不多。出人意料的是，1973年在浙江海宁长安镇发现了一座砖石混合结构的东汉大墓，墓长9.56米，宽4米，分为前后两室，前室有东西两耳室。墓内画像石共63块，刻画成画像55幅，面积22平方米。这些画幅，只有一幅嵌在墓门楣的外侧上方，其他均分布在前室。整个画像内容丰富，既包括了墓室建筑的复杂装饰，也反映了墓主生前生活的诸多方面，以及各种祥瑞图。这是画像石在江南的首次发现。就其内容和风格看，显然受到北方的影响，因此，我们推测，墓主会不会是北方人，来浙江做官呢？

▲鉴36　四川郫县出土墓碑

第四种是散石的二次利用。所谓散石，有几种情况：有的作为墓碑，不附在建筑之上，是相对独立的，但这种碑是埋在墓中的，叫“冢墓碑”。后来将碑立于地面之上，称作“神道碑”。刘熙《释名》说：“碑，被也。此本王莽时所设也，施辘轳以绳被其上，引以棺也。臣子追述君父之功美，以书其上。后人因焉，无故建于道陌之头，显见之处，名其文就谓之碑也。”《封氏闻见记》说：“丰碑桓楹，天子诸侯葬时下棺之柱，其上有孔，以贯纤索，悬棺而下，取其安审，事毕因闭圹中。臣子或书君父勋伐于碑上。后又立之于隧口，故谓之神道碑，言神灵之道也。”

1966年，四川郫县（今郫都区）犀浦镇二门桥出土了一方石碑。碑高2.55米，上宽0.91米，下宽0.95米，厚0.23米。正面上图下文，图刻朱雀与一对男女，后有一小女子跽坐。文字剥蚀严重，可识其大意：

永初二年七月四日丁巳，故县功曹郡掾□□孝渊卒。呜呼！□孝之先，元□关东，□秦□益，功烁纵横。汉徒豪桀，迁□□梁，建宅处业，汶山之阳。崇誉□□，□与比功，故刊石纪，□愿所行。其辞曰：惟王孝渊，严重毅□，□怀慷

◀鉴37　刻在墓门上的侍者
四川郫都犀浦出土，残
高157厘米、宽71.5厘米

慨……爰示后世，台台勿忘，子子孙孙，秉承久长。永建三年六月始旬丁未，造此石碑，羊吉万岁。子孙自贵，工人张伯严□。

该碑四面都有画像，除正面图文外，背面刻有伏羲女娲及各种神异动物，两侧分别刻龙虎。这可能是我国墓碑较早的一种形式，其刻碑的年代距死者去世已20年。

在古代，凿制和打磨石头是很辛苦的，全靠人工将坚硬的不规则石块凿得方方正正，因此，也在一些墓葬中发现对旧石的利用。这种情况，多是后代利用前代废弃暴露的刻石，有的将原画面用石灰涂盖。如东汉建宁三年（170）著名的“南阳许阿瞿画像石”便是如此。许阿瞿是一个年仅五岁的儿童，不幸夭折。他的父母为其制作了这块画像石，刻画他生前的游戏，并在石左刻了一篇感人的志文。但是这块画像石的出土，并非是在许阿瞿的墓，而是在一座魏晋时代的墓中，被当作墓顶的盖板了。类似的情况在嘉祥也有发现。

四川郫都区出土的一座墓的墓门，其中有一扇用粗线刻了一个恭谨的侍者。这在画像石中本是一般的处理，可是在石面上刻了满篇的隶书，密密麻麻，整齐而匀称，好像有意造成一种“肌理”，形成一种衬托。其实不然。仔细读一读那些文字的内容，都是关于土地的亩数、质量、价值和劳力、牲畜等。原来那是一块“簿书”碑。按照东汉的赋税制度，对于私有田产要进行评估，登记在册，或者刻于石碑，藏之乡县，以作为税收的依据。不知为什么，是否此碑已废，竟做了这位死者的墓门。（参见《文物》1974年第4期）

第五种是空心画像砖墓。由于这种画像砖多为长条形，画像为模印，其长度可以横跨墓门，又比石料轻，在墓室建筑上使用方便，尤其在河南地区，画像砖墓非常普遍，譬如南阳一带的画像石很多，画像砖也很多。

▼鉴38　平索戏车图
河南新野樊集出土
汉代空心砖

◀鉴39　空心砖墓墓门
河南新野樊集出土

◀鉴40　空心砖墓门图
门楣上置杂技表演

一般的画像砖多用小型模具，类似盖图章一样在泥坯上戳印，用不同的小模具组成大片的花纹。但南阳的大型空心砖则使用大模具，画面构图很复杂，多用于墓门，门楣和立柱均为空心砖。

四、石椁

古代墓葬用棺，棺材装殓。厚葬者有的将棺木做成两层，套在外边的外棺称“椁”（亦作“槨”）。《韩非子·内储说上》：“齐国好厚葬，布帛尽于衣衾，材木尽于棺椁。”《左传·成公二年》：“宋文公卒，始厚葬。……椁有四阿，棺有翰桧。”所谓“四阿”，就是“四栋屋”，在屋的四角有四柱。1978年，湖北随州西郊的擂鼓墩附近发现了战国早期曾国君主乙（曾侯乙）的墓葬，经发掘表明，仅棺椁一项，足以惊人震世。木椁高3.1—3.5米，由171根长条方木垒成，共用木料380立方米。椁内分作四室，主棺置于东室，分内外两层，均为木质。外棺长3.2米，宽2.1米，高2.19米，棺外镶有青铜框架，底部有10个蹄形铜足。棺外四周有12个铜钮，棺内朱漆，棺外以黑漆为地，绘有朱色、金色花纹。内棺长2.49米，宽1.27米，高1.32米，内髹朱漆，外以朱漆为地，上施黄、黑色彩绘花纹。棺一端绘有窗户，两侧绘门。门两旁绘有守卫的神兽武士，主棺近旁尚有木棺一具，内有狗骨架一具。由此看来，就像人在生前一样，椁似院落，棺就是住房。它虽然像个大箱子，却是画有门窗，仍然当作住处。

一般的石椁当然没有如帝王的气派，但用意是一样的。汉代的椁，除木椁外，多是由大石板构成的石椁，四面雕刻画像。山东的石椁墓很多，但出土时椁体已散，椁板凌乱。从一些较完整的石椁看，画像主要刻在两边的长条石板（椁壁）上，或是分作三个方格，或是构成一个横长的画面。1986年，在山东济宁师专出土了一批汉代早期的画像石，当在西汉元帝至

▶鉴41　汉代石椁
山东兖州农机校出土

▲鉴42　西汉石椁墓画像石
济宁师专出土

平帝时期（前48—5），原系一个石椁墓。侧面椁壁的画面共有三格，中间的一格刻了一座平展的厅堂，堂内的主人端庄地凭几而坐，但人与建筑没有大小的比例关系，一个人几乎占满了整个建筑的空间。堂的左右有执笏和持戟的人站立，是为侍从和侍卫，厅堂顶部的角脊上饰有龙纹，说明主人的身份是一个有相当地位的地方官员。另外两格则是表现他的生活，左边是歌舞表演，右边是田野渔猎，这是汉代做官人的经常活动。歌舞的画面虽然简练，但内容是多方面的，有甩动长袖的翩翩起舞者，有昂首跽坐的伴唱者，还有抚琴、击鼓、敲钹、吹箫的伴奏，虽然都是在平面上的一些符号式的人物组合，但说明场面并不太小。若将三格画面联系起来看，则是表现了汉代的做官者所追求的和炫耀的生活内容。这只是石椁的一个侧面。在石椁的另一个侧面，画面的布局也与此相似，中间是主人，有侍者在外，两边的方格内是建鼓和车马。建鼓用以发号施令，车马为了外出，可能是表现他的日常工作和政治生活。

这块椁板初看并不复杂，真可说貌不惊人，但从西汉时期的造型艺术分析，有一个艺术上的特征是明显的，即形象的符号组合。特别是右边的那幅《渔猎图》，有两条并行的圆弧线作为区划，线内表示是一个湖泊，水中有二人撑船，另一人正在执罩篓捕鱼。双线之外是广阔的田野，人们正在紧张地狩猎。这种狩猎的场面在汉画中很多。也就是说，它的意思表达出来了，可是不能说有很强的感染力。不仅在画像石上，在其他艺术如帛画、壁画和工艺装饰上也是如此。有人说这是一种象征性的手法，其实没有转弯抹角的比喻和看不明白的地方，这在图案学上叫作“表号”。作为绘画来说，在特定的地点和环境之下的表号之组合，仅是为了说明事物的内容，还没有表现出人物之间的情感。

五、石棺

中国古代的丧葬逐渐与礼制结合起来，不同社会阶层的棺椁与墓室的规格也不相同。《论语·先进》记述了孔子的一件事：

> 颜渊死，颜路请子之车以为之椁。子曰："才不才，亦各言其子也。鲤也死，有棺而无椁。吾不徒行以为之椁，以吾从大夫之后，不可徒行也。"

看来，这是与身份有关的。颜渊即颜回，是孔子很喜欢的一个学生，在孔门中以德行著称。好学，乐道安贫。一箪食，一瓢饮，不改其乐。他的父亲颜路，即颜由，也是孔子的学生，仅比孔子小六岁。孔鲤是孔子唯一的儿子。这时，孔子已经70多岁。

颜渊贫而不仕，死后难葬，他的父亲颜路向孔子请求，让孔子卖掉自己的马车为颜渊买个外椁。但孔子没有同意他的请求。孔子说："才与不才，说来都是儿子。从前我的儿子孔鲤死时，也是有棺无椁，我并不曾卖了车去为他买椁。因为我尚在大夫之后，来来往往，不能没有马车、徒步出门啊！"

由此可知，在古代棺椁连称，两者都要齐全。如果"有棺而无椁"，在丧礼上可能显得简陋。孔鲤和颜渊，都是死后买不起椁。

不论礼制还是习俗，以后对墓室的推重代替了椁。有的皇帝要在山中开祚墓室，以山为椁。所以说，"崖墓"这个词，在古代北方颇有显赫之意，但在西南少数民族地区，凿石为墓却是很普遍的。

《华阳国志·蜀志》说：

> 周失纲纪，蜀先称王，有蜀侯蚕丛，其目纵，始称王。死，作石棺石椁，国人从之，故俗以石棺椁为纵目人冢。

现代四川考古证明，四川一带不但崖墓众多，石棺也众多，直至汉代，许多石刻画像都是雕刻在崖墓的墓壁和石棺上。宋代洪适《隶释》卷十三说：

武阳城东彭ㄗ山，耕夫劚地有声，寻罅入焉。石窟如屋大，中立两崖。崖柱左右各分二室。左方有破瓦棺，入泥中。右方有三崖棺，泥秽充仞。持烛视之，得题识三所。一在门旁，为土所蚀，仅存其上十余字，穿中沙石不坚，数日间观者揩摩，悉皆漫灭。其二在两柱前，稍高，故可拓。时绍兴丁丑年也。一柱二十五字，一柱四十九字。

洪适是位金石学家，他因为发现了此崖墓石柱上的题字为汉隶，而记下了这段文字。现在看来，已是近千年之前的情景了。

在四川的崖墓中，有一种被称作“石函”的，或称为“石柜”，还有的叫作“不可移动的石棺”，因为它被雕凿在崖墓内的一角，就地而起，不能移动。从形式和用途上看，这种“石函”可能介于石棺和石椁之间。

虽然在云南和贵州也有石棺出土，但不论在数量上还是在艺术的形式上都没有四川更多、更有特色。1942年，芦山县城南的石羊上村的汉墓中出土了一具有准确年代的石棺，刻有类似墓志的铭文，曰：“故上计吏王晖伯昭，以建安拾六岁在辛卯九月下旬卒，其拾七年六月甲戌葬，呜呼哀哉！”

由此说明，这是上计吏王晖之墓。他卒于建安十六年（211）九月下旬，八个多月后，于十七年（212）六月三日下葬。这时已是东汉的末期。该石棺的样式基本上是模仿木棺的。棺盖为弧形顶，长2.79米，宽0.89米，高

◀鉴43　东汉王晖石棺

1942年四川芦山县城南石羊上村汉墓出土

▶鉴44　铺首衔环
王晖石棺棺盖顶部

▶鉴45　倚门侍女
王晖石棺棺身顶部

0.37米；棺身长2.53米，下宽0.83米，上宽0.77米，高0.56米。棺身底部有一突出沿，棺壁厚约0.1米。在石棺的棺身左右两侧，分别刻青龙与白虎，均有翼，气势雄伟，作奔腾状；棺身的后端刻玄武图，即龟蛇相交。青龙、白虎、朱雀、玄武在汉代称作“四神”，代表着东、西、南、北四个方位，后来变成了四方的保护神，因而多见于画像石上。只是，此棺的两侧面和后顶面刻了青龙、白虎和玄武，但在前顶面刻的不是朱雀，不知为什么。

石棺的前顶端，俗称棺材头的地方，上为棺盖之顶端，刻铺首衔环；下为棺身顶端，刻侍女倚门而望，上述墓志铭文就刻在半掩的门扇和门框上。很明显，当时的人们是把这具石棺视为死者的安身之地，将其比作房屋。那侍女不知是闷得不安，还是听到了什么声音，正在开启一点门缝，露出半身，向外探望呢！

◀鉴46　青龙
王晖石棺左侧

◀鉴47　玄武
王晖石棺后顶

◀鉴48　白虎
王晖石棺右侧

▲鉴49　宅第图　1987年四川合江县榕右乡出土七号石棺。侧面画像，门半开，一侍女倚门观望

▲鉴50　庭院图　1994年四川合江县城郊张家沟出土六号石棺。侧面画像，另有五号石棺画像与此雷同

王晖石棺的出土，正值抗日战争时期，引起了大后方文化界的注意。于右任、郭沫若、沈尹默等为之赋诗、题跋，赞美它的艺术成就。

郭沫若的《题王晖石棺玄武像》曰：

龟长于蛇古有说，祇今思之意惘然。
二物同心剧相爱，绸缪不解二千年。
憎到极端爱到底，总以拳力相盘旋。
曾见罗丹接吻像，男女相拥何缠绵！
巨人米克郎吉乐，壁画犹传创世编。
视此均觉力不逮，目目相向人神玄。
龟如泰岳镇大地，蛇如长虹扛九天。
天地氤氲实如此，太极图象殊可怜。
爬虫时代久寂寞，忽见飞龙今在田。
谁氏之子像帝先，徒劳仰慕空云烟。

沈尹默的题诗为：

昔闻巨蛇能吞象，今见蛇尾缠灵龟。
四目炯炯还相向，思欤怨欤孰得知！
物非其类却相从，蛇定是雌龟是雄。
相遇相违世间事，悠悠措置信天公。

这是20世纪40年代，老一辈的诗人欣赏汉画像石后的感想。时隔半个多世纪，我们现代的读者又怎样认识呢？

六、崖刻

在山崖上进行雕刻，样式有多种，如题字、摩崖造像、岩画等，但如画像者不多，仅江苏连云港孔望山一处。

相传孔子曾来此观海，但没有留下什么遗迹，只是“孔望山”这个名字，在山上倒有不少明清人所刻的题记诗文，已距孔子的时代相去甚远了。而最大的变化，真像《神仙传》里麻姑所说的“东海变成了桑田”，现在的孔望山，登山已望不见大海，沧海早已退去很远了。

在孔望山的西侧山崖上，依山雕刻了一片画像，其内容并不连贯，道释均有，似与孔子无关。信立祥在《苏、皖、浙地区汉画像石综述》一文中说：

> 以画像石技法雕造的连云港孔望山摩崖造像群，是汉画像石艺术园圃中一枝独秀的奇葩。在孔望山西侧山崖长约17米，高约8米的范围内，共雕造了105躯人物造像。三躯最引人注目的高大汉装人物像均为道教人物像。其中头戴进贤冠、足下平台刻有灯碗和莲花座、两侧有汉装供养人像和手持莲花的胡人供养人像的老子像，无疑是整个造像群中最主要的人物造像；顶上挽髻、正襟危坐的黄帝像位于造像群的最高处，显示出其地位的至高无上；头戴进贤冠、双手捧盾的关令尹喜像则配置在造像群的最西端。……在老子像的周围，刻有由57个人物像组成的“涅槃图”、“舍身饲虎图”、有背光的佛陀像和许多深目高鼻的胡人像，显然，这是典型的佛教内容造像。从道教和佛教两种人物像的大小和位置安排看，道教造像明显处于主导地位，所有佛教内容造像都是围绕着老子像来设计和安排的。这是我国唯一一处汉代佛道教造像群。……这处造像群的出现，与当时的黄老、佛陀并祀之风有着直接关系。[1]

[1] 信立祥:《苏、皖、浙地区汉画像石综述》，载《中国画像石全集，第4卷，江苏、安徽、浙江汉画像石》，山东美术出版社2000年版。

连云港孔望山的崖刻画像，就其内容而言，不仅是我国唯一的一处汉代佛教与道教的造像群，也是唯一的一处汉代与丧葬没有直接关系的画像。这是为什么呢？原因很明显，汉代推崇黄老思想，助长了道教的兴起。在汉武帝“废黜百家，独尊儒术”之后，黄老思想在民间并没有湮灭，相反更加崇信神仙和追求长生，各地画像石的题材内容便是明证。与此同时，西方的佛教开始传入，已进入传说时期，即是说知道了佛陀教人行善，但还不知道具体的形象和做法。在这一点上，连云港是先知春江水暖的。

▲鉴51　连云港孔望山崖刻　胡人造像

连云港古称海州。秦始皇统一中国后设朐县，于三十五年（前212）在此立石，以为“秦东门”。秦东门面临大海，自古以来，东海便是神仙居住的地方。东汉时期道教兴起，海州是当时中国东部地区的一个中心，无疑在这里求神仙也最方便。在古代，这里也是“海上丝绸之路”的门户，随着中外经济文化的交流，佛教由此传入的可能性很大。但是，那时候人们对佛教的印象是模糊的，很自然同黄老联系起来，于是出现了“佛道并祀”的现象。孔望山的崖刻画像，对于画像石的艺术来说，已接近尾声，因为它脱离开墓葬文化之后，必然要寻找新的表现形式，这形式的结局也不在山崖之上，但对于佛教艺术来说则是一个粗略的开端。以后佛教艺术的发展气势汹涌，已不是画像石研究的范围了。

第二部分

赏——画像石赏析

第三章 人间社会

汉画像石刻画的人物动态特别生动，不论正面的造型、侧面的造型或半侧面（八分脸）的造型，也不论是门吏、侍女、武士、尊者、文士、壮士，以及知名的如孔子、老子、孟贲、子路等，都能看出其个性特点。

一、人物造型（人物的表情与动态）

人有七情六欲，在不同的诱因下会产生不同的情感。造型艺术的特点，就是通过对形象的塑造，在人物的面部表情和身体的动态上表现出这种情感，传达这种情感，并通过有关的道具和环境，整合地揭示一种人间的关系，体现一种思想。值得注意的是，这种表现和传达，对于作者来说并不是纯客观的，无动于衷的，而是作者与其产生共鸣，创作出来的作品才会使观赏者触动感情。也就是说，作者的创作，不仅要掌握熟练的艺术技巧，还要有思想，有意图，以及对于作品的设想。

画家要表现对象必须首先观察对象和研究对象，现代画家采用“速写”或摄影的方式将观察和研究的结果记录下来，专业上称为“创作素材”。在获得充分的素材之后，或在收集素材的过程中，便会产生“构思”，构思和创作的意图是连在一起的。画在纸上的叫“构图”，没有画出来的叫“腹稿”。中外古今，在称谓上和做法上可能有所区别，但其基本过程是相近的。

古代从事艺术的人还属于工匠的性质，他们先是跟师傅学徒，训练基本功，然后掌握了一些图法“程式”。程式就是艺术的类型化。这个怎么画，那个怎么画，都有一些图法。为了工作的省事和方便，甚至在皮革之类的薄片材料上将图样的线条刺出密密的针孔，用黑灰敷在要画的物体上擦拭，在上面便会印出轮廓，这种做法叫作“粉本”。

作为写实性的绘画，不论是什么画种，也不论用什么工具和材料，其基本的造型方法有两种，即在平面上的二维度造型和三维度造型，也即俗话说的平面画法和立体画法。

所谓“平面画法”，就像人的影子一样，它把立体的人映在了墙上，民间有一种“剪影”画，便是将影子剪下来。虽然是平面的，若能抓住人物的特征，如侧面的头部和某些动作，依然能看出剪的什么，画的什么。平面画法类似这个道理。它是从特定的角度描绘对象，以所看到的物象轮廓为特征，并在轮廓内尽量勾画出一些细部，形成造型艺术。由影绘而勾线，即所谓“用线造型”。这种造型的方法虽然行之有效，但有很大的局限性，使艺术的表现力得不到充分发挥。但全人类在造型艺术上一开始都是走的这条路。进入14世纪之后，欧洲的人文主义思潮兴起，直到16世纪，逐渐形成了“文艺复兴”。在造型艺术方面，有许多大师是兼长于自然科学的，如达·芬奇不但是位优秀的画家，在其他方面如物理学、机械学等也有不少创造。经过他们研究并亲自实践，将光学的明暗、医学的解剖、透视学的远近错觉等，运用到绘画上，即以固定的时间、角度、光线等表现物象，在平面的材料上描绘出富有立体感的形象，如同照相一般，因而成为“立体画法”。中国人接受立体画法较晚，最初称作“泰西画法”，以后有人叫“凹凸画法”，现在通常称为“明暗画法”。

立体画法出现之后，并没有取代平面画法，而是两者并行发展。中国的传统艺术所走的道路，是沿着前一种画法，即在平面画法的基础上逐渐增强艺术的表现力，包括造型的“立体感”。如果按艺术发展的前后顺序和过程看，汉代画像石所代表的为早期的造型，以后才使用线描、勾勒、渲染、皴法、“三远”等方法，大大地丰富了它的表现力，而成为极富特色的“中国画”。

作为平面艺术的创造，画像石在人物的造型、多角度的组合、场景的构图及若干细节的处理，都已做得非常完备。中国的造型艺术，不论前期还是以后，一直把“形”与“神”当作一对关系来对待，所谓“形神兼备”，以形传神，贯彻始终。

人物动作重于面部表情，常以夸张手法见长，并以不同视角的并列与组合，只求关系的合理，不求物象的比例。唐代张彦远在《历代名画记》中论魏晋绘画时说：“其画山水，则群峰之势，若钿饰犀栉，或水不容泛，或人大于山，率皆附以树石……详古人之意，专在显其所长，而不守于俗变也。”这种不求比例的“人大于山”的做法，是为了突出主题，表现人物的活动。即使在张彦远的时代，在同一幅画面上，画并列的人物也有大小之分。这里的大小之分也就是主次之别，是为了彰显主题而设定的。直到现在，民间画神像还是如此，不但主神端坐正中，其身躯也比其他人物大得悬殊。这种做法，在画像石中早已是通用的了。

汉画像石刻画的人物动态特别生动，不论正面的造型、侧面的造型或半侧面（八分脸）的造型，也不论是门吏、侍女、武士、尊者、文士、壮士，以及知名的如孔子、老子、孟贲、子路等，都能看出其个性特点。为了便于欣赏，我们将画幅分类编次，分别介绍如下。

画像石的人物造型，多以正面和侧面为主。在面部的处理上，虽然有的已注意到五官的表情，但就一般而言，多是潦草为之。正面的五官处理，有的仅仅勾画出眼、鼻、口等，还谈不到情感的表现，有的只是用刀具略点几下，连部位都不准确，只有个别的注意于夸张，如张口大笑或锁眉愤怒，连头发和胡须都震动了。统观画像石的人物面部，固然工匠的雕刻技术有高低之分，但可看出，这并非造型的重点所在。也就是说，在表情上以全身的动作为主，而不是面部。

【赏1】所示，是两个门吏。左为画像石，刻跽坐的持盾者，双眼正视；右为画像砖，印站立的执笏者，面带几分笑容。在整个画像石和画像砖中，这样的表现者算是眉目清楚的。

绘画的平面造型，画人物以侧面见长，然而在视角习惯上有一个直观的观念须待解决。因为人有两只眼睛，为什么只看到一只呢？就像儿童画

▶赏1　正视的人物面部（两幅）

◀赏2　侧视的人物面部

侧面的杯子，一定要把口部画圆，而不是扁圆（椭圆），因为杯口本来就是圆的。如果有人为此辩解，说是侧面人的另一只眼睛被遮住了，可是对于缺乏这种审美习惯的人来说，却是直观与意识的矛盾，在心理上所产生的不平衡难以消失，需要经过长时间的视觉适应。在此过程之前，所画的侧面人物，有的便画上两只眼睛。这种画法，在画像石中已经不多，只见于少数作品。如【赏2】下图是安徽淮北出土画像石上的两个人物头部，全身是持戟的门吏，可能是让他审视周围，注意安全，便在脸的侧面刻了两只眼睛。画动物也是如此。直到现在，农村妇女剪窗花，所剪的侧面老虎还常常剪出两只眼。有人据此说这是中国的“立体派”，甚至赞赏某个农村妇女是“中国的毕加索”。这是不明事理的问题倒置。毕加索所标榜的“立体派”，是现代人在艺术上的有意拓展，但在农村妇女却是一种质朴的观念，她们认为，剪纸的老虎侧面显威风，有两只眼才神气。在画像石中，这是一种平面造型的“组合”手法，并不限于眼睛；相反，当人们掌握了“八分脸”的画法时，画眼的问题也就解决了。

【赏2】的上图，是山东临沂出土画像石中的一格，表现两人交谈。特别是右边的那个正在讲话的人，侧面的一只大眼炯炯有神，两手挥动，仿佛在争论什么，连胡须都随着动起来了。

所谓“八分脸”者，即半侧面的人像，透视学上称作“成角透视”，已带有一定程度的立体感。从技法理论上看，这种成角透视是由两个灭点交叉而成，已非单纯的平面画法。汉代人不可能意识到这一点，只是在绘画的实践经验中由直观而定，并且在画像石上用得很熟练。这在造型上是很大的进步，我们衡量艺术的成熟与否，也是与技法的表现程度相联系的。正因为有了半侧面的人物造型，对于人物之间的呼应和情节关系，才能得心应手地表现，这是写实性艺术方法的一条重要原则。

【赏3】是两对武士和门吏的头像。原石出土于安徽亳州十九里镇董园村，分别置于甬道的南北两壁，每面排列为前武士、后门吏，高1.75米、宽2.31米，用八块石板拼接。四个头像各有特点，文武鲜明，富有个性，在造型上采用“八分脸”的画法，相当准确，已达到很高的水平。

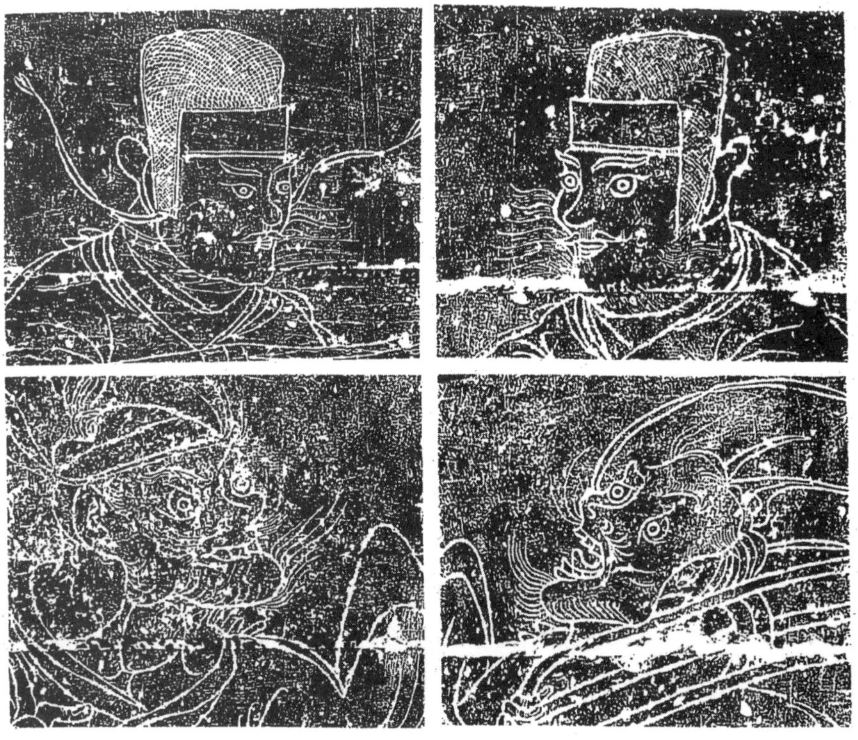

▶赏3　人像的半侧面（成角透视）

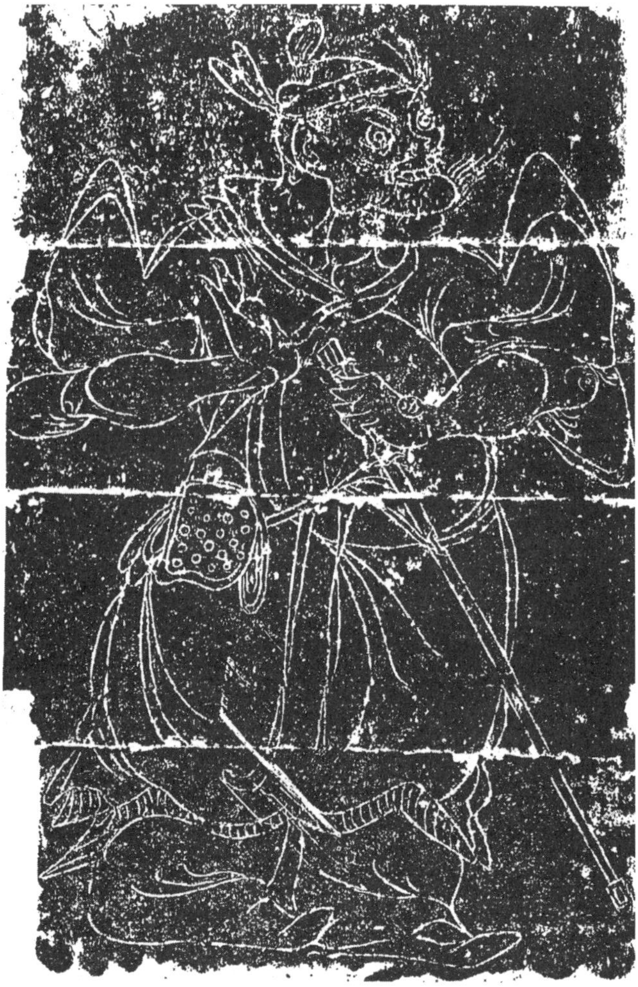

◀赏4　武士像
安徽亳州十九里镇
董园村出土（画像
石之一）

◀赏5　与龙搏斗的人
河南新野县樊集出
土画像砖（局部）

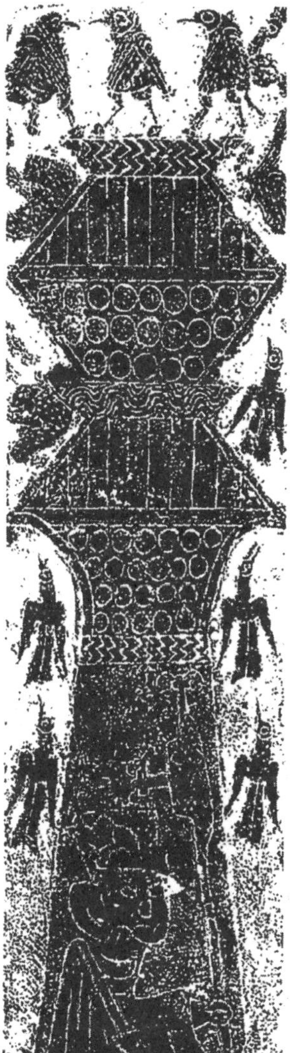

▲赏6　门阙与门吏

江苏邳州庞口村出土（画像石局部）

【赏4】为以上甬道北壁之右的武士。宽袍束发，蹬靴佩囊，昂首按剑，瞋目怒视，胡髭猬然，相貌奇伟，神态飞扬，俨然有一种力拔山兮之气。

【赏5】是一块空心砖上所模印的画面。画面中部为“二龙穿璧”，龙载死者升天，璧为礼天之物。传说古代有豢龙者，是专门畜龙和驯龙的。龙若不听驾驭，可与之搏斗。此人虬髯怒目，张口呼喊，左手立掌，右手握刀，弓步向前，作格斗状。从面部表情到全身架势，显得很英武。

【赏6】的门阙是一种高大而壮观的建筑。古代多置于宫殿、祠庙、陵墓之前的左右，对称而立。在汉代画像石的画面中，也多见门阙，有的楼层很高，主要有两种含义：一是刻在石棺的顶部，表示死者由此进入天国，有的在两阙之间标出“天门”；二是刻在人物活动的建筑（庭院或楼阁）之前或左右，阙下还有手执兵器的门吏守卫和持帚打扫卫生的人，以炫耀墓主的身份和地位。

这幅门阙与门吏图原是汉画像石的一部分。原石高117厘米，宽92厘米。整个画面，在门阙之左为楼阁，中有尊者端坐，旁有侍者，上有二龙穿璧，下有四格（层）人物活动，分别为登楼拜见者、周公辅成王和两层庖厨场面。画面之外有边框相栏。

从整图看，这是炫耀墓主的德高望重，并崇敬古代“周公辅成王”的美德。门阙虽是相对独立的仪表，却也显示出一种崇高大度的气势。两层楼观被高高托起，斗拱化作一个个圆圈，似乎向外拓展。阙高入云，连飞鸟都得直线上升，它们双双对对地攀登，只有三只鸟站在了屋脊上，犹如三元并列。一动一静，相映成趣。地面上的门吏孤寂地站在那里，双手持着兵器，仿佛是嵌在了那冰冷的建筑中，成为门阙的一部分。这是艺术家的巧思，还是装饰的结构所然？在人、鸟和建筑之间，竟是如此和谐地交织在一起，就像音乐的一个美妙乐章。

门吏即门前小吏，不仅是守门，还兼有办事、通报的任务。在汉代，做官的人按照不同级别都设有小吏，甚至私家所用的守门人亦称门吏。如若主人不愿会客，有来宾时门吏便不予通报。一般的门吏手持棨戟或执盾牌，都是防卫的兵器。戟是合戈矛为一体的兵器，可以直刺和横击。外面裹有衣套的戟称“棨戟”，是官员出行时或在门前的仪仗。还有一种持笏的小吏，也叫“小史”。手中的“笏”即手板，用于记事。《名义考》引徐广《车服仪制》说：“笏即手板也。汉魏以来，皆执手板，有事则插于绅间，故曰缙绅。”所谓“插笏于绅”。缙同“搢”，为插；绅是束腰的大带。古之仕者，垂绅插笏，故称士大夫为缙绅。但从画像石中可以看出，门间小吏也持笏。

汉代人视墓葬为“阴宅”，而其主人多为大官和富豪。一人为主，众人伺候，因而在画像石中刻绘的各类侍者特别多，门吏便是其中之一。画像石的作者在塑造门吏的形象时，也有几种不同的情况。有的素养较高，有的随便应付，还有的非常丑陋。【赏7】和【赏8】同出于一墓，分别刻于南

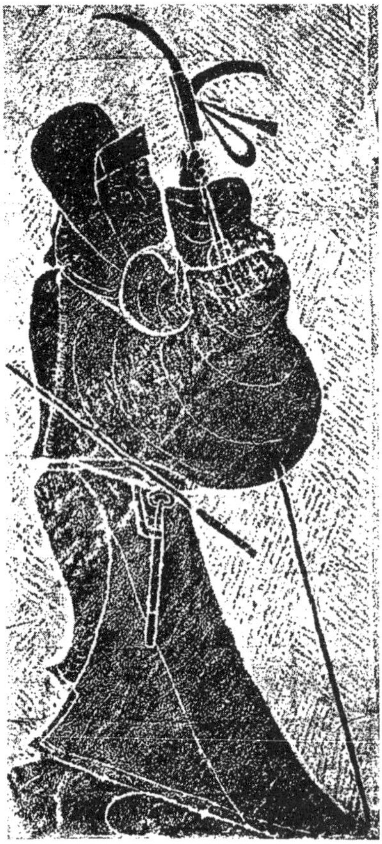

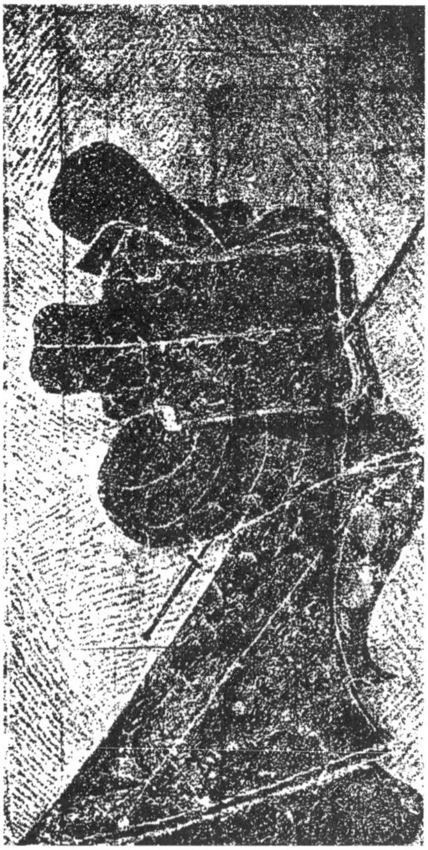

◀赏7（左） 恭谨的门吏（持戟者）
河南方城县城关镇出土，高160厘米、宽70厘米

◀赏8（右） 恭谨的门吏（执盾者）
河南方城县城关镇出土，高160厘米、宽70厘米

▶赏9　阙下的执盾者和拥彗者
江苏睢宁县出土
（画像石之下层）

北二扇门扉的背面。二人穿戴得体，腰挎长剑。一人侧立执戟，一人双手持盾；或昂首正视，或躬身俯首，均显出恭敬谨慎的仪表。

在画像石中，站在庭院门阙前的，除了门吏、小史和武士之外，还有手持扫帚的人。他不仅是打扫卫生者，更重要的是礼仪的代表者，古代称为“拥彗”。彗即“篲”字，为扫帚。拥彗即抱持扫帚。古人迎候尊贵的客人，常拥彗以示敬意。《史记·孟子荀卿列传》：“如燕，昭王拥彗先驱，请列弟子之座而受业。”司马贞索隐：“谓为之扫地，以衣袂拥帚而却行，恐尘埃之及长者，所以为敬也。”

【赏9】为江苏睢宁画像石。全石高1.12米，画面分三层，上二层皆刻龙纹，此为第三层。图中有两个门吏，一为执盾者，一为拥彗者，他们在双阙间巡视。有趣的是，在人物与门阙之间不成比例，那位执盾者半身隐在阙后，两者几乎同高，不知是显示守卫的力量，还是衬托在两阙之间的拥彗。

【赏10】是山东沂南画像，拥彗者端庄从容，身微躬而目正视，仪态如礼。人物造型丰满，写实的技巧已相当熟练。将扫地的扫帚倒立，帚头向后，与人相呼应，确有仪仗的意味。

【赏11】是河南南阳画像，拥彗者心不在焉，无视于迎接什么贵客，竟抄手打起瞌睡了。这种失礼的行为估计并非墓主的原意，而是雕刻者所为。从人物造型看，夸张变形，很像是一幅漫画。

“装饰”这个词，汉朝人乃至以后的唐朝人，多指打扮和嫁妆，以及书画的装裱。《后汉书·梁鸿传》：“同县孟氏有女……及嫁，始以装饰入门。”唐韩愈《昌黎集·与陈给事书》：“并献近所为《复志赋》以下十首为一卷，卷有标轴。《送孟郊序》一首，生纸写，不加装饰。”虽然如此，但对于“饰”字的单独使用，却非常广泛。“饰”的最初含意，就是一人拿巾拭物，“食”字旁只是音注。清代段玉裁《说文解字注》说：“凡物去其尘垢即所以增其光彩，故刷者，饰之本义。而凡踵事增华，皆为之饰，则其引申之义也。”换言之，也就是形式之美。

汉代画像石的雕刻者很懂得这一点，除了独立的装饰品之外，就像现代概念中的“装饰性”“装饰手法”一样，几乎在画面中无处不用。他们善于运用对称、巧合、照应等手法，甚至将有关的形象采用编结的方式，以增强画面的意趣。

◀赏10（左） 拥彗——持扫帚的人
山东沂南县北寨村汉墓出土

◀赏11（右） 打瞌睡的拥彗
河南南阳汉墓出土

▶赏12　执棨戟门吏（两幅）
河南洛阳汉墓出土画像砖模印单元

【赏12】是河南洛阳画像砖上的两个门吏，不仅人物造型准确，并且将线条修饰得圆润光洁，排列得富有节奏，产生一种韵律之美。

【赏13】为亭长画像。亭长是秦汉时的一种地方小官。当时规定，每十里为一亭，十亭一乡，每亭设亭长一人，多由服兵役期满的人担任，主要掌管地方治安和诉讼等事，相当于后世的“里长”。此外，城内和城厢的“都亭”，城门的“门亭”，也设亭长，职责与上相同。亭下有两亭卒，一为“亭父”，一为“求盗”。亭父或称弩父、亭公，掌管开闭扫除；求盗或称亭部，掌管追捕盗贼。据《史记·高祖本纪》所载：汉高祖刘邦在发迹前曾为“泗水亭长”（泗水亭在今徐州邳州），赊酒好色，用竹皮做帽子。

由于亭长是个乡间小官，必然要经常出入于乡绅富豪的门下，并负责他们庭院的安全，所以在画像石和画像砖上常有亭长的形象。

在画像石中有不少表现胡人的题材，有交战的场面，也有相互交往的关系，甚至有的胡人在地方上做官。所谓“胡人”，是中国古代对北方边地和西域各族的泛称。他们深目高鼻，满腮胡须，多勇武善战。【赏14】是河南方城县早年出土的“胡奴门”画像石，既是艺术形象的再现，又是历史的

◀赏13（左） 亭长
河南洛阳汉墓出土
画像砖模印单元

◀赏14（右） 胡奴门
河南方城县杨集乡
余庄出土（画像石）

物证。所谓“胡奴门”，当是胡人因为战争或其他原因沦为奴隶的守门人。他的形象，蓬发髯须，深目高鼻，下颏上翘，特别是在左面颊上有一个圆形的印记，那是当时的统治者对奴隶所施的黥刺。据《汉书・刑法志》：“墨者使守门。”可见这位“胡奴门”是不得已而为之。他右手拥彗，左手执钺，一人兼了两人的职务。

【赏15】是一个执戟的胡人武士，为画像石的一个局部。

【赏16】是两个胡人武士。深目高鼻，肩扛钺斧，作半跪状。两个武士完全一样，是用一个模具压印的，为空心画像砖的一部分。武士在原画面中与门阙、柏树等组合在一起，说明也是门吏的身份。

▶赏15　执戟胡人
山东滕州桑村镇西户口出土（画像石局部）

▶赏16　持斧胡人
河南方城县出土（画像砖模印）

◀赏17　拿钱袋的胡人
河南新野县樊集出土（画像砖）

【赏17】是一幅画像砖的拓片。原砖高38.5厘米、宽37.5厘米。它并非是用模具压印的，而是用刀具直接雕刻，刻的是一个捧着钱袋的胡人，说明汉人与胡人的交往。可能是即兴而作，线条简练肯定，造型稚拙生动，采用夸张手法，将胡人的形象刻画得非常传神。

【赏18】【赏19】客人来了又走了，可是扫帚还要竖在那里。天气闷热，蚊虫又多，人也累了，只好摇动便面扇凉（“便面”如门扇，是汉代的一种扇子）。

汉画像石上所刻的侍女很多，这与墓主的身份有关。山东嘉祥宋山出土的“汉许安国祠堂题记”中，描写这种画像说：“尊者俨然，从者肃侍；煌煌濡濡，其色若侈。”身份高贵的尊者显得很庄重，伺候人的侍者表现得很恭敬；煌煌然而柔顺，但样子又从容大方。她们从事日常的劳动，并处

▲赏18　戴三角帽的拥彗

山东新泰西柳村出土

▲赏19　拿便面的拥彗

安徽灵璧县九顶镇出土

在社会的底层，然而心灵是美善的。画像石中的侍女形象，虽然不求面貌的俊俏，但其身段体态都是优美的。艺术的人物造型，有所谓动态之美和静态之美。前者如舞蹈，后者当属于此。

【赏20】为河南南阳英庄画像石，原石高155厘米、宽35厘米。刻一位高髻修项的美丽侍女，手执博山炉。博山炉作山状，用以熏香。

【赏21】为南阳石桥画像石。原石高117厘米、宽34厘米。刻一正面侍女，身躯直立，唯双臂抬起，使长袖甩开，产生了静中有动的效果。

【赏22】亦为南阳石桥画像石，原石与上同大。刻一捧奁而立的侍女。奁是妇女的一种梳妆盒。此石与上石同出一墓，又是同样大小，当属于一

▲赏20　美丽的侍女
河南南阳英庄出土

▲赏21　甩袖的侍女
河南南阳石桥汉墓出土

▲赏22　捧奁而立的侍女
河南南阳石桥汉墓出土

▶赏23　三个细腰侍女（画像砖）
河南新野后岗出土，高39.6厘米、宽40厘米

个作者无疑。所刻两个侍女的发髻特别高，使我们联想到汉朝流行的《城中谣》："城中好高髻，四方高一尺。城中好广眉，四方且半额。城中好大袖，四方全匹帛。"此所谓"上有所好，下必甚焉"，风气所致，不仅影响全国，甚至波及冥冥世界。

【赏23】三个侍女并列，形成一道风景。她们装束入时，每人的头上均有环形发髻，佩戴首饰。身修长，长衣曳地，两手叉于胸前，凸显出腰部的纤细。

古代的人体审美习尚细腰，也作"细要"。《墨子·兼爱中》："昔者楚灵王好士细要，故灵王之臣皆以一饭为节，胁息然后带，扶墙然后起。"由此可见，那时的细腰风尚，并不限于女子，对男士亦如此，最后连扎腰带都困难，扶墙才能站起。故《韩非子·二柄》说："楚灵王好细腰，而国中多饿人。"只是到了后来，男人才出现了大腹便便的"将军肚"，细腰就为美女所长。

事物不能走极端。细腰如蜂，"蜂腰"为诗律所忌，因为中间过细，两边也就不协调了。

【赏24】【赏25】两个女子，分处两地。南阳的一个是细腰高髻，徐州的一个是头扎布巾，身腰自然。其中固然有风尚的原因，却可看出重修饰

▲赏24　捧奁提卣侍女

河南南阳十里铺出土

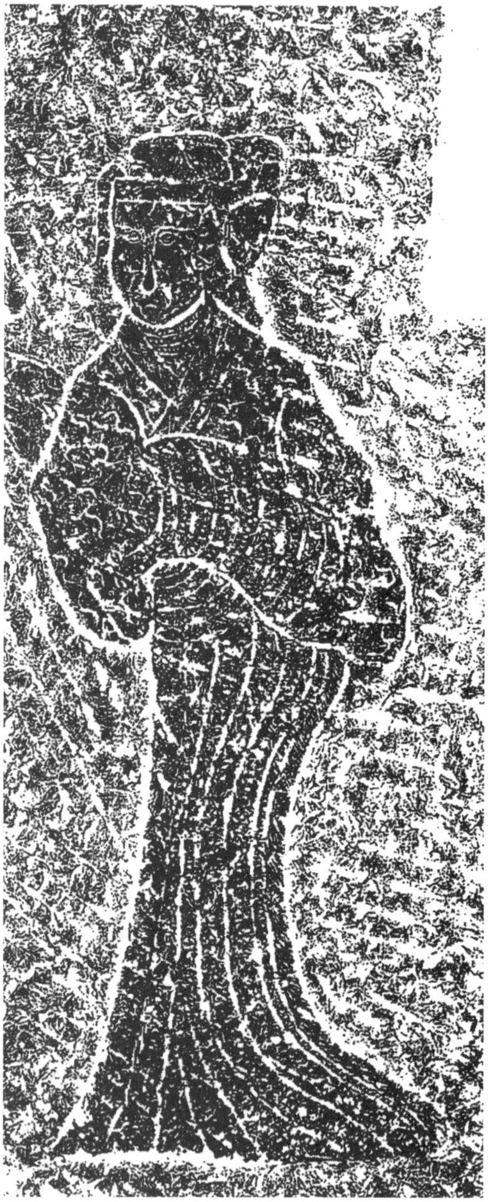

▲赏25　抱手微躬的女子

江苏徐州贾汪区岗子村出土

▶赏26（左） 踞席熏香的女子
河南南阳市麒麟岗汉墓出土

▶赏27（右） 两手撑扶的女子
河南南阳市麒麟岗汉墓出土

与尚天然，都可达到美善之境。而作为人的素质，更重要的是内在的涵养。

【赏26】应是一幅完美的肖像画，可惜不知道她的姓名，而画像石的作者又不太注重面部的刻画，但构图是处理得很好的。画中人踞席而坐，长裙团成一个圆盘，由腰部升高，像一座烛台，仿佛是燃烧的青春；双臂微微抬起，胸前的衣带飘舞，是身前熏香炉的香烟缭绕，还是在生命的尽头灵魂不愿离去？她的姿态是那样优美，文静中透露着一种活力。从该墓出土的110块画像石、155幅画像观察，她可能是墓主之一，“久违”近两千年了。

【赏27】的画中人也是女性，她站在那里，两手撑开，扶住两边的物体，头微斜，不知在思考什么。麒麟岗汉墓有一个前室和三个主室，每一室都有墓门，也不知她是哪一门的。

人有美丑之分，但美丑又有内在与外表之别。内在的美丑由道德、伦理等观念所决定，见诸于行为；外表的美丑则是由生理、遗传所形成。对于一个人来说，拥有外表之美不一定也具内在之美，反之亦如此。

【赏28】是一块武士画像石，石高150厘米、宽52厘米，置于墓门的背面。武士执钺怒目，形象丑陋，但可能忠于职守。

【赏29】是一块武士画像砖，虽然没有拿武器，看那模样也是令人生畏的。有人认为他可能是传说中的“宗布神”，即“羿除天下之害，而死为宗布”。

◀赏28（左） 执钺武士（画像石）河南南阳石桥汉墓出土

◀赏29（右） 挽腕武士（画像砖）河南许昌汉墓出土

【赏30】佩剑者似为女性，不知为何人。扶锸者之前还有一块土地，不知有何意。两幅画面原在一石上，作上下排列，有边框相栏。框外还刻有一条龙，龙外也有边框。从龙尾分作两叉推想，会不会与此二人有关呢？

有汉一代，重文尚武，习武成为一种社会风气。社会上不仅尊重德高望重的老人和学者，也敬佩武士和勇士。画像石中表现搏击和武术的画面很多，还有专门教练武术的场所。

【赏31】是南阳画像石中的两个搏击者，已经摆开架势，激烈的搏斗将要开始。

【赏32】是邓州画像砖中的手搏者，正在与对手紧张地较量。中间是一个身穿铠甲的武士，佩剑而不用剑，作弓步立掌之状，空手与两个武士格斗。看来搏斗已经进行了若干回合，左边的武士已被打倒，剑被击落，连鞋子也掉了一只。右边的武士正在跨步挥钺。场面是紧张的，连带毒性的蝎子、壁虎都来观战了，两旁的龙凤则是烘托气氛。这是一种大型的空心

▶赏30　佩剑者与扶锸人（两幅）
山东沂南县任家庄出土

▶赏31　搏击图（画像石）
河南南阳汉墓出土

▶赏32　手搏图（画像砖）
河南邓州祁营汉墓出土

◀赏33　手搏武士的特写（画像砖）
河南邓州祁营汉墓出土

◀赏34　斗牛图
河南唐河针织厂汉墓出土

◀赏35　搏虎图
河南方城城关镇汉墓出土

砖，长97.5厘米、高40厘米。【赏33】是中间的手搏武士的特写。

果敢、胆大、威武曰“勇”。《论语·宪问》说：“勇者不惧。”《墨子·经上》说：“勇，志之所以敢也。”人们称有力气、有胆量的人为“勇士”。《孟子·滕文公下》：“志士不忘在沟壑，勇士不忘丧其元。”有勇有谋者为“智勇双全”。古人将“智、仁、勇”作为人生历练修养的三个方面，做人要有智慧才能，具有仁爱之心，并能勇敢果断。

艺术是形象化的教材，它可以感化人，给人以教益。汉画像石中刻有不少的人与猛兽搏斗的画面，以示人的勇猛强健。

【赏34】为河南唐河画像中的斗牛图。它不像西班牙人的斗牛，巧于躲开牛的抵撞，与牛作激化式的游戏。画像石中的斗士则是以勇力镇牛。其人袒露上身，一手抓住牛的后肢，用腿托起，使牛失去了平衡，只好垂首卷尾挣扎。看那勇士的神态，非常自如，好像轻而易举。左边的一个身着宽袖长袍的人，握剑指向牛首，要刺杀的样子。

【赏35】为河南方城画像中的搏虎图。俗语说“虎口脱险”，用以比喻逃脱了极大的危险，又说危险而难于取得的东西比如“虎口拔牙”，都是将虎口视为最危险、最可怕之处。可是这幅搏虎图，竟是抓住老虎的头部，掰开它的下巴，仿佛要撕烂那可怕的虎口。勇士身佩长剑而不用，可见信心百倍，而当他将虎口用力掰开时，还好奇地探视其中的“奥秘”，是不是想起了那有关虎口的成语？这块画像石很长，长达227厘米，高40厘米。原画面有两只虎，即在勇士之后还有一只，可能是已经驯服了的，那虎就变成了无关紧要的陪衬，也就删去，只看“虎口拔牙”了。

孟贲是古代一位有名的勇士，战国时齐人（一说卫人），力大无穷，能生拔牛角，水不避蛟，陆不避虎。《孟子·公孙丑上》焦循正义引《帝王世纪》说：“秦武王好多力之士，齐孟贲之徒并归焉。孟贲生拔牛角，是谓之勇士也。”《史记·袁盎传》索隐引《尸子》云：“孟贲，水行不避蛟龙，陆行不避兕虎。”刘向《新序》说他“发怒吐气，声响动天。”

【赏36】是山东沂南画像中的孟贲。这幅像刻画得很有气势。孟贲身材魁梧，长袍大带，一手张扬，一手按剑，表情严肃紧张，正在迈步趋前，气宇轩昂，全身的衣带都在舞动，显示出一派英雄形象。

《史记·孔子世家》说：“孔子以诗书礼乐教，弟子盖三千焉，身通六艺者七十有二人。”在孔子的学生中，子路是排在前列的。汉代的画像石常以“孔子见老子”为题材，构成长长的画面。在孔子之后的数位乃至数十位孔

◀赏36　勇士孟贲像
山东沂南县北寨村
汉墓出土

门弟子中，子路也是最突出的，因为他的个性和形象与众不同。

子路是仲由的字。匡亚明先生在《孔子评传》中对孔子的弟子介绍说：

> 仲由，卞（山东）人，字子路，统称季路，少孔子九岁。《论语》中提及三十八次。他为人耿直，有勇力才艺，一生忠于孔子。他性情粗犷，经常批评孔子，孔子也经常批评他。但孔子很了解他的为人，对他的评价很高，说他有才能，“千乘之国可使治其赋”，可备大臣之数，并赞扬道：“自吾得由，恶言不闻于耳。”子路仕鲁期间，是孔子“坠三都”之举的最主要的合作者之一。他曾做过鲁国的季氏宰（季孙氏的总管），后来又做过卫国大夫孔悝的邑宰，以政事著称。子路是一个能按照孔子的教诲而躬行实践的好学生，诚笃忠信，办事认真。他六十三岁时，卫国发生了宫廷政变，他仍忠于孔悝，说是“食其食者不避其难”，他和敌方搏斗时冠缨被击断，即忽然想起孔子关于“君子死而冠不免”的礼仪教条，结果是在重结缨带时被敌方砍成肉酱。子路的死，对时年七十二岁的孔子是一个沉重的打击。[1]

孔子很喜欢子路，特别赞赏他“勇且多力”。汉画像石中表现“孔子见老子”，后边跟着一大批学生，有的多达三十人，实际上据说只有五人。《太平御览》卷九一五引《庄子》：“老子见孔子，从弟子五人。问曰：‘前为谁？’对曰：‘子路，勇且多力。其次，子贡为智，曾子为孝，颜回为仁，子张为武。’老子叹曰：‘吾闻南方有鸟，名凤凰。……凤鸟之文，戴圣婴仁，右智左贤。’”（《庄子》今本无）五个弟子专长于五个方面，可能是孔子的得意之处。

子路之“勇且多力”，也外在地表露出来，成为他与众不同的特点。《史记·仲尼弟子列传》说：“子路性鄙，好勇力，志伉直，冠雄鸡，佩豭豚（雄的小猪），陵暴孔子。孔子设礼稍诱子路，子路后儒服委质，因门人请为弟子。”这是子路最初的样子和表现，所以《尸子》说他是“卞之野人”。集解：“冠以雄鸡，佩以豭豚。二物皆勇，子路好勇，故冠带之。”

有人推测，子路为了表示自己的勇力，可能在帽子上插几根公鸡的羽毛，在腰间佩猪牙、猪尾之类，不可能将活鸡顶在头上，将小猪挂在腰上。

---

[1] 匡亚明：《孔子评传》，南京大学出版社1990年版。

◀赏37（左） 头顶公鸡的子路
山东嘉祥满硐宋山出土

◀赏38（右） 腰挂小猪的子路
山东嘉祥武氏祠左石室画像

可是，画像石的作者竟率直而画。【赏37】将子路画得趾高气扬，手握棍棒，头顶公鸡，胡须分向两边飘荡。【赏38】除了冠以雄鸡之外，腰上还挂着一头小猪。这种打扮在任何时候都会令人吃惊，好在它是两幅画像，假如果真如此，若那只雄鸡扇动起翅膀，小猪挣扎着嘶叫，子路可怎么办呢？

二、世俗生活（谒见、宴享、庖厨、燕居及其他）

社会纷繁，无所不包。不论在什么时代，世俗生活总是五光十色的，有光明也有阴暗，有欢乐也有悲哀。

为什么画像石会反映出一个汉代的社会呢？因为在那时候，生者和死者都相信有一个阴间的冥冥世界，要把这边的一切带到那边去。凡是有画像石的墓葬，不论石祠、石阙还是墓室、石椁，多是些在当时有一定社会地位的人，对于生前的优越也希望在阴间炫耀，连他们的子女也得意于此。这可能是一个人同此心、心同此理的问题。谁不想取得满足又炫耀自己的优越呢？

汉朝的开国皇帝刘邦，最初不过是秦朝的一个小小的亭长，经常接触的是一些地痞无赖，在乡间的小酒馆里混日子。他曾被差役去过咸阳，见到过秦皇帝，对皇帝的威仪赞叹不已，喟然太息曰："嗟乎，大丈夫当如此也！"这使他开了眼界，产生了抱负。待他当了皇帝，初即位时，曾大宴功臣。那些功臣不懂得朝拜皇帝的仪式，甚至喝醉了酒发牢骚，说刘邦封赐不公，拔剑击柱。有一个投向汉朝的秦博士，奉刘邦之命为新朝制定朝仪。当刘邦临朝受贺之时，穿起了"火龙黼黻"的锦袍，戴起了"垂珠冕旒"的皇冠，真是"穆穆皇皇"。群臣向他跪拜，高呼万岁，他不由自主地说出了"吾乃今日知为皇帝之贵也"。

在古代，皇帝是最高权力的象征。他的一举一动都会惊天动地。皇帝是如此，那些皇帝之下层层官僚也是如此。追求奢侈成风，自中央大员至"边远下士，亦竞相仿效"。即使进了坟墓，也不忘生前的辉煌——车马出行，前呼后拥，歌舞百戏，宴享馐馔，以及频繁的谒拜与礼仪。王符《潜夫论·浮侈篇》说："宠臣贵戚，州郡世家，每有丧葬，都官属县，各当遣吏赍奉，车马帷帐，贷假待客之具，竞为华观。"又说："今京师贵戚，郡县豪家，生不极养，死乃崇丧。或至刻金镂玉，檽梓楩楠，良家造茔，黄壤致藏，多埋珍宝，偶人车马，起造大冢，广种松柏，庐舍祠堂，崇侈上僭。"送葬既如此，养生更可知。

通过享受者的种种活动和场面，不难看到侍从者的劳作和生活情景。

这是事物的两个面，原画的本意如此，观者所看到的却是多方面。写实性的造型艺术之长处，就在于它能用形象反映生活，使我们目睹1800多年前的生活画面。

画像石所表现的题材内容，从总的方面看是无所不包的，但在具体的墓葬等方面，相互之间的数量、内容和画面处理则相距很大，有的墓葬多达一两百块石头，雕刻数百个画面，有的只有一两块石头，画面也很简单。由于那些石头都是墓葬建筑的一部分，画面的分聚情况并非由内容来决定，多根据其在建筑中的位置而定。欣赏画像石，最难理解的是一些复杂的大画面，初看似是一幅大画，画面非常复杂，外有边框相栏，但仔细看时，却是由许多小画面组成。这些小画面之间，有的用线隔开，有的索性不隔，所表现的内容也不连贯。如果以今天的眼光审视，其中有连环画性质的，也有组画性质的，也有互不相干的。正因为使用了这种汇集式的手法，汉画像所表现的内容才特别丰富。

【赏39】为孙氏阙阙身画像石，1965年山东莒南县北园镇东兰墩村出土，高180厘米、宽52—70厘米。画面在纹饰边框内分作四层。第一层面积最大，表现的内容也很杂乱，有两人跽坐和一人跪拜、二人捣杵、一人倒立、多头人面兽、三鱼一头、龟、二人徒手格斗。既没有说明，也没有形象的必然联系，不消说现代人看不懂，恐怕当时的人也说不完全。这些内容，可能都与墓主人有关，就像做梦一样，他所经历的和他所想象的，都在画面上表现出来了。一个个的形象符号，犹如结绳记事，说不定自己很清楚，然而别人无法理解。第二层刻两个骑马者。第三层刻一人跳舞，二人抚琴。第四层是四个人，两两相对：一是互相伸出手，似是指责对方；一是互相作揖，似是言归于好。但不知道为什么，就像第一层所表现的，可能都在原立阙者的脑子里。

在石阙的侧面有题记，可惜文字不能尽读，为“元和二年正月六日孙仲阳□□□物故行□□礼如作石阙直万五千”。

总之，此画像所带给我们的信息是模糊的，只是在铭文中知道了原阙建于公元85年。

汉代处于封建社会的上升时期。汉王朝以秦的覆亡为前车之鉴，采取了一些缓和社会矛盾与发展生产的措施。经过汉初的“休养生息”和“文景之治”，国家已经富足起来。《汉书·食货志》说：“京师之钱，累百巨万，贯朽而不可校；太仓之粟，陈陈相因，充溢露积于外，腐败不可食。”在此

▶赏39　孙氏阙阙身画像石
山东莒南县北园镇东兰墩村出土

▲赏40　悠闲生活图
江苏邳州陆井乡庞口村汉墓出土，高105厘米、宽148厘米

期间，官僚和大地主、大商人也成长起来，过着奢侈的生活。

对于一个家庭富有、生活休闲而优越的人来说，不论在生前还是死后，有三件事是很重要的：一是饮食，二是娱乐，三是出游。即吃得好，看得好，玩得好，因而得到满足。【赏40】这块画像石将此三者刻在了一起，构成一个画面，可能是体现了墓主人的理想。画面分作两层，上层的中心是一座二层楼阁，楼下为主人正与客人博弈，愉快而紧张，一人举起手来，好像是在“将军”。旁边有酒浆，由于没有透视，在几案上无法表现，只好把酒浆画在了两人之间。楼上也是如此，两个妇人正在交谈，楼梯上有侍者捧送食物。楼左为庖厨场面，剖鱼、烧火、煮饭等，作平列展示。楼右有建鼓和杂技表演。另外，在楼顶上和远处还有鸟兽和人物活动。下层为一列车马出行，并有骑马者做导向。

古人对死亡看得很重，所谓“以丧礼哀死亡”，要举行隆重的丧礼，永远地告别死者，将他送往另一个世界。吊唁者，即“吊死问生”，悼念死

▶赏41　吊唁祭祀图
山东沂南县北寨村汉墓出土，高48厘米、宽185厘米

▶赏42　幻想升仙图
安徽定远县靠山出土，高60厘米、宽184厘米

者，慰问生者。【赏41】这幅“吊唁祭祀图”似是隆重的丧礼，场面很大。门内几上置简册，有一人执彗（扫帚），二人执梃（木棒），分列两旁，犹如仪仗。一人似跪读祭文，前为吊唁的人，排列数行，持笏而跪，其后放置着很多祭品，并有人照管。由此可见，死者是个颇有地位的人。

【赏42】是一幅追忆画，画的是墓主在生前曾幻想死后升仙。他扶几而坐，侍者列于两边，包括门外的拥彗，也探着半个身子进来，看个究竟。在想象中，羽人忽然飞了进来，满屋云气缭绕，要护送他升入仙界。他仿佛身体变轻，心情舒畅，感觉就要升空。

人生在世，做官的要在官场活动，经商的要在商界活动，乡绅要在地方上活动。人际交往，不可缺少，它不但有助于地位的巩固，还可能借机高升。尤其是在官场上，为仕途必由之路。所谓“谒”者，即为请见、进见、拜见，也有禀告、陈说、请求之意，一般用于下级对上级、晚辈对长辈。在汉画像石中，表现这一题材的画面不少，可能墓主多是官员，以此显示其能量和荣誉吧。

嘉祥武氏家族有不少人为官。【赏43】可能表现对墓主的拜谒，车马成行，场面非常隆重。

【赏44】“寺门击鼓”，拥彗执礼，一群人正在拜谒一位官员。

【赏45】这是住在乡间的一对老年夫妇，男的可能是退隐的官员。房舍

◀赏43　拜谒图
山东嘉祥武氏祠左石室小龛后壁画像

◀赏44　击鼓拜谒图
河南唐河郁平大尹墓出土，高66厘米、宽300厘米

◀赏45　乡居拜谒图
江苏睢宁墓山出土，高101厘米、宽194厘米

周围有山水树木，捕鱼射鸟者很多。附近的地方官员前往拜谒，派人抬着鱼、肉和酒。那条大鱼极度夸张，拖在地上，几乎与人等高了。

跪拜是我国古代的一种礼节，向对方表示最高的敬意。《说文解字》说："跪，拜也，从足危声。"古时候人们席地而坐，没有床铺桌椅，跪、拜、坐三者是相近的动作。跪为两膝着地，腰杆挺直，跪而双手触地为拜。所以说跪后必然拜，跪与拜是分不开的。坐是以臀部抵脚跟，现在的日本人还是这样坐。古有所谓"九拜"，即九种拜礼。《周礼·春官·大祝》说："辨九拜：一曰稽首，二曰顿首，三曰空首，四曰振动，五曰吉拜，六曰凶拜，七曰奇拜，八曰褒拜，九曰肃拜。"其中前四种为正常拜礼，后五种是特殊情况的拜礼，如丧礼、军礼等。

揖是古代的拱手礼。《说文解字》说："手著胸前曰揖。"《六书故》说："拱手上下左右之以相礼也。"《礼记·玉藻》说："进而揖之，退则扬之。"郑玄注："揖之谓小俯也，扬之谓小仰也。"一般是站立，两手在胸前相合，左手握住右手，表示恭敬。《说文解字》说："拱，敛手也。"徐铉注："两手大指相柱也。"《论语·微子》说："子路拱而立。"《尔雅·释诂》郭璞注："两手合持为拱。"《尚书·武成》说："垂拱而天下治。"

【赏46】有跪者、有拜者、有拱手者。前跪者当为"空手"，是男子常拜之礼；上之跪者额头着地，为"稽颡"，即凶拜，可能与丧事有关。

▼赏46　跪拜与作揖图

河南唐河郁平大尹墓出土，高65厘米、宽122厘米

◀赏47　拱手揖拜图
河南洛阳汉墓出土
画像砖

◀赏48　执笏互拜图
（局部）
河南唐河郁平大尹
墓出土

【赏47】此为砖印纹。拱手者鞠躬向前，线条肯定、准确、挺拔而富装饰性。

【赏48】两人戴冠着袍，面面相视，执笏互拜。这是通常见面的拱手礼。

人际交往，送往迎来，谓之“将迎”。“将”是送的意思，古人重礼，强

▲赏49 迎宾图
江苏睢宁墓山一号汉墓出土，高100厘米、宽191厘米

调礼尚往来。《尚书·洪范》所规定的“八政”（八种政务）中就有“宾”。疏曰：“七曰宾，教民以礼待宾客，相往来也。”画像石中的“迎宾图”很多，多是以此表明墓主人的身份和品德，交游甚广，宾从如云。

【赏49】之迎宾图，描绘客人正在路上，车马队伍成行，前有骑吏，后有车马。在二车三骑之后，露出了一个马头，说明画面之外还有车马。大概是快到目的地了，前面已有一个执盾的门吏俯首迎接。整个画面的装饰性很强，有三道花边为框。在长长的车马行列之上，有七条龙在云间穿舞，仿佛是有意伴着车马，这是汉画中常见的处理手法，既表示是在野外，又带有祥瑞的意味。值得注意的是，那两条交颈的龙，一般是象征亲密和合，可能暗示墓主人与车中人的友好关系。

【赏50】的原石已残破，但仍能看出是一座很大的庄园。画面分成三组，其时间有早有晚。下边的一层，在高大的子母阙前，主人揖客敬礼，来者可能是个身份较高的人物，身后有随员及轺车和大车。手执棨戟的门吏列于左右。从画面中可以看出，所刻人物有大有小，不是体现身材，而是表示主次，即大人是重要人物，小人是次要人物。

▲赏50　迎宾待客图
江苏铜山洪楼祠堂后壁，高103厘米、宽214厘米

上层分列两个厅堂，厅内帷幕高悬，厅外屋顶上有凤凰和瑞兽。从左右两厅的情况看，似是男女主宾分别交谈。几案上陈设着酒浆，厅外的侍者正在捧着食品送来。不知是天暖还是气氛热烈，在主宾的背后都有侍者持便面扇凉。这是在封建社会时代，上层人物之间的礼尚往来、待人接物的真实写照。

这幅画像的原石不是埋在墓中，而是置于地面石祠的后壁，就像现在堂屋对门的中堂画一样，其表现主人的目的是显而易见的。

【赏51】是汉代石椁墓的三块画像石，同为一个石椁（应为四石）。两块长形的为左右两壁，一块方形的为挡头。1984年出土于山东临沂庆云山。

我国的画像石出现于西汉而盛于东汉。这三块画像石是较早的，从画面看也较简单。虽然不能说画面简单的时间就早，然而早期的画像石确实没有复杂的巨制。

从这三块画像石可以看出，早期的画像石在艺术上很重视对称手法的运用。人们对于对称形的认识起始很早，早于远古的旧石器时代。当时唯一的工具和武器是打击石器，长期的实践活动使人们认识到对称形的石头不但便于手握，并且能发挥力度。由实用而审美，人们逐渐将对称形扩及造物许多方面，使之成为形式美的一条重要法则。人们对这条法则的认识和应用，整整经历了几十万年。实际上，世间万物的结构大都是呈对称形

▶赏51 庆云山画像（三幅）
山东临沂市罗庄区册山庆云山出土，约西汉武帝后期（前140—前87）

的，因为对称形容易取得平衡，连人体本身的结构也是左右对称的，但真正理解它是后来的事。

此画像长形石的构图采用了中国传统的“一主二副”的配置，即中间为主体形象，两边带有陪衬的性质。其主体可能是表现墓主人的生活，都是在室内的活动。一幅是两人宽衣博带，相对跽坐，可能是一对夫妇。另一幅是两人在室内比武。室外的左右是两棵常青树。所谓“二副”，是左右两格的玉璧纹。“苍璧礼天”，璧是升天必带的礼物。其中一格在四角上露着半璧，都用斜线穿连起来，一般称作“斜线穿璧”，实际上是双龙穿璧的简化。为什么要龙穿璧呢？因为龙是“三蹻”之首，乘龙可以升天。

方形的挡头只刻了两个戴冠着袍的人物，两人相对而立，作交谈状。他们可能是生前的好友，一人仰头，一人低首，似乎谈得很投机。在艺术的处理上，特别明显的是两人所佩之长剑，也呈对称形。

“有朋自远方来，不亦乐乎！”这是《论语》开篇孔子说的话。人生重友情，朋友来了，热情接待，是中国人自古以来的良好传统。

◀赏52　六博乐舞图
江苏沛县古泗水出土，高108厘米、宽58厘米

【赏52】的画面上下分三格，表现了接待客人的全过程。下格是客人乘坐的马车，将马停在树下，车夫正在喂草料。中格是宾主做六博的游戏，旁设耳杯和酒浆，侍者在门外伺候。上格是为客人准备的乐舞，一人长袖起舞，一人倒立于台上，并有两人伴奏。

三格画面，表现了一个主题。虽然在时间上和视域上存有差距，却不难将三者联系在一起。这是汉代画像石的一种思维模式，不妨叫作“多视角的组合”。

两个朋友对饮，一边交谈，一边博弈，不失为人生乐趣。【赏53】表现了羽觞杂置，二人眉飞手舞，似乎有所辩论，棋案放在一边也不顾了。

“六博”是古代的一种游戏，春秋战国时已经流行，至汉最盛，画像石上表现很多。共十二棋，六黑六白，两人相博，每人六棋，故名“六博”。局分十二道，两头当中名为“水”，放“鱼”两枚。博时先掷彩，后行棋，棋行到处则入水食鱼。每食一鱼得二筹，得筹多者为胜。《西京杂记》说：“许博昌，安陵人也，善六博，窦婴好之，常与居处。”玩时用六箸（筹），以竹为之，长六寸。所以画像石上有举筹得胜者。

▶赏53　六博对饮图
江苏铜山台上村出土，高45厘米、宽50厘米

▲赏54　博局和酒食　江苏睢宁张圩出土（局部），宽120厘米

▲赏55　坐牛车的客人　江苏邳州陆井庞口村汉墓出土，高93厘米、宽120厘米

【赏54】原石为前后室的隔墙，上为雕通的直棂式窗户，并有行龙画像，下为二人对饮。此系原石的下部分，表现两个人坐在窗下的榻上，中置耳杯和博局，正谈得热烈。右边二人送来了汤羹和烧烤的肉串，左边二人恭立侍候。

【赏55】宾主二人正在对弈，取胜者扬臂高呼，惊动了室外的牛，拉紧了随童手中的缰绳。另一位失利者，只好伸出两手，表现出无奈的样子。在画面中，牛和车处于显著位置。汉初兵战用马，民生凋敝，许多高官只得用牛车，待到经济恢复之后，马匹多了，牛车反而成为时髦。此车称作“处士车”，为有才德而隐居的人所乘。值得注意的是，那个牵牛的童子，垂足坐在一只小板凳上，这在汉代是很少见的。

【赏56】所表现的是两个地方小吏，相对而坐，饮酒六博，身旁都有盾牌和木棒，分别题为“武阳尉”“良卯丞”。此图并非独立画面，原系画像石的一部分。原石内容很多，有西王母、乐舞、杂技等。人物造型不同于一般汉人，在同地出土的画像石中，还有反映“胡汉战争”的内容，可能与胡人有关。刻法用阴线，颇带稚趣。

投壶是古代宴会的礼制，也是一种游戏。《礼记》有“投壶”篇，记述甚详，说：“投壶之礼，主人奉矢，司射奉中，使人执壶。主人请曰：‘某有

▶赏56　武阳尉和良卯丞
山东滕州桑村镇西户口村出土(局部)

▲赏57　投壶图
河南南阳卧龙区沙岗店出土，高40厘米、宽134厘米

枉矢、哨壶，请以乐宾。’宾曰：‘子有旨酒嘉肴，某既赐矣。又重以乐，敢辞。’……”这是一些客气话。明汪禔《投壶仪节》说：“夫投壶者溯其源流，乃东汉蔡（祭）遵所制。……然蔡公当莅事之暇，群僚晏集，乐意相酬，设此投壶，一则劝侑佳宾；二则以纲纪律度；三则亦以射鹤之仪。”

投壶之法，是以盛酒的壶口作目标，用矢投入。矢有三种长度：室内用二尺，堂上用二尺八寸，庭中用三尺六寸。以投中多少决定胜负，负者须饮酒。《后汉书·祭遵传》：“对酒设乐，必雅歌投壶。”

【赏57】是东汉时期一幅生动的投壶图。刻绘两人正在全神贯注地向壶中投矢，已经中了一矢。壶左有一酒樽，上搁一酒勺。两边各有一人观看，居右者拱手跽坐祝贺进了一矢，居左者已酩酊大醉，也可能是败下阵来，满脸颓丧，被侍者搀扶离席。

古代富贵之家，列鼎而食，并且击钟奏乐，所谓“钟鸣鼎食”。汉字的“宴”字，本有安逸、闲适之意，如宴安、宴坐、宴居、宴娱。以酒肉款待宾客也称为“宴”，如宴会、宴集、宴饮、宴乐。所以，有宴必有乐舞和酒食。汉代兴盛之后，奢侈之风严重。《后汉书·礼仪志》说：“每月朔岁首，为大朝受贺……百官受赐宴飨，大作乐。”上行下效，由宴请而交结，官场益愈复杂险恶，这种情况在画像石上也反映了出来。

【赏58】表现车马和百戏。一方是长长的车马行列，导骑手举着旌旗，加幡轺车说明主人是个地位很高的人物。另一方准备迎接，持幢的仪仗分列，院内有舞乐表演，显得三层重阁格外热闹。场面大而热烈，连游龙和凤鸟也来祝贺吉祥。

【赏59】客人已经就坐，席前置有食物，相互议论着舞蹈和杂技。还有客人陆续到来，厨房的厨师正指挥做菜，气氛非常热闹。

▲赏58　车马行而百戏作　江苏睢宁县墓山出土东汉画像石，高116厘米、宽210厘米

▲赏59　宴客乐舞图　四川出土东汉石棺画像，高81.5厘米、宽233厘米

◀赏60　主宾乐舞图
河南唐河西汉墓葬出土，高86厘米、宽133厘米

【赏60】是一种散点式的构图，不画背景，只画人物和简单的道具。大体上分作三层，有的对坐交谈，有的饮酒，有的六博，有的鼓瑟，有的作长袖舞。这是早期画像石的一种表现手法。

【赏61】画面分三层。下层为庖厨，人们忙着切肉、汲水、淘洗、烧火和整理食案；中层为随行人员，侍者捧食而过；上层为饮宴者。这是男女同席的家宴，身后有侍者执便面伺候。

【赏62】将乐舞和庖厨分层刻在一起，有吃的、有看的和听的，是表现人生享受最简便的办法。不论活着的人还是死去的人，大都把对幸福的追求放在这些方面，好像不必通过什么仪式或场面，也无须故意炫耀，其目的均在这个画面中了。

古人对人口繁衍的观念很强，从最初的部族到后来的家族，将生育视为延续的根本。因此，男女之间的婚礼要在晚上举行。《说文解字》曰：“礼，娶妇以昏时。”《释名》曰：“恒以昏夜成礼也。”直到汉代，在众多的工艺品上常有“长宜子孙”的祝语。所谓“男女授受不亲”，是后来礼教发展的结果，汉代人于之要放达得多。在画像石中，不仅有“秘戏”，并且有“野合”的画面。但表现男女之间的爱情时，更多的是使用隐喻，即以动植物作象征的方法，如连理树、交颈鸟等。

【赏63】是婚嫁图。一对新人两手相握，衣带相结（结缡），两边的建筑象征男家和女家。可惜拓片模糊，有些细节看不清楚。

▲赏61 庖厨饮宴图 江苏睢宁县张圩出土东汉画像石，高110厘米、宽74厘米

▲赏62　乐舞和庖厨　江苏铜山汉王东沿村出土，高77厘米、宽75厘米

▲赏63　婚嫁图　江苏徐州出土

【赏64】作对称式构图，两人在室内对饮。建筑两边的连理树，象征夫妇好合。

【赏65】在屋脊上有一条大鲤鱼，象征着多子。

【赏66】在屋顶上有对鸟交颈，表示夫妻恩爱。

▶赏64　喜结连理
江苏铜山汉王东沿村出土，高75厘米、宽135厘米

▶赏65（左）　燕居对饮图
江苏铜山茅村出土

▶赏66（右）　燕居博戏图
江苏铜山茅村出土

【赏67】夫妻相敬如宾。男者手持便面，女者端起耳杯敬酒。室外的侍者正担酒持鱼走来。屋脊上一对凤凰贴颈对喙。

【赏68】表现了一个和睦温馨的家庭。夫君出外归来，久别重逢，与妻子坐在榻上相对而谈，并抱着孩子逗乐，充满着一片喜悦之情。

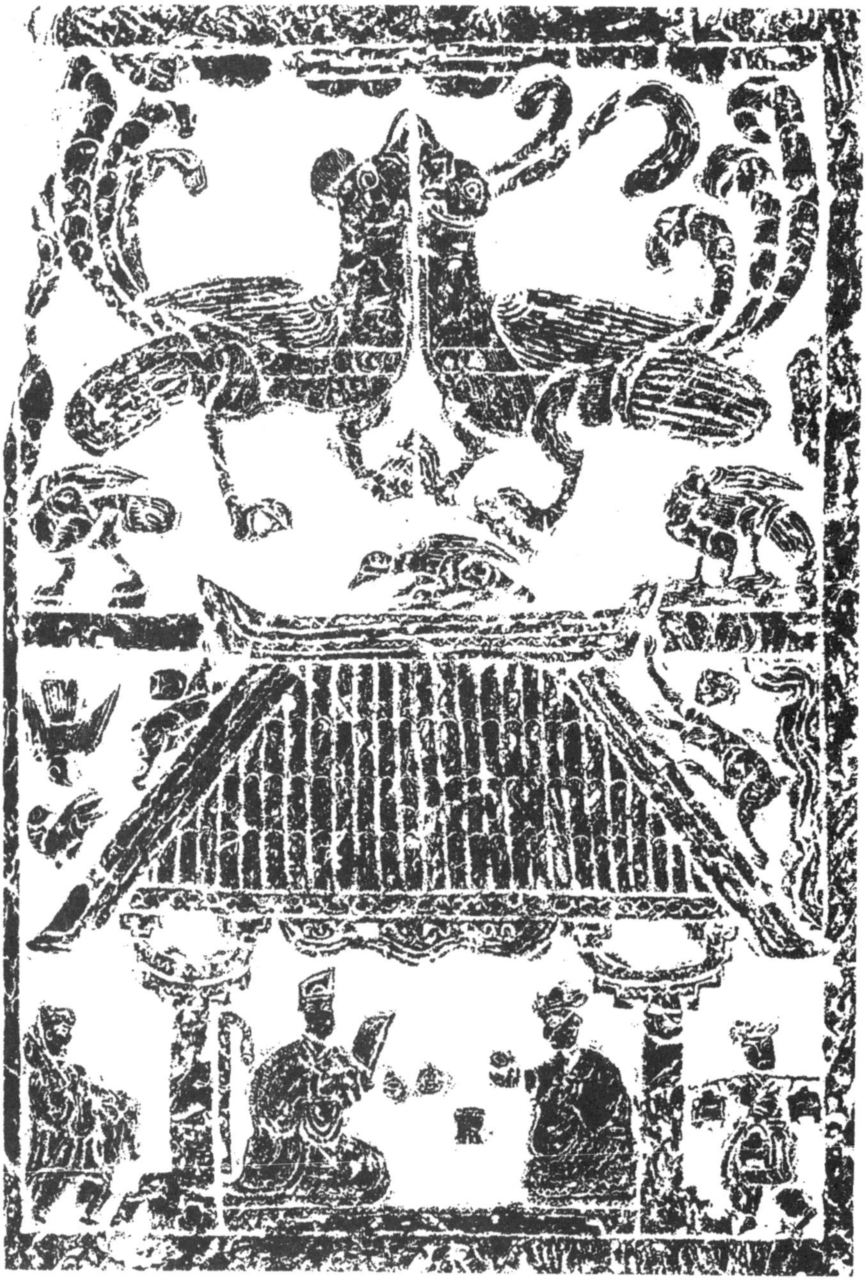

◀赏67　相敬如宾
江苏睢宁县墓山出土，高102厘米、宽95厘米

▶赏68　天伦之乐
江苏徐州贾汪区青山泉出土，高100厘米、宽212厘米

▶赏69　织布机旁的幽会
安徽灵璧九顶镇出土

【赏69】在农耕时代，一般妇女都会刺绣、纺织、缝纫，包括一些大户人家的妇女，也不例外。这里的机杼声停了，一对男女正在拥抱接吻。此幅画像的原石共四个画面，分别表现夫妇用膳、凭栏观望、纺织和车马。这是第三幅。

人死了都希望升入"天堂"，却很少有人考虑在天堂做什么，怎样生活，靠什么生活。如果说升入天堂都可成"仙"，那么，神仙也有职守，也要做事的。于是，人们想到了西王母。在当时，黄老思想盛行，民间崇拜

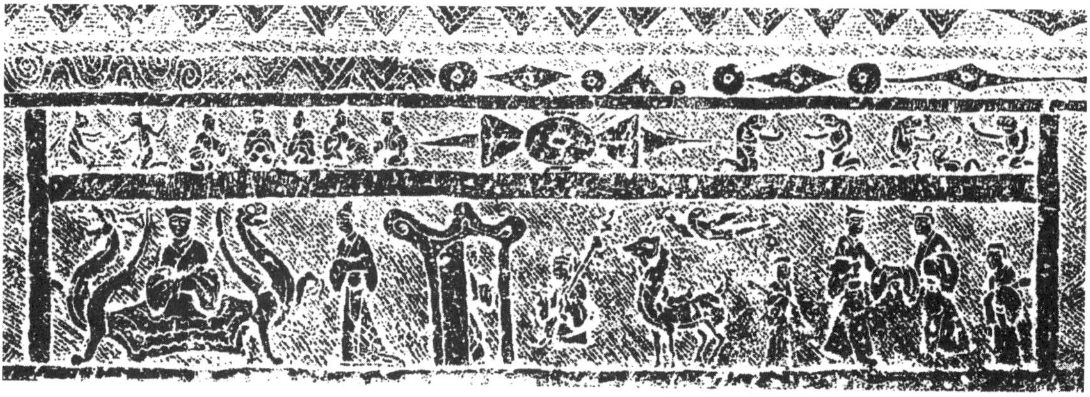

西王母，她能使人长寿，给人幸福。【赏70】是向西王母求助者，刻在石棺的一侧。西王母坐在龙虎座上，有侍女把门，正在侧身向外探望。门内有一高髻长裙的女性，有人说是来求胜求药的。“胜”即方胜，是西王母专戴的一种首饰；“药”即长生不死之药。门外有一老妪，手持鸠杖，这是国家赐给70岁以上老人的礼物，据说她是来求养老的。还有一男一女在交谈，并且身后带有侍卫，不知是做什么，大约也是有所求吧。

【赏71】是石棺左侧画像，刻画的是一个幻想最幸运的人。他竟同西王母住在一起。一门相隔，右边是头戴胜、凭几端坐的西王母；门左便是他的所在，幸福美满，如醉若仙，正与美貌女子亲吻。【赏72】是两人接吻的特写图。

反映汉代农村生活且内容繁多、场面复杂的，莫过于成都曾家包出土的两块画像石，可谓两幅出色的风俗画。曾家包位于成都西郊土桥镇，有两座东汉墓，共出画像石13块、刻11幅画像。此二石分别置于M1墓东西

▲赏70（上） 天堂的回声（求助者）
四川南溪城郊长顺坡出土，高78厘米、宽227厘米

▲赏71（下） 天堂的回声（幸运者）
四川荥经城郊出土，高79厘米、宽232厘米

▶赏72　接吻图特写
四川荥经城郊出土
石棺画像局部

两后室的壁上。一幅表现居住、仓房和农业劳作，另一幅表现狩猎、运粮和家庭手工业。手工业有纺织、酿酒等。作为家庭个体，这显然是一个富裕的地主之家，并且兼营手工业和商业，家里还有自己的武备；但从社会的整体看，这又不失为汉代农业社会富裕的具体写照，我们称其为《天府殷实图》。

【赏73】为《天府殷实图》之一，主要表现家居和农业生产。首先进入眼帘的是画面的上方，在半圆形外廓之内画了两只羊和一株禾苗。它所表现的不是一般的养殖和种植，而是以羊代“祥”，隐喻双吉祥之意，包括禾苗象征嘉禾，是当时的谶纬符瑞之一。在汉代人的观念中，这是一种吉祥的瑞应，并非日常套语，是人们信以为真的。

右上角是一座庑殿式双层楼房，上有回廊。楼上有二人交谈，其中倚栏侧坐者可能就是这座庄园的主人。楼下的门半开着，女侍者露出半身向外观望。左侧是上有通气孔的仓房，一人从中走出来，端着一个器物，可能是盛的粮食。他的对面，在挺直的棕榈树下坐着一位手持鸠杖的老人。这是把赡养老人放在首位。在两座建筑之前，除了一座吊脚楼之外，便是广阔的田地和池塘。一块一块的旱田和水田种着庄稼。有人在踩碓舂米，

▲赏73　天府殷实图（一）
四川成都曾家包东汉墓出土，高198厘米、宽285厘米

有人在锄地。水塘中荷花盛开，一条小船空空地漂在水上，只有船桨无目的地摇摆，惊动了水中的鱼儿。

【赏74】为《天府殷实图》之二，主要表现家庭手工业和运输。远处是群山，有各种野兽出没，弯弓者正在射猎一头鹿。这是一个重文尚武的时代，每个家庭都有一点武备，以防盗贼的侵袭。在这个家庭的画面中，中间便立着一个武器架，上面横列着矛、戟、叉、刀，挂着弓箭和盾牌等。

在农耕社会，虽然以农为本业，但若没有手工业和商业的支撑，是无

▲赏74　天府殷实图（二）
四川成都曾家包东汉墓出土，高300厘米、宽275厘米

法激活经济的。历史经验证明，越是富裕的地区，人们越懂得这个道理。在武器架的两旁，有两部织机正在操作生产，不难看出，织机有繁简之分，结构不同，很可能一是织土布，一是织锦缎。往下是酿酒的序列和运送粮食的马车。前边的广场上，有的妇女在汲水，有的妇女在烧饭，周围鸡鸭、猪狗成群，叫声不断，展现出一片浓厚的生活气息。

这是将近2000年前的造型艺术。由此表现出的世俗生活，真实、具体而生动。它已突破了分层分格式的处理，在视野上表现出了复杂的大构图。

◀赏75 讲学图
四川成都出土画像砖

作为文化的传播与延续，我国历来重视学校的发展，而孔子开启了私人办学之风。古代启蒙学校有书馆、书塾，成人有书院。战国时齐国曾在都城临淄稷门附近的稷下设立学宫，招揽文学游说之士数千人，成为当时各学派荟萃的中心。汉代“罢黜百家，独尊儒术”之后，书院更成为儒家讲经的地方。各地讲学兴起，也反映到画像石上。

【赏75】是讲学图，讲授者坐于榻上，听讲者持简坐于席上，有的年龄已经很大。

【赏76】出自高官之家，刻绘一群侍女（共17人）紧张地整理衣物和陈设，为主人而忙碌。该画像石多装饰，可见墓室之豪华。

古代人互通有无，最早是以物易物进行交换。《周易》所说的“日中为市”，是一种赶集式的小市，虽然有了货币和买卖，但这类小市是旷地而聚，市罢各散，仍然是一片空地，无建筑遗迹可寻。《管子·小匡》说：“处商必就市井。”尹知章注：“立市必四方，若造井之制。故曰市井。”《风俗通》说：“俗言市井者，言至市鬻卖当须于井上洗濯，令鲜洁，然后市。案

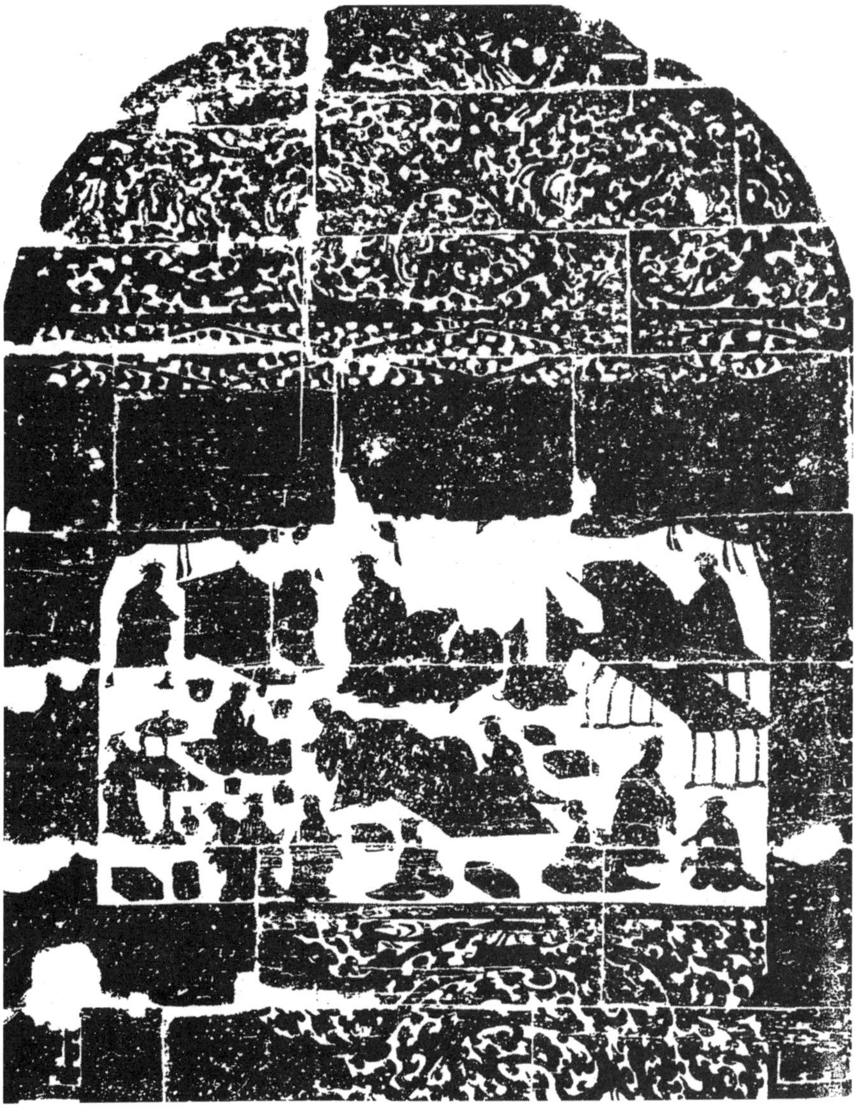

▶赏76　侍女劳作
河南新密市出土

二十亩为一井，今因井为市。”这是一种乡村草市。后来在县以上专门设市，市内有商肆，故称“市肆”，因其商品是依类陈列于市的，交换活动都在列肆里进行，故又称“市列”或“列肆”。《汉书·食货志》说：“开市肆以通之。”唐颜师古注：“肆，列也。”崔豹《古今注》说：“肆店，肆所以陈货鬻之物也。店所以置货鬻之物也。”说明肆列是摆设商品用以买卖的，店是放置商品货物之处。因为有了专门出卖货物的建筑，也就是后来的商店，所以市井也称作市街。

【赏77】为四川广汉一带的市井。左边的门垣上题有“东市门”三字。门内侧有一灶，灶上有釜炊之器。一人在灶前操作，并回首与他人呼应。中间和上端，有六人分三组进行交易，都是两两相对，各有不同的动作。右边有一楼房，楼上悬大鼓，楼下二人若宾主相对而坐，其右一人头戴高冠，似为官吏，上有题字曰“市偻(楼)”。市楼又称“旗亭”，原是楼上立旗以为市，是国家对市场的管理机构。《周礼·地官》说：“市之群吏平肆，展成奠贾，上旌于思次，以令市。”郑玄注：“上旌者，以为众望也，见旌则知当市也。”《西京赋》说：“旗亭五重。”注云：“旗亭，市楼也。”

【赏78】是一个卖酒的民间小酒肆。迎面墙上挂着两个酒罐，作为卖酒的标志。店前垆内置两个酒坛，一人作盛酒状，正接待店前的沽酒者。店前有来有往，一人推独轮车，车上载一个方形酒器，边推车，边说话，扭头与店主告别。画面的左上角有二人跑来，一老一小。老者肩荷酒罐前来沽酒，并与孩童追逐嬉戏。生活气息十分浓厚，反映了民间富足轻松的乐趣。

◀赏77　市井图
四川广汉出土画像砖，高28厘米、宽48厘米

◀赏78　酒肆图
四川彭州三界镇出土画像砖，高25厘米、宽44厘米

▶赏79　羊尊酒肆图
四川彭州升平镇出土画像砖，高25.3厘米、宽42.5厘米

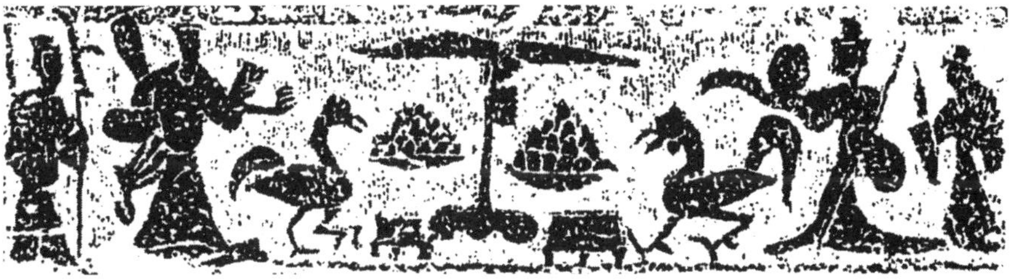

▶赏80　赌注斗鸡图
河南南阳宛城区英庄出土，高41厘米、长149厘米

【赏79】是一家颇具规模的酒肆，一片生意兴隆景象。店铺之外的右首摆放着一张木案，上面陈设了两个羊尊和一个方形酒器，既是酒肆的招牌，也显示其豪华气度。在汉代，"羊"与"祥"为通用字，寓意吉祥。用羊尊盛酒，不仅表明酒肆的档次，也是专供达官贵人饮用的。酒肆垆内有两个酒瓮，垆台上有一个温酒的器具，以供客人即时品用。这当儿，酒肆的店员正在接待两位长袍宽袖的文人雅士。店外有人担酒而来，另一人推车载羊尊而去。真是佳酿香溢，颇有应接不暇之慨。

斗鸡，早在春秋战国时期已经流行，既是一种娱乐，又可以此赌博。《战国策·齐策》说："临淄甚富而实，其民无不吹竽鼓瑟，击筑弹琴，斗鸡走犬。"汉代斗鸡、走犬之风亦盛。《汉书·食货志》说："世家子弟富人，或斗鸡走狗马，弋猎博戏，乱齐民。"

【赏80】为两个赌徒斗鸡，各持兵器，并带着侍从，用黄金作注。

◀赏81　鸡相斗，虎助威
河南登封少室东阙画像

◀赏82　斗鸡图
河南郑州出土画像砖

【赏81】为二鸡互相啄斗，老虎在后张口延颈。

【赏82】为斗鸡者夸鸡。

【赏83】为驯犬人。

人是很复杂的。在善恶之间虽说是除恶扬善，总有人违背天良，干一些损人利己的事。《孟子·万章》说："夫谓非其有而取之者，盗也。"对于这种不劳而获、窃取财物的人，不论在任何时候，都会给社会造成负面的影响，成为不安定的因素。汉代缉捕盗贼由地方基层组织负责，具体地说，属于"亭长"的职务。

"亭长"是秦汉时期地方上的乡官。他的管辖范围很小，所谓"十里一

▶赏83　驯犬人
河南邓州长冢店墓出土，高127厘米、宽46厘米

▲赏84 缉盗图
江苏徐州贾汪区青山泉出土石椁画像

亭”，每隔十里设亭长一人，掌治安、诉讼等事。汉高祖刘邦，当初就是一个亭长。《史记·高祖本纪》说：“高祖为亭长，乃以竹皮为冠。令求盗之薛治之。”集解引应劭说：“求盗者，旧时亭有两卒，其一为亭父，掌开闭扫除；一为求盗，掌逐捕盗贼。”另外，还有一种乡官叫“游徼”，主要负责巡察盗贼。

【赏84】是一座石椁的三面画像，连接在一起表现缉捕盗贼的过程，长达790厘米。在构图上以两棵大树为标界，将内容分作审讯、押解、迎接三个部分。画面中共有四个盗贼，但押解的官兵很多，形成浩浩荡荡的车马队伍。前有游徼审讯，中有求盗押解，最后是亭长在村口迎接。村中庖厨炊火，准备犒劳官兵。本图系剪接的片段。

【赏85】为东汉许阿瞿画像与墓志。许阿瞿是一个“年甫五岁”的孩子，不幸夭折了。他的父母非常悲痛，便在他的坟墓中刻了这块画像石，并在画面的左侧镌刻了题记，长达136字，也就是后来形成的墓志。

画面中的许阿瞿，长襦总角，搭手坐在榻上。榻前有案，案上放置耳杯等物。这里是一间大厅，高垂帷幔，右上方有题榜，刻“许阿瞿”三字。在许阿瞿的身后，有一个着长衣的女仆，手持便面，正在为其打扇。前面有三个儿童走过来。这三个孩子可能是许阿瞿的好友，平日陪他玩的。他们头梳双髻，半赤着身子，只穿着肚兜、裤衩之类。走在前边的一个似乎在玩鸟，小鸟从手中逃脱了。中间的一个拉着鸠车，这是一种木制的玩具，装有轮子可以转动。宋李石《续博物志》说："王元长（融）曰：小儿五岁，曰鸠车之戏；七岁，曰竹马之戏。"（宋曾慥《类说》卷二三引）。后边的一个刚跑到，手中拿着一个长条物，仿佛要赶鸠车的样子。许阿瞿见此情景，也欠起了身子，一条腿要站立的样子。

可能是为了不使许阿瞿在地下寂寞，他的父母还安排了杂技表演，刻在石板的下部。一男子赤膊露腹，跳弄丸剑，六丸一剑在空中上下循环飞舞，仿佛有既定的轨道；一女子挥动长袖，作折腰踏盘舞，在七个盘子上跳来跳去，舒展自如。另有三人伴奏，一人鼓瑟，一人吹排箫，一人抱盘叩击控节。真是"天下父母心"，想得如此周到，不知这样能否扫除许阿瞿的孤寂？

在画面之外的左侧，刻有六行文字，共136字，有的已漫漶不清。文为记述许阿瞿"年甫五岁，去离世荣"及家人的悲哀。四言韵文，语句流畅。所刻字体为隶书，在秀丽中带有方重遒劲之美。文曰：

惟汉建宁，号政三年，三月戊午，甲寅中旬，
痛哉可哀，许阿瞿身，年甫五岁，去离世荣。
遂就长夜，不见日星，神灵独处，下归窈冥，
永与家绝，岂复望颜。谒见先祖，念子营营，
三增仗火，皆往吊亲，瞿不识之，啼泣东西，

▶赏85－1　许阿瞿画像
河南南阳市东郊李相公庄出土，高70厘米、宽112厘米

久乃随逝，当时复迁。

父之与母，感□□□，

□子五月，不□晚甘，

羸劣瘦□，投财连篇，

冀子长哉，□□□□，

□□□此，□□土尘，

立起□埽，以快往人。

以上，“建宁”为东汉灵帝刘宏的年号。建宁三年即公元170年。三月十八日为甲寅，可能是许阿瞿的死日。

从画面可以看出，许阿瞿出生在一个殷实富裕的家庭，生前的生活条件非常优越，父母对他也很宠爱。他还不具备独立生活的能力，况且只有五岁，对人世间的炎凉一无所知，更谈不到有什么认识。

许阿瞿的离去，“永与家绝，岂复望颜”，不仅是他父母的悲伤，他自己“遂就长夜，不见日星”，也必定是很孤独。孤零零的一个人，举目无亲，想去拜见祖先也不认识，只好“啼泣东西”了。

1800多年过去了，当我们今天观看许阿瞿画像与墓志时，所感受到的是什么呢？一个孩子的死去是令人悲伤的，我们也从中体会到父母的爱和人间的温情。

▲赏85－2　许阿瞿墓志

三、车马出行（天马、车骑、轺车、牛车等）

在人类发展的进程中，特别是进入农业文明时期之后，将马驯养成了家畜。于是，不论交通运输乃至战争，马与马车都起了很大的作用。我国商代已大量使用马和马车。相传周穆王就有八匹良马，各有其名，统称“八骏”。杜甫诗曰：“岂有四蹄疾于鸟，不与八骏俱先鸣。”

汉武帝一代天骄。《史记·大宛列传》说：“天子好宛马。”“初，天子发书《易》，云‘神马当从西北来’。得乌孙马好，名曰‘天马’。及得大宛汗血马，益壮，更名乌孙马曰‘西极’，名大宛马曰‘天马’云。”汉武帝还写过一首《天马歌》：

天马徕兮从西极，经万里兮归有德。
承灵威兮降外国，涉流沙兮四夷服。

汉乐府亦有《天马歌》：

太一贶，天马下，沾赤汗，沫流赭，
志俶傥，精权奇，籋浮云，晻上驰，
体容与，迣万里，今安匹，龙为友。
天马徕，从西极，涉流沙，九夷服。
天马徕，出泉水，虎脊两，化若鬼。
天马徕，历无草，径千里，循东道。
天马徕，执徐时，将摇举，谁与期。
天马徕，开远门，竦予身，逝昆仑。
天马徕，龙之媒，游阊阖，观玉台。

这里所赞美的“天马”，无疑都是品质最好并经过训练的战马，因为它重要，所以也就把它神化了，神化到简直要将马供起来。山东武氏祠的石阙画像，将马画在了阁楼的中间。在墓葬中，它与墓主人“享受”同等的待遇，河南许昌出土的一块画像砖上，就刻着“上人马食太仓”。

马是一种食草役用家畜。性温驯而敏捷，挽拉力强，有重挽、轻挽和骑乘三种类型。最初的驯养，主要用于骑乘代步、驮运货物和拉车，等到用于战争，马的作用更为凸显，一匹优良的战马等同一个优秀的战士，古代那些叱咤风云的武将，没有一个离开过马的。

车的发明是人的一大创造。一部《考工记》，重点说造车，认为车是最有用的，也是最复杂的。所谓“一器而工聚焉者，车为多”。到了汉代，车的种类已经很多。天子所乘之车曰“法驾”，驾六马；贵官所乘之车为“驷马高车”，即四马驾的高盖车；一般所乘之车称“轺车”，为一马驾的轻便车。除马车外，还有牛车、羊车、鹿车等。

如果说骑马乘车为了实用，那么，在一定场合与情况下又会转化为权力、地位和财富的象征，成为高官、富豪借以炫耀的手段。汉画像石中那些浩浩荡荡的车马出行图，威严、气派的仪仗，都是真实形象的写照。

汉武帝发《易》书以卜，说“神马当从西北来”。自古西北出骏马。在陕北出土的画像石中，刻画马的形象确实较多。【赏86】原石为墓门楣，所刻画像便是牧场的情景。此为门楣右端的顶头画。

【赏87】【赏88】由于马在多方面的用途，人们对马也格外珍视。况且马通人性，据说在战场上能配合主人做许多事。在画像石中可以看出，马

◀赏86 牧马人
陕西绥德县出土
（墓门楣局部），
高33厘米

▲赏87　石阙阁楼中的马　山东嘉祥武氏祠西阙之子阙画像

▲赏88　上人马食太仓　河南许昌出土画像砖（局部）

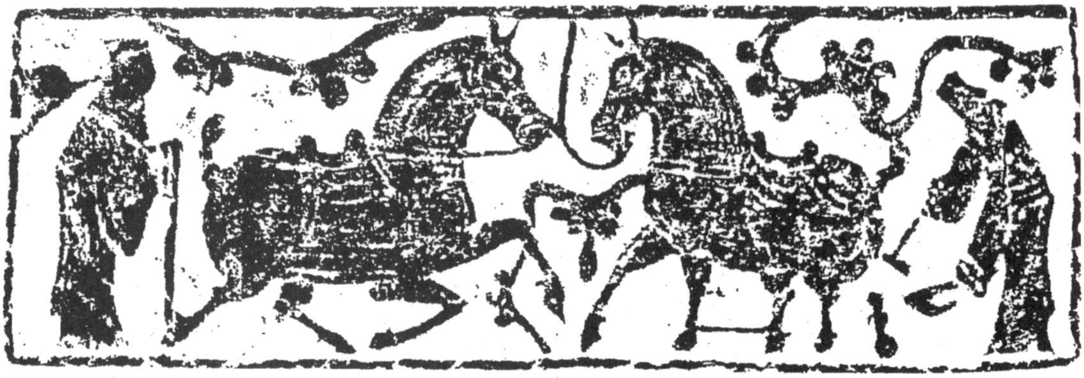

▲赏89　对马图
山东滕州市龙阳店镇出土

◀赏90（左）　树下喂马图
江苏睢宁县张圩收集，宽60厘米

◀赏91（右）　树下拴马图
陕西绥德县出土墓门立柱部分画像

不论在什么画面中，所处的位置都是比较明显的。它可以被安置在石阙的阁楼之中，甚至明文标出“上人马食太仓”。太仓是国家的储粮大仓，粮食吃不完，在这里是人马并提。

【赏89】是一幅颇有节奏感的装饰画。构图采取了对称的格式，但左右的形象又有变化，打破均齐的单调。两边的人物，一个是扶杖观马的老者，一个持箕和钩锄正在拾粪，虽经意匠化的处理，却不失生活气息。此图原为画像石的一部分，其上层为一对凤鸟，凤鸟之间是铺首衔环。

【赏90】和【赏91】为树下之马，构图格局雷同，但趣味各异。

【赏92】【赏93】牵马者可能在驯马，马儿想挣脱缰绳，两者僵持不下。骑马者注意力集中，奔马直前。在形象上，夸张了骑者的后背和马的后腿尥起，几乎同身子平行了。这是两块模印画像砖的单位纹，线条光洁而带节奏感，富有装饰意味。

▲赏92　牵马者　河南洛阳汉墓出土画像砖

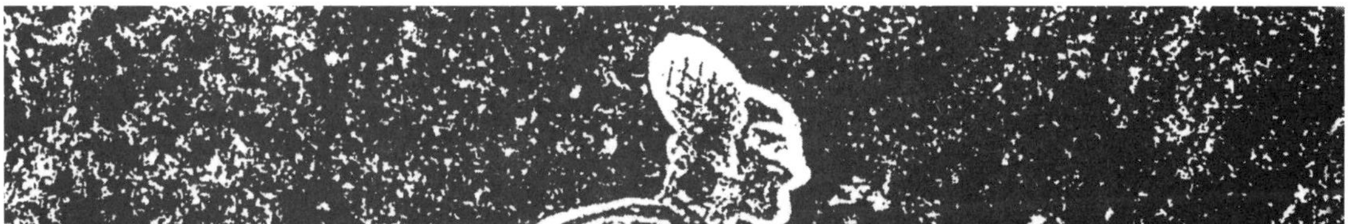

▲赏93　骑马者　河南洛阳汉墓出土画像砖

◀赏94（左） 执金吾骑吏
山东嘉祥武氏祠画像（局部）

◀赏95（右） 快马扬鞭
河南郑州出土画像砖（单位印纹）

【赏94】是一个走在车马出行前边的骑吏。手执金吾，表明他是负责治安的官员。《汉书·百官公卿表》："中尉，秦官，掌徼循京师……武帝太初元年，更名执金吾。"注曰："应劭曰：吾者，御也，掌执金革，以御非常。"晋崔豹《古今注·舆服》："汉朝执金吾，金吾亦棒也，以铜为之，黄金涂两末，谓为金吾，御史大夫、司隶校尉亦得执焉。"汉画像石中的"金吾"，多作木棒形，唯此形如曲尺，且绘有花纹，可能如仪仗中的"棨戟"，是为戟加了一个丝织的外套。如果外套长于金吾，其虚者也就弯曲了。

观此造型，处理得非常巧妙。作为平面艺术的形象塑造，多取"轮廓特征"明显的角度。表现人骑马，以侧面最理想。本图迎难而上，从正面造型，却又将人身和马头扭向侧面，做到了恰到好处。据考证，汉代还没有出现马镫，所以骑马人的两脚叉开，看起来很是潇洒。其实，马镫是一项了不起的发明，它能把人与马的动作和力量紧密地结合在一起，使人创建了马背上的功业。

【赏95】是一种简略画法，舍精微而重传神，达到了很高的艺术水平。

1973年，在浙江海宁市长安镇发现了一座画像石墓，其时代属于东汉晚期至三国时期。共出土画像石63块、刻画面55幅。这是在我国长江以南、浙江地区首次发现画像石，并且规模较大，艺术水平也很高。

【赏96】展示了当时的五种车和五匹马（在拓片的右首少拓了一车），以及车夫整理车辆、马夫喂马的情景。此图长达3米多，置于墓室的南壁上方，比较明显，表明了墓主人的显赫地位和富有。五种车的名称依次是（自右而左）：轺车（本图缺）、赤罽軿车、斧车、辎车、棚车。多与妇女有关。

轺车，是一种轻便小车，有车盖，驾一马或二马。刘熙《释名·释车》说："轺，遥也。遥，远也。四向远望之车也。"

軿车，平顶，四周有屏蔽。《后汉书·舆服志》记有"长公主赤罽軿车，大贵人、贵人、公主、王妃、封君油画軿车"。由此可以看出軿车的显赫地位。

斧车，车中应有立斧，但此图没有。可能是因为停在车棚里，不是在行进中。

辎车，四周有屏蔽，一般是贵族妇女出游所乘。

棚车，是妇女出行所乘或放置衣物、器皿用的。

【赏97】是车马出行的行列，共有轺车七辆。从车后荷棨戟的骑吏和执兵器的步卒看，车中主人并非平庸之辈。

▶赏96　备车图
浙江海宁市长安镇出土，高26厘米、宽310厘米

▶赏97　车马出行图
浙江海宁市长安镇出土，高24厘米、宽313厘米

【赏98】是一个执幢的骑士，原是走在一系列谶纬形象之前。幢系标识仪式，大概是马上告诉人们吉祥瑞应的到来。

◀赏98　执幢骑士
浙江海宁市长安镇出土（局部）

沂南县北寨村汉墓是东汉晚期的一座大型画像石墓，由前、中、后三个主室和四个耳室及一个东后侧室组成，各室均有画像，画像的总面积达442平方米。所刻内容非常丰富，艺术水平很高。墓主姓名无考，从墓形及车骑出行画像的导从制度看，应是高级官吏。

古代高级官吏出行时，其前驱者称“导”，后随者称“从”。导从的人数与车辆均由官位的高低而定，官位越高者导从越多。【赏99】为出行的车马队列到达一座庄园，双阙顶上立有标志性的桓表，阙前设长几，有二吏执笏恭迎。【赏100】有四辆轺车，每车上有乘者、御者各一人，其中第三辆为主车，车有四帷。主车的前后都有手执武器的骑吏和步卒护卫，前呼后拥，颇有气势。

▼赏99（上）　恭迎车骑
山东沂南县北寨村东汉墓出土，高50厘米、宽189厘米

▼赏100（下）　车骑出行
山东沂南县北寨村东汉墓出土，高50厘米、宽192厘米

▲赏101　孝堂山石祠车骑出行图
山东长清孝里铺村南孝堂山上（石祠后壁局部）

【赏101】为刻有画像石的石祠，是建在地面上的小石屋，设于墓葬之前，供祭奠之用，也为世人观览。这种小石屋，汉朝人称作“祠堂”或“食堂”，在山东地区较多。著名的武梁祠和武氏家族的其他石祠，原来都是这种小型的组合式建筑，只是早已倒塌，现在所能看到的仅是一块块刻有画像的石板。孝堂山石祠是唯一保留下来的一座完整的石祠。所刻画像以阴线为主，其风格与武氏祠迥异，是汉代画像石的两大代表。

长期以来，孝堂山石祠曾被误以为是孝子郭巨的墓祠，所以有的也称“郭氏祠”。经考证，在其车马出行图中有“大王车”和“二千石”的榜题，说明墓主人可能与诸侯王的身份有关。这幅出行图仅是原石拓片的一小部分。原石的画面分上下四层，中间的两层为拜谒图和孔子见老子图，第一层和第四层为车马出行图。车骑的队伍很长，除此后壁外，并与东西两壁相连，共有车舆8辆、骑吏62人、步卒12人，另外还有“鼓车”、骆驼、象等，其规模可谓庞大。如此庞大的仪仗，绝不是一个孝子所能做到的。

【赏102】是一幅流传较早、知名度较高的画像石拓片。以表现车马人物为主，好在有明确的榜题，使我们知道具体的人物身份和名称。

画像分两层。上层之左为单匹马拉的有盖轺车，内坐二人，其中一人为御者，车盖前书有“君车”二字；后一骑者，题“铃下”二字；再后一骑者，题“门下小史”四字。下层，前有一树，一骑者题“门下书佐”；其后一骑者，榜题未刻字；最后一骑者刻“主簿”；再后残缺。

▲赏102　君车画像
出土地点不明，高86厘米、宽125厘米

“铃下”即侍从、门卒，以在铃阁之下，如有警则“掣铃以呼”，故名。“门下”指门庭之下或官署之下。“书佐”为主办文书的佐吏。“主簿”负责文书簿籍和掌管印鉴。以上都是君车主人的随从，汉代的中等官僚都有这样一套人马。“君车”即君之车，“君”字当系尊称。

【赏103】中的轺车是一种轻便小车，装有车盖，由一马或二马所驾。使者所乘之轺车曰“轺传”。《汉书·高帝纪》颜师古注引如淳曰：“律，四马高足为置传，四马中足为驰传，四马下足为乘传，一马二马为轺传。”又曰：“传者若今之驿。古者以车，谓之传车。其后又单置马，谓之驿骑。”此图中为轺传之车，前有二骑，一人执幢，一人执棨戟，另一步卒持兵器随后。在方形的构图中，采取了上下之对称式，使一车二骑形成一个三角形。而在左下角安排了奔跑的步卒，便打破了章法的单调，变平庸为新奇，显得很活泼。

【赏104】是一架木桥，画面中隐去了两头，只在左首留下了一点上桥的特征。画面中所横列的是桥上的栏杆和桥下的木桩，排列有序，占了画面的一半。桥上有一辆二马驾的四帷轺车急速而过，后面跟着一个骑吏。画面并

▶赏103　轺传之车
四川出土画像砖

▶赏104　轺车过桥
四川出土画像砖

◀赏105　骑者英姿
四川彭山江口乡高家沟崖墓出土石棺画像（局部）

◀赏106　马骄骑勇
四川新津邓双镇崖墓出土石棺画像（局部）

不复杂，但处理得很巧妙，不但有意利用了桥栏和木桩，产生一种颇带动感的节奏，并且连马腿的奔驰也像在舞动，仿佛是弹拨着大地的琴弦。

【赏105】在一条崎岖不平的大道上，有一辆轺车飞驰行进，车后跟随着两个骑吏。这是其中的一个骑吏，马健人英俊，气度不凡。

【赏106】这是刻在剁纹石上的一个骑者，线条简练，因剁纹显得朦胧而深邃，实际上是靠侧面的“影绘”展现出马骄骑勇。

【赏107】为骑马小吏，腰间挎剑，作剪影式表现。因是模印，此为两个单元。

▶赏107　骑马小吏　河南新郑出土画像砖

【赏108】为单驾轺车，系在剪影的基础上加了几道线，有意夸张了车轮而缩小了伞盖，因而增加了车的体积感。

【赏109】人与马的造型，用线有粗细，而车轮与车厢则用相等的细线，两者形成一种对比。车厢的线格突破了平面画法，采用了不严格的“透视法”，这在画像石和画像砖中是不多见的。

◀赏108　单驾轺车
河南郑州出土画像砖

◀赏109　车骑出行
河南郑州出土画像砖

▶赏110　男女乘车
安徽宿州褚兰镇墓山孜出土画像石

▶赏111　仙人骑马
四川渠县蒲家湾出土无铭阙画像

【赏110】御车者褒衣戴冠，乘车者为一妇人，车前的骑者扬鞭策马，意气风发。原石在车后还有一骑马的女子和一个送行者，看来他们之间关系非同一般。

【赏111】仙人头绾双髻，背上长着翅膀，从侧影看身材苗条，一定是很美的。按照一般人的想象，神仙畅游于太空，轻盈缥缈，不需要什么交通工具，更不必借助于人间驯养的马。可是汉代的神仙也骑马，不但说明在那时骑马备受推崇，而且也被视为光彩风流的事。

从版画艺术的角度看，这是一幅拓印技术很高的作品。墨有浓淡，画有虚实，神仙骑在马上，似有似无，飘忽不定，仿佛处在朦胧之中。

西汉初年，经济萧条，人民贫困，马匹多用于战争，致使上下阶层，包括贵族在内，都乘坐牛车。所谓“牛车”，即是用牛挽拉的车，主要不是载物，而是代马坐人。《史记·平准书》说：“汉兴，接秦之弊，丈夫从军旅，老弱转粮饷，作业剧而财匮，自天子不能具钧驷，而将相或乘牛车，齐民无藏盖。……马一匹则百金。”在当时，连皇帝也不能乘四匹马驾的车，将相们只好坐牛车。一匹马的价钱竟达“百金”之多。《史记·五宗世家》也说：“其后诸侯贫者，或乘牛车也。”

在《汉书》之《朱家传》《蔡义传》中，也提到乘牛车的事。朱家重侠义。书中说他“家亡余财，衣不兼采，食不重味，乘不过軥牛。专趋人之急，甚于己私”。軥牛即小牛，也就是乘小牛拉的车。蔡义精通儒家经典，官至丞相。起初“给事大将军幕府。家贫，常步行，资礼不逮众门下，好事者相合为(蔡)义买犊车，令乘之”。这是一个能解《韩诗》的大儒，竟然买不起车，步行工作，由朋友们凑钱为他买了一辆牛车(犊车)。

从汉初的“与民休息”和“文景之治”，生产得到迅速的恢复和发展。人民的生活由穷困而富裕，国家的财力也已相当雄厚。《汉书·食货志》说：“京师之钱，累百钜万，贯朽而不可校；太仓之粟，陈陈相因，充溢露积于外，腐败不可食。”在这种情况下，人们的思想和观念也起了变化。而因穷困所流行的牛车相衍变成了时髦，形成了以“犊车”为贵的风气。所以说，同样是牛车，东汉时的人乘坐和西汉初的人在心情和态度上是大不一样的。

东汉桓帝时，同日封宦者单超等五人为侯，世称“五侯”。宦官专权，穷奢极欲，横行霸道。《后汉书·单超传》说：“皆竞起第宅，楼观壮丽，穷极伎巧。金银罽毦，施于犬马。多取良人美女以为姬妾，皆珍饰华侈，拟则宫人。其仆从皆乘牛车而从列骑。”由此看来，在当时已把乘牛车视为奢侈和炫耀。

《晋书·舆服志》说：“古之贵者不乘牛车，汉武帝推恩之末，诸侯寡弱，贫者至乘牛车。其后稍见贵之，自灵献以来，天子至士，遂以为常乘。”

古代避世隐居的人被称作“逸士”“逸民”。《后汉书·逸民列传》中有一则关于牛车的故事，出自《韩康传》：

韩康，字伯休，一名恬休，京兆霸陵人。家世著姓。常采药名山，卖于长安市，口不二价，三十余年。时有女子从康买药，康守价不移。女子怒曰：“公是韩伯休那？乃不二价乎？”康叹曰：“我本欲避名，今小女子皆知有我，何用药为？”乃遁入霸陵山中。博士公车连征不至。桓帝乃备玄纁之礼，以安车聘之。使者奉诏造康，康不得已，乃许诺。辞安车，自乘柴车，冒晨先使者发。至亭，亭长以韩征君当过，方发人牛修道桥。及见康柴车幅巾，以为田叟也，使夺其牛，康即释驾与之。有顷，使者至，夺牛翁乃征君也。使者欲奏杀亭长。康曰："此自老子与之，亭长何罪！”乃止。康因[中]道逃遁，以寿终。

这是一个隐士的故事，皇帝用聘贤士的“玄纁玉帛”拜请而不就。由此得知，隐逸者也是乘牛车的。所谓“柴车”，就是简陋而无装饰的小车。后来称这种牛车为“处士车”，可能与此有关。

“羊车”即由羊拉的轻便小车。羊通“祥”，善也。古代宫廷中曾有这种小车。画像石中有不少羊车，所乘者多是隐士或仙人。

“鹿车”为鹿所驾之小车。《太平御览》卷七七五引汉应劭《风俗通》说：“鹿车窄小，裁(载)容一鹿也。”有人考证，说鹿车之“鹿”应为“辘轳”之“辘”，即靠轮转的人拉车(或手推车)。从画像石的图像看，确有鹿拉的车，也有手挽的车。

【赏112】中的牛车和羊车，为原画像石的一部分。原石画面分上下两层，上层的主体是西王母，此为下层。从其牛车、羊车前进的动向看，当是与对西王母的崇拜有关。

【赏113】是一块大型画像石的两个小单元，分别选出羊车和鹿车。原石的画面分上下两层，下层以高级官员为中心，右边是乐舞和杂技表演，左边是押献俘虏的场面。上层为羊车、鹿车的行列，但车前的两个前导则是骑马，有一个还托着一只鹰。从两层的关系看，坐在羊车和鹿车中者，

▼赏112　牛车和羊车
山东滕州市桑村镇大郭村出土

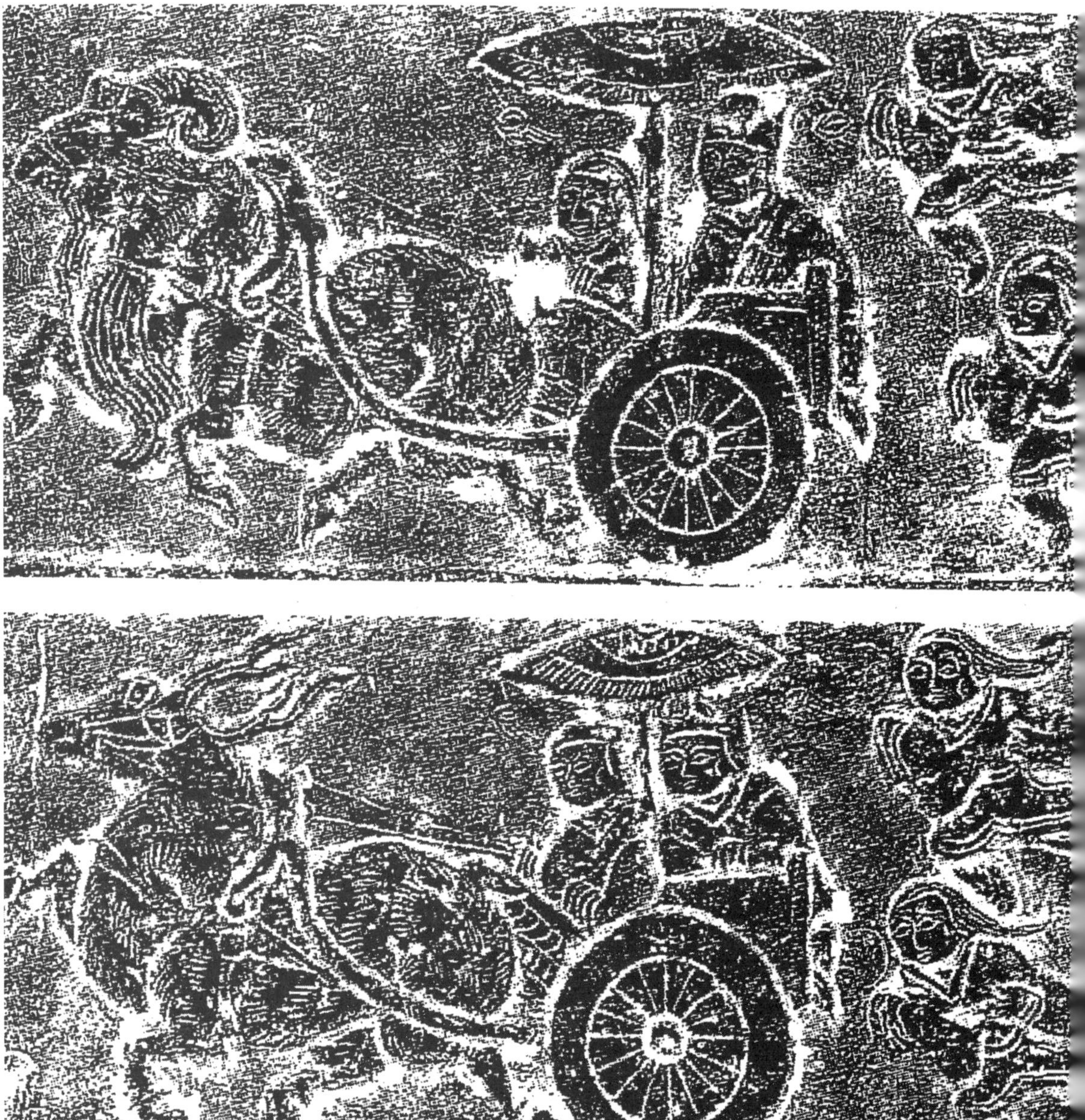

▲赏113　羊车和鹿车　山东济宁市喻屯镇城南张村出土

▶赏114　牛车
四川新津崖墓出土石函画像，高24厘米、宽67厘米

▶赏115　挽辇
四川乐山市凌云山出土享堂画像，高60厘米、宽104厘米

可能是些文人，会不会是被请来观献俘礼和欣赏杂技的呢？

【赏114】【赏115】对于畜力的使用，一般是马拉车、牛耕田。两者的挽拉力都很强，但马较敏捷，除拉车外又可直接骑用，甚至用于战争；而牛的灵敏度较差，在实行牛耕之前虽也用于拉车，但以运输为主，乘人的牛车较少。另外还有一种由人推挽的车曰“辇”。《说文解字》曰：“辇，挽车也。”段玉裁注：“谓人挽以行之车也。”秦汉以来，所谓“天子乘辇”，实际上也通行于民间，只是民间之辇较简陋而已。

四、乐舞百戏（散乐、歌舞、杂技、魔术、武术等）

汉代是以农业生产为主的社会。从皇帝、诸侯、贵族到各级官僚以及地主和商人，其经济的依赖和关系对立都是农民，后者的生活很苦，前者却以花天酒地度日，不仅生前过着穷奢极欲的生活，甚至在死后，也想把这种奢侈享乐的生活带到冥冥世界中去。在各种类型的画像石中，几乎都有表现乐舞百戏的画面，这是当时的主要娱乐形式。不论是出行、谒见、迎宾、待客、宴请、燕享，除了杀猪宰羊和烹调鸡鸭鱼肉等美味外，多是伴随着歌舞和杂技。有吃的、有看的、有听的。因而，汉代有大量的庖厨图和伎乐图刻在石头上。当我们欣赏那些刻在石头上的乐舞百戏的精彩表演时，不要忘记它是表现上层生活的一部分，他们不但取悦于此，也以此为炫耀。

古代将音乐演奏、歌舞和杂技表演等艺术统称为"百戏"，汉代又称作"角抵戏"。它所表演的范围很广，不仅有各种流传在民间的"散乐"和杂技，也有来自于西域的幻术（如扛鼎、寻橦、吞刀、吐火等）。东汉张衡写有《二京赋》。他在《西京赋》中用较大的篇幅写了长安的"角抵戏"。其本意在于揭露西京天子的奢侈，却无意为我们留下了一份珍贵的杂技史料。

历史学家翦伯赞在《秦汉史》中把画像石当作重要的形象史料。指出："武帝时代，是汉代音乐与歌舞的转捩点，正因为这一时代是汉代政治、经济的转捩点。自此以后，迄于东汉之末，西域之道畅通，西域的乐曲，不断地传入中原，于是在中原地区古典的音乐中，注入了新的声律，从而又改变了中国古典歌舞的场面。汉代的歌声，我们现在已经听不见了……但是汉代的乐器和舞蹈，却在汉石刻画像上留下不少的形象。这些形象几乎再现出当时轻歌曼舞的场面。"[1] 翦伯赞又说："汉代的音乐与歌舞，已经加进了不少外来的成分……武帝时已有安息的马戏班来到中国，表演角力、杂要、戏兽等技艺……在东汉中叶，罗马的魔术团，也来到中国了。"[2] 他

---

[1] 翦伯赞：《秦汉史》，北京大学出版社1983年版，第544页。

[2] 翦伯赞：《秦汉史》，北京大学出版社1983年版，第548—549页。

将画像石与《西京赋》的描述相参照，说：

> 关于汉代的外国马戏或魔术，张衡《西京赋》中说得很详细。他说，马戏和魔术表演的地点，大概都在广场之中。有各种的节目，如角力、竞技、假面戏、化装歌舞、斗兽、魔术表演等。
>
> 《西京赋》中所谓："乌获扛鼎，都卢寻橦，冲狭鷰濯，胸突铦锋，跳丸剑之挥霍，走索上而相逢。"就是角力竞技的节目。所谓"总会仙倡，戏豹舞罴，白虎鼓瑟，苍龙吹篪。"就是假面戏。所谓"女娥坐而长歌，声清畅而蝼蛇；洪涯立而指麾，被毛羽之襳襹。"就是化装歌舞。所谓"熊虎升而拏攫，猨狖超而高援；怪兽陆梁，大雀踆踆；白象行孕，垂鼻辚囷。"就是斗兽或戏兽。所谓"海鳞变而成龙，状蜿蜿以蝹蝹；含利颬颬，化为仙车；骊驾四鹿，芝盖九葩；蟾蜍与龟，水人弄蛇；奇幻倏忽，易貌分形；吞刀吐火，云雾杳冥；画地成川，流渭通泾。"这都是幻术的表演。又如所谓："东海黄公，赤刀粤祝；冀厌白虎，卒不能救，挟邪作蛊，于是不售。"这又指明并有故事的表演。又如所谓："突倒投而跟絓，譬陨绝而复联；百马同辔，骋足并驰。"这又指明有马术的表演。由此看来，当时马戏的内容，是何等的丰富。而且从"都卢寻橦"与"水人弄蛇"二语看来，当时的马戏班中，又有南洋群岛人及印度人参加。盖"都卢"为南洋之国名；而"弄蛇"，则为印度人的把戏。
>
> 以上各种把戏，在今日已不可复见。惟假面之戏及水人弄蛇尚保留在汉代石刻画像中。[1]

事实上，在画像石中所表现的要多得多。一般来说，画像石中多是一些小型的表演，有几个舞者、几种杂技和几个人的伴奏，节目虽然不同，但场面不大，并且和欣赏者交错在一起。然而也有大型的。如【赏116】沂南汉画像石墓中的乐舞百戏图，便是一幅场面很大的表演。该画面横向展开，自左至右可分四组：

第一组为杂技表演。共有三种节目，为"飞剑跳丸之戏""七盘舞"和"戴竿之戏"。飞剑跳丸之戏就是将数支短剑和数个圆球抛于空中，以手递

[1] 翦伯赞：《秦汉史》，北京大学出版社1983年版，第549页。

▲赏116 乐舞百戏图
山东沂南县北寨村汉墓出土，高50厘米、宽236厘米

接递抛，不断地轮回接抛，一般的只是“弄丸”，丸的数目不等，此图并有四剑，无疑难度更大。七盘舞是将七个圆盘和一个小圆鼓摆于地上，舞者轻盈长袖，在盘上起舞，并用足“蹋鼓”，为舞作节。戴竿之戏即“撑竿”，但此竿上端作十字形，上有三个小孩表演，下端则是顶在一人额上，称作“额上缘橦”。

第二组为乐队演奏。上边有击鼓者，正击着高大的“建鼓”；撞钟者，撞击两口大钟；敲磬者，敲击一行编磬。下边有三排演奏器乐的人：第一排是击小鼓的女乐，第二排是吹排箫和陶埙的乐人，第三排是抚琴者和吹笙者等。三排乐队之后，有侍者捧着盘杯送来酒浆，请艺人润口，说明画家想得非常周到。

第三组是“鱼龙曼衍”之戏。有走绳的、装扮龙的、装扮鱼的、装扮豹的、装扮大雀的，共五种。另外还有三个奏乐者坐在一条长席上，为表演者伴奏。

第四组为戏车和马戏。在上方有两个玩马戏的孩子，一个站立在马背上，一手执鞭，一手持幢；另一个孩子一手执戟，另一手抓住马鞍，使全身腾空而起。两匹马相向奔跑，一直未停。下方是一辆大戏车，由三匹马

装扮成龙的样子拉车。车内有乐人奏乐，车中央立一个建鼓，鼓上有竿，有孩子在上面表演。

这是一种在广场的演出，气势恢宏，叹为观止。

从画像石中可以看出，凡是大型的百戏表演，特别是如“鱼龙曼衍”这类节目，一般都是在广场中进行，画面上既没有建筑等背景，也很少有观赏者在内。这种大场面的构图，往往都有场面很大的“谒见图”“庖厨图”等与之搭配，以烘托墓主人生前的富有和显赫的地位。

【赏117】是安丘画像石的百戏图。有踏鼓者、六博者、倒立者、飞剑跳丸者、举竿橦戏，以及化装表演的羽人戏龙、鱼龙变化等，另有坐在长席上的乐队，场面很大。尤其是那个举竿表演橦戏的艺人，双手托举高高的长竿，竿上扎有横木，上面有九个儿童表演不同的动作，熟练高超而惊险，令人赞叹。在所有人物的活动之外，又加了五道装饰花边，将长方形的花边作梯状，带有透视的效果，仿佛表演者都集中在一张巨大的地毯上。更有意味的是，画面中央有一个高大的骑马人，此人并非杂技演员，后边还跟着两个手执兵器的侍卫，可能是将墓主人画在了中间，以示其神采。

▲赏117　百戏图　山东安丘市董家庄出土，高120厘米、宽200厘米

【赏118】是徐州洪楼画像石的两个画面，原石是石祠顶部的两个坡面。这是一种化装表演，表现的是神仙异灵的世界。画面有雨师布雨、转石成雷、象奴戏象、三鱼驾云车、三龙驾鼓车，以及虎车击鼓、羽人骑麟、朱雀、神龟、鲤鱼等。由人假扮成各种祥禽异兽，编成故事，是汉代百戏的一个重要内容。在汉朝人的意识中，将房顶画上这些内容，也就被神秘的气氛所笼罩了。

▲赏118　百戏图（两幅）　江苏铜山洪楼石祠顶部坡面画像（下石残）

【赏119】是宜宾石棺侧面雕刻的画像。上有帷幕，好像是在舞台上，实际还应是在平地上演出，但分布得比较匀称。共有八个“杂要”者，一人飞三剑，一人跳四丸，一人执圆环，一人飞身钻环，一人倒立，一人倒立吐串珠，还有一人助兴，一人击鼓。那鼓的鼓面装饰着一圈圈的几何形花纹，显然是西南少数民族所特有的铜鼓。演艺人饰双髻高冠，衣着简略，并有铜鼓，有人以为是少数民族。宜宾汉代称“僰道”，为僰人所居，这里表现的可能就是僰人。

【赏120】是长宁二号石棺侧面的部分画像。原石棺侧面画面分上下两层，上层为庖厨和饮宴，有数人对饮、交谈。此为下层的杂技表演。在席地而坐的乐队之前，有一人手执圆环，另一人正向圆环钻去，这是叫作“冲狭”的节目。另一人在数层的叠案上倒立。中间置鼓。鼓右的表演者为飞剑、跳丸和踏鼓舞。舞者甩动长袖，飘逸潇洒，非常优美。

“有朋自远方来，不亦乐乎？”这是孔子在《论语》开篇所说的话。他把志同道合者自远而来与学而时习之当作快乐的事，视为一种修养。因此，

▼赏119（上）杂技图
四川宜宾县公子山崖墓石棺画像，高50厘米、宽102厘米

▼赏120（下）杂技图（局部）
四川长宁县古河镇崖墓石棺画像，宽210厘米

▲赏121　阳嘉三年建鼓画像
安徽灵壁县征集，高64厘米、宽152厘米

对后代的影响很大。

【赏121】表现的是客人来了，迎宾会客的场面。房上的凤凰在相互交颈，衔着珠瑞；猴子高兴得跳来跳去，惊得树下的马不安起来。

庭院里正在进行乐舞表演，款待客人。这是一个宽大的院落，正厅和两廊作展开式，犹如后世戏楼的包厢。庭院的中心在表演建鼓舞，有琴、笙、排箫等伴奏。主宾坐在正厅，伴以酒食，陪同人员和家人在两廊观看。在汉代，这是贵族式的娱乐活动的写照，只有大官员和大商人才能做到，就像后来的“堂会”一样，一般的劳动者是办不起的。

画面中的主要建筑作对称式，但在正厅及廊房的右侧，竖立着一个阙，可能是院落大门的所在。阙座上刻有铭文：“阳嘉三年八月廿四丙……”有明确的纪年。阳嘉是东汉顺帝刘保的年号，阳嘉三年为公元134年。

【赏122】在我们今天的人看来，是一幅很不协调的画像，不是在艺术的技巧上，而是在表现的内容上。原标题是《出行、献俘、乐舞》。所谓“出行”，实际是指画面的上层，那些乘羊车、鹿车者，可能是被邀请来的处士（我们在前已经提及，参见赏113）。画面下层的中心，是一个长得肥胖、露出满嘴牙齿的人物，抄手坐在那里，上有华盖，并以弓箭为标识，可能是与军事有关的大官。其左有一人在同他谈话，手指着背后的俘虏。

这些被武士押解着、两手反绑着匐跪于地的俘虏，高额大鼻，戴着尖顶帽，明显是当时的“胡兵”，在战场上的失败者。所谓“献俘”，并非把他们押送而来。后边有一案，案上插着斧头，摆着三个胡兵的首级，案下则是横置着的无首尸体。执刑的武士站在案旁，手拿铁钩，正要拉一名被绑的俘虏。不知为什么，这位高官要展示如此残酷的场面，是显示权威还是炫耀胜利？难道这就是他的光荣吗？

最不可思议的是，在那个高官的右边，有十个美女，正在表演舞蹈和杂技，并有乐队伴奏。这种“乐舞”与“献俘”，形成了强烈的对比。

【赏123】十个女舞者，是以上《出行、献俘、乐舞画像》的一部分。单独欣赏这一部分，会得到一种艺术之美的享受。十个半裸的舞者，梳着高髻，体态优美，作一字形排开，各自展示不同的舞姿，并分别作倒立、舞轮、飞剑、跳丸等表演。究竟是舞蹈结合了杂技，还是杂技混合了舞蹈，两者融为一体，无法再分，达到了完美的境地。

▲赏122(上) 出行、献俘、乐舞画像
山东济宁市喻屯城南张村出土，高58厘米、宽242厘米

▲赏123（下） 十个女舞者
山东济宁市喻屯城南张村出土（画像局部）

汉代画像石和画像砖上的乐舞百戏图，除个别的大场面之外，多数是在家庭的院落或客厅中进行，不但人数少，其项目也较简单。如盘舞、跳丸之类，另加一两人伴奏。【赏124】是一块残损的空心砖，将谒见、交谈、乐舞画在了一起，并且分室内和室外。室外还有乘车者及一头残损的牛。

室内以主宾的会见和交谈为主，人物动作和神态都很生动。由于不重视大小比例和空间处理，献舞者“挤”在中间，不太明显。但是一个表演滑稽戏的男优却很突出，并与击节者和弹琴者相呼应，形成三角形的构图。汉代人的生活习惯是席地而坐，他们的鞋子脱了满地。

【赏125】客人正在到来，但已有人坐在楼上。表演者一人为女性，身段修长，作长袖之舞；另一人大腹裸露，手弄八个跳丸。三个乐人分别吹龠、拊搏、击筑。表演的场地之旁有树和射鸟的人，说明是在室外。

在古代社会，夫妇并坐，相敬对饮，宴罢余兴，一起欣赏乐舞百戏，是

▶赏124　小型乐舞
河南新野县樊集出土空心画像砖，高35.5厘米、宽76厘米（残）

▶赏125　迎宾乐舞图
河南唐河县出土空心画像砖，高39厘米、宽85厘米

◀赏124、125局部

一种贵族式的享乐，也只有那些达官贵族们能够过着这样悠闲美好的生活。

【赏126】是欣赏乐舞的表演。鼓声响起，舞人正在和着节奏甩动长袖。女伎所跳的，可能就是所谓“鸣鼓巴俞”的“巴俞舞”吧。

【赏127】是观看杂技与舞蹈。艺人正在表演跳丸与舞剑弄瓶的杂技和旋转的长绸舞。画面下部中间有一个幽默打诨的男伎，动作夸张，表现最为活跃。整个画面充满热烈祥和的气氛。

▶赏126　燕居乐舞图
四川成都昭觉寺汉墓出土画像砖，高43.5厘米、宽48厘米

▶赏127　宴饮观技图
四川大邑县安仁镇出土画像砖，高38厘米、宽44.7米

鼓在古代是一种重要的乐器。古人重音乐，利用各种物质材料制作乐器，有所谓“八音”者，即指金、石、丝、竹、匏、土、革、木。金（青铜）为钟，石为磬，琴瑟为丝，箫管为竹，笙竽为匏，埙为土（陶），鼓为革（皮革），柷敔为木。其中鼓声最大，有很强的震撼力，传说黄帝时杀“夔”（似牛一足的怪兽），以其皮做成了鼓，以当雷霆，声闻五百里。

“建鼓”是鼓中的大鼓，在汉画像石中常见于隆重的仪式场面，可以单独表演。其形式是以大鼓“穿径为方孔，贯柱其中而树之”，柱上饰以华盖，顶饰金鸾，柱下有四足，饰以猛兽。《隋书·音乐志下》说：“一曰建鼓，夏后氏加四足，谓之足鼓。殷人柱贯之，谓之楹鼓。周人悬之，谓之悬鼓。近代相承，植而贯之，谓之建鼓。”

【赏128】所刻建鼓，有虎形基座，柱上有羽葆华盖，华盖上有两只小鸟，不知是装饰，还是飞落下来的活鸟。建鼓两旁有二人正持桴击鼓。“桴”

◀赏128　建鼓
江苏徐州铜山散存，
高51厘米、宽52厘米

▶赏129　建鼓舞
江苏徐州市凤凰山汉墓小祠堂，高57厘米、宽56厘米

就是鼓槌。《韩非子·功名》说："至治之国，君若桴，臣若鼓，技若车，事若马。"将君臣的关系比作鼓槌击鼓，是很有意思的。

【赏129】有二人持桴击鼓，边击边舞，非常专注。另有二人手托球状物，建鼓的下边也有两个，识者认为可能是"蹴鞠"，类似现代的足球。

【赏130】两个击鼓者的舞姿非常健美，并且呼应得很好，在图案学上称作"均齐而有变化"，即所谓等量异形的构图。

【赏131】这是以建鼓表演为中心的综合演出，不仅有乐队，还有其他的表演。

【赏132】从这幅汉画所知，建鼓也有单人表演的。这是一块画像砖，人物造型非常简练，表现出一种动态之美。

【赏133】一人击鼓，另有两人站在那里，似在吹奏乐器，为其伴奏。三人有动有静，形成对比。

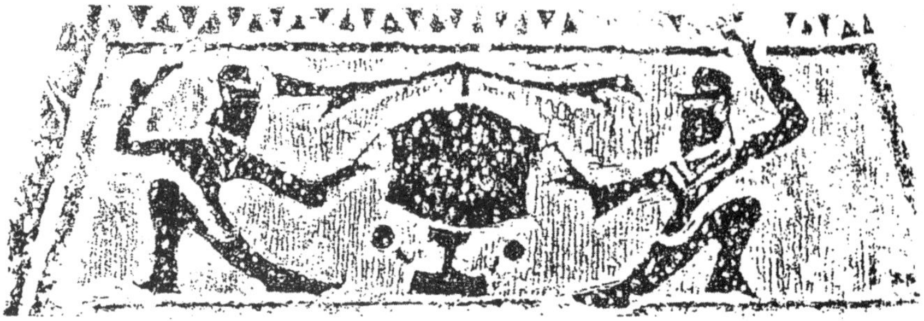

◀赏130　击鼓对舞
河南南阳出土，高31.8厘米、宽99厘米

◀赏131　建鼓乐舞
江苏铜山汉王东沿村出土，宽74厘米

◀赏132　单人击建鼓
河南南阳出土，高58厘米、宽140厘米

◀赏133　建鼓舞者
河南新郑出土画像砖

▲赏134　盘舞　山东济南历城区黄台山出土

【赏134】盘舞，汉代作“柈舞”。在古代，“柈”与“盘”通。舞时用七盘，也称“七盘舞”。晋时加进了杯，以手接杯盘而舞，改称“杯柈舞”。此图为一女伎，甩展长袖，轻盈而舞。足下有七盘，盘间还有一个小鼓，除了在盘上、盘间舞动外，鼓是“踏鼓”，为舞作节的。据说这是一种“轻功”，表演者可在盘上跳来跳去，身段和舞姿都很优美，即所谓“历七盘而屣蹑也”。

中国的杂技历史悠久，源远流长，至汉代已发展得项目繁多，其中有不少延续至今，可见文化传统的力量。

【赏135】系表演倒立顶碗、弄壶和长袖舞三个节目。顶碗者似乎刚从樽上倒立跃下。右边除抚琴者外，原石还有四个伴奏者，包括击铙、吹埙和摇鼗。“鼗”就是现代民间的拨浪鼓。

【赏136】是一块大画像石中的两个形象，他们拥簇在杂技的表演群中，并不显眼。身体半裸，英俊健美，一个作倒立状，一个足踩球状物，似为

◀赏135　顶碗托壶图
河南南阳宛城区七孔桥出土，高39厘米（局部）

◀赏136　蹴鞠
江苏睢宁县墓山画像（局部）

▲赏137　绳技（走索桥）
山东沂南北寨村汉画像石墓（局部）

“蹴鞠”。这种“蹴鞠”，在汉代已很盛行。《汉书·枚乘传》颜师古注曰：“蹴，足蹴之也。鞠，以韦为之，中实以物，蹴蹋为戏乐也。”古人并以此练武。

在现代杂技中，有“走钢丝”的项目，古代无钢丝，所走的是绳索。绳索较软，表演的难度更大。一般是把绳索用木架撑起来，两端以木桩固定，表演者在上面走动。其形如桥，可称作“走索桥”。

绳技古代谓之“履索”或“高絙之戏”。汉李尤《平乐观赋》说：“陵高履索，踊跃旋舞。”在高高的绳索上跳跃、旋转、舞蹈。张衡《西京赋》说：“走索上而相逢。”说明表演的技巧很高，两个人能在一条绳索上擦肩而过。《晋书·乐志下》记载：“后汉正旦，天子临德阳殿受朝贺。……以两大丝绳系两柱头，相去数丈，两倡女对舞行于绳上，相逢切肩而不倾。”说的正是这种情形。

【赏137】图上所示，与以上描述基本相同，另外在绳下还加了四把锋利的刀剑，犹如刀山一般，显得更为惊险。

【赏138】与【赏139】为双索戏车，可以说是流动的“走索桥”。它是用双印模复合而成的大型空心砖，画面也较复杂。从画面中可以看出，绳索悬在车的木柱上或拉在人的手上，而车真的要过桥，起伏不定，演技者在这样的绳索上表演，其难度和惊险的程度就可想而知了。

【赏140】冲狭，是一种高难度的杂技表演。画面中一个梳着高髻的女伎，纵身腾空冲向狭圈。狭圈不但小，并且插有刀，必须准确才能通过，稍有偏差便会受伤。已经有人通过了，刚刚落地，乐人吹奏不停，气氛十分紧张。

▲赏138　双索戏车（一）　河南新野县樊集出土空心画像砖（未经复合的砖的下部画面）

▲赏139　双索戏车（二）　经复合后画像砖的左半部分

▲赏140　冲狭　河南南阳汉墓出土，高35厘米、宽130厘米

▶赏141　跳丸和长袖舞
山东沂水县韩家曲出土（局部）

▶赏142　戏猿
四川新津崖墓出土石函画像（局部）

在现代杂技中，这种表演叫“穿刀圈”，在汉代已很流行。张衡《西京赋》说：“冲狭鷰濯。”穿过狭圈，就像燕子掠水一样。薛综注：“卷簟席。以矛插其中，伎儿以身投，从中过。”唐张铣注：“狭，以草为环，插刀四边，伎人跃入其中，胸突刀上，如燕之飞跃也。”由此可见，狭圈的材料是不同的。

【赏141】为跳丸和长袖舞。跳丸就是抛弄弹丸。跳丸和长袖舞在画像石的杂技题材中，是表现最多的。

由人头戴动物的假面具或化装成某种动物，构思出简单的情节，进行表演，可视为戏剧的萌芽。

【赏142】为戏猿图。一人用长矛进刺，另一人手拥猿作惊避状，两者之间紧张而生动。原石在持矛者之后还有一人，手执容器，大约是准备盛猿的。

◀赏143　豹戏
山东沂南北寨村汉
画像石墓（局部）

◀赏144　雀戏
山东沂南北寨村汉
画像石墓（局部）

【赏143】为豹戏图。只选取了一个由人化装成豹子的形象。豹面大耳，身上有豹纹和毛、爪足，但头戴人的高冠。颔下飘着长须，似乎已老，有点驼背；一手拄着弯曲的拐杖，一手执便面，边走边摇。原石还有一个裸身的小孩，与豹互应，大概就是《西京赋》中所说的“总会仙倡，戏豹舞罴”吧。

【赏144】所谓雀戏，即“大雀之戏”。古文献中所指的“大雀”本是外国进献的鸵鸟，但此图明显像是凤凰。由人扮演鸟类，两条腿是无法改变和隐藏的，只好露在外边。

【赏145】沂南画像石墓的“百戏图”非常壮观，伴奏的乐队规模也很大。乐人们坐在长席上，排列成行，使用各种乐器，演奏美妙的乐曲。可识别的乐器有排箫、铙、埙、琴、笙等。原石在此之前，还有一排击小鼓的女乐，其中有一人在指挥。

▶赏145　百戏乐队
山东沂南北寨村汉画像石墓（局部）

▲赏146　鞞舞、长袖舞
安徽宿州褚兰镇墓山孜出土，高46.5厘米、宽332厘米

舞蹈是人类最古老的艺术形式之一。闻一多说："生命的机能是动，而舞是有节奏的移易地点的动，所以也就是生命机能的表演。"手舞足蹈，所谓"歌以叙志，舞以宣情"，古人在他们的生活实践中是早就体验到这一点的。

"巴俞舞"为汉初所创，据说与汉高祖刘邦有关。巴俞舞本是居住在四川地区的巴俞人的娱乐，他们在刘邦争夺天下时曾出过大力，因而被推崇。《汉书·礼乐志》有"巴俞鼓员三十六人"。唐颜师古注："巴，巴人也。俞，俞人也。当高祖初为汉王，得巴俞人，并趫捷善斗，与之定三秦灭楚，因存其武乐也。巴俞之乐因此始也。巴即今之巴州，俞即今之俞州，各其本地。"颜师古又在《汉书·西域传》中注说："巴人，巴州人也。俞，水名，今渝州也。巴俞之人，所谓賨人也；劲锐善舞，本从高祖定三秦有功，高祖喜观其舞，因令乐人习之，故有巴俞之乐。"古者乐舞不分，跳舞时不仅奏乐，也伴以歌唱。

"鞞舞"是手执鞞鼓的一种舞蹈，舞时有歌。汉之前流行于民间，至汉代也用于燕享。《宋书·乐志》说："鞞舞，未详所起，然汉代已施于燕享矣。傅毅、张衡所赋，皆其事也。……鞞舞，即今之'鞞扇舞'也。"汉有鞞舞曲辞五篇，为《关东有贤女》《章和二年中》《乐久长》《四方皇》《殿前生桂树》。

"长袖舞"，或谓"长袖折腰舞"，因其由女子表演，以挥舞长袖和腰部的动作而见长，故名。多为独舞，因女子的体态轻盈而产生舞蹈的飘动感。汉代傅毅在《舞赋》中说："体如游龙，袖如素蜺。"是对这类舞蹈的形容。

▶赏147　巴人舞
重庆璧山县金宝乡凤凰坡崖墓出土石棺画像

汉代的舞蹈，不论群舞还是独舞，有一个共同的特点，就是强调“形态和，神意协，从容得，志不劫”（《舞赋》），形态与神意协调，从容不迫而自得。

【赏146】一排二十人，分两组表演长袖舞和鞞舞。观舞者在右首房内。

【赏147】舞者手持便面。所谓“巴人舞”，可能与巴俞舞有关。

“吉日良辰，置酒高堂，以御嘉宾。……起西音于促柱，歌江上之飉厉，纡长袖而屡舞。”这是左思《蜀都赋》对宴客的描写，也是长袖舞的写照。

◀赏148　长袖舞
河南郑州出土汉画像砖

◀赏149　踏鼓舞（两个舞蹈片段）
河南南阳卧龙区麒麟岗出土画像石

▶赏150　观赏杂技（两个局部）
山东兰陵县城前村出土画像石

【赏148】女伎与伴舞者的配合与动作，既默契又协调，两人构成了一个完整的画面。从画面中的圆形物看，也可能是盘舞。

【赏149】是两个表演踏鼓舞的片段。舞人长袖曳地，倾躯折腰，姿态优美，画面清新洗练。

【赏150】下图为四个人并列而坐，前三人为女性，后一人似有胡须，他们一起观赏杂技，表演的是跳丸。原石的左边还有两个舞者，上图三个乐手（吹排箫、吹埙、吹竽）也在舞者之左。观者聚精会神，演奏者也很认真。

【赏151】为两个观舞的妇女。她俩边看边议，谈得很起劲儿，动态细微，可见汉朝人已注意对人物个性的刻画。原石为椁板画像，早年出土，有“东安汉里”文字，年代约在西汉末至东汉初。

乐舞百戏，也就是音乐、舞蹈、杂技，是汉代社会的主要娱乐形式，

◀赏151　两个观舞的妇女
山东曲阜市韩家铺村出土（局部）

◀赏152　樽上倒立
河南南阳市宛城区七孔桥出土（局部），高39厘米

而三者又是联系在一起，在艺术上分不开的。特别是各种杂技，不但要有音乐伴奏，其本身也就是舞蹈。《宋书·乐志》说："民之生，莫有知其始也。含灵抱智，以生天地之间，夫喜怒哀乐之情，好得恶失之性，不学而能，不知所以然而然者也。怒则争斗，喜则咏歌，夫歌者，固乐之始也。咏歌不足，乃手之舞之，足之蹈之，然则舞又歌之次也。咏歌舞蹈，所以宣其喜心，喜而无节，则流淫莫反，故圣人以五声和其性，以八音节其流，而谓之乐，故能移风易俗，平心正体焉。"

【赏152】两个女伎在樽上作单手倒立，两边各放一壶，在对称的结构中由双腿求得变化，动态自然优美，是杂技，也是舞蹈，如果我们亲临其境，从旁边肯定会传来悠扬的琴声。

古人重文尚武，以武功作为强身自卫的手段，在民间形成传统。武术虽然不是百戏，与杂技等不同，但两者的基本功是相近的，练习的方法也大同小异。实际上，武术表演是一种健美的体现。

【赏153】两人正在击剑，一人已将对方刺倒。原石的右边还有跪拜者。有人认为这是表现胡汉交战的画面，不妥。

【赏154】好像比武已经结束，左边的持戟者纹丝不动，对面的赤膊者战败而逃。右边的人正在向师父行礼，师父坐在榻上，举刀训话。

▶赏153　比武图
山东嘉祥县城东北洪山村出土（局部）

▶赏154　习武图
江苏徐州十里铺出土，高42厘米、宽168厘米

【赏155】画面自上而下分为四格：第一格是为比武邀请客人；第二格是四位客人同行前来；第三格是由二人执戟比武；第四格是揖客告别。情节并不复杂，画面平铺直叙，但将事情表达得很清楚。这可以说是我国最早的连环画。

◀赏155　邀看比武图
江苏徐州市郊散存，高127厘米、宽56厘米

五、历史故事（圣贤、君王、侠客、孝子、烈女、义士等）

对于一个历史悠久、人口众多、幅员辽阔的国家和民族来说，在道德伦理和文化艺术方面的积淀必然是深厚的、丰富的，并有许多具体的人与事演绎成故事。好的被人们广为传颂，当作楷模；坏的也会被永远记住，以为教训，即古人所说的“恶以戒世，善以示后”。中国的人文博大精深。先秦之前的百家争鸣奠定了思想和学术上的基础，经汉代“罢黜百家，独尊儒术”，而成为礼仪之邦。中国的文明，是与历史的悠长分不开的。

历史是一面镜子，它可以照见各种事物，有助于后来者认识和判断问题，使人聪明起来。唐太宗李世民有句名言：“人以铜为镜，可以正衣冠；以古为镜，可以见兴替；以人为镜，可以知得失。”这是很有道理的。

汉代画像石中的历史故事很多。一方面，是受到时代的影响，每个历史时期都有人们喜欢的人与事，也有人们憎恶的人与事。另一方面，由于画像石用于墓葬，必然受到墓主人或造墓者的限制，根据他们的好恶而定。从每个墓葬出土的画像石的题材内容，大体可以看出墓主的身份、职业、喜爱、志向等。

作为历史故事，包括圣贤、君王、侠客、孝子、烈女、义士等，在画像石中表现最多的，莫过于山东嘉祥的武氏祠。武氏祠是武氏家族墓群的几个石祠和石阙等的统称，也包括著名的武梁祠在内，因祠室已经倒塌，现存画像石44块，所刻历史故事不仅数量多，而且大都有题榜说明。

1. 历代帝王与圣贤

（1）伏羲像：题榜为“伏戏（羲）仓精，初造王业，画卦结绳，以理海内”。

（2）祝诵（融）像：题榜为“祝诵（融）氏无所造为，未有耆欲，刑罚未施”。

（3）神农像：题榜为“神农氏因宜教田，辟土种谷，以振万民”。

（4）黄帝像：题榜为“黄帝多所改作，造兵井田，垂衣裳，立宫宅”。

（5）颛顼橡：题榜为“帝颛顼高阳者，黄帝之孙，而[昌][意]之子”。

（6）帝俈（喾）像：题榜为“帝俈（喾）高辛者，黄帝之曾孙也”。

（7）帝尧像：题榜为“帝尧放勋，其仁如天，其智如神。就之如日，望之如云”。

（8）帝舜像：题榜为“帝舜名重华，耕于历山，外养三年”。

（9）夏禹像：题榜为“夏禹长于地理，脉泉知阴，随时设防，退为肉刑”。

（10）夏桀像：题榜为“夏桀”。

（11）文王十子：分别题“文王、伯邑考、武王发、周公旦、蔡叔度……乳母”等。

（12）周公辅成王：无字。

（13）孔子见老子：题榜有“孔子车”。

（14）孔门弟子：无字。

2. **游侠义士**

（1）曹沫刺桓公：分别题“齐桓公、曹子劫桓、鲁庄公、管仲”。

（2）二桃杀三士：无字。

（3）专诸刺王僚：分别题“吴王”“二侍郎，专诸炙鱼，刺杀吴王”。

（4）要离刺庆忌：分别题“王庆忌”“要离”。

（5）信陵君与侯嬴：原石字迹模糊不清，有“魏信陵君”“侯嬴”等字。

（6）王陵母：题“陵为汉将，与项羽距。母见汉使曰……自伏剑死，以勉其子”。

（7）完璧归赵：分别题“秦王”“蔺相如赵臣也，奉璧于秦”。

（8）豫让刺赵襄：分别题“赵襄子”“豫让杀身，以报智□（伯）”。

（9）聂政刺韩傀：分别题“聂政”“韩王”。

（10）范且与魏须贾：分别题“范且”“魏须贾”。

（11）荆轲刺秦王：分别题“秦王”“樊於期头”“秦武阳”。

（12）泗水升鼎：无字。

（13）颜淑握火：分别题“乞宿者”“颜淑握火”“颜淑独处，飘风暴雨。妇人乞宿，升堂入户，燃蒸自烛，惧见意疑，未明蒸尽，摍芒续之”。

（14）灵獒噬赵盾：题榜为“赵宣孟”等。

（15）孔子遇何蒉：题榜为“何蒉”。

（16）荷蓧丈人：题榜为“荷蓧丈人，养性守真，子路从后，问见夫子，□以勤体，杀鸡为粟，仲由成立，无词以语”。

（17）李善抚孤：分别题“李氏遗孤”“忠孝李善”。

（18）义浆羊公：分别题“义浆羊公”“亡浆者”。

（19）柳下惠坐怀不乱：题榜为“柳惠”。

（20）程婴与公孙杵臼：题榜为“公孙杵臼”“程婴杵臼，赵朔家臣，下宫之难，赵武始娠，屠颜购孤，诈抱他人，臼与并殪，婴辅武存”。

（21）季札挂剑：无字。

3. **孝子烈女**

（1）闵子骞后母：题榜为“闵子骞与假母居，爱有偏移。子骞衣寒，御车失棰”。

（2）老莱子娱亲：题榜为“老莱子，楚人也。事亲至孝。衣服斑连，婴儿之态，令亲有欢。君子嘉之，孝莫大焉”。

（3）邢渠哺父：题榜为“邢渠哺父”。

（4）丁兰刻木：题榜为“丁兰二亲终殁，立木为父。邻人假物，报乃借与”。

（5）伯榆伤亲：题榜为“百（伯）榆伤亲年老，气力稍衰，笞之不痛，心怀楚悲”。

（6）董永孝亲：分别题“永父”“董永，千乘人也”。

（7）休屠王：分别题“休屠象”“骑都尉”。

（8）魏汤：分别题“汤父”“魏汤”。

（9）曾母投杼：分别题“谗言三至，曾母投杼”“曾子质孝，以通神明，贯感神祇，著号来方。后世凯式，以正抚纲”。

（10）无盐丑女：题榜为“无盐丑女钟离春”。

（11）梁节姑姊：题榜为“姑姊其室失火，取兄子往，辄得其子。赴火如亡，示其诚也”。

（12）齐义继母：分别题“追吏骑”“死人”“后母子”“前母子”“齐继母”。

（13）京师节女：题榜为“京师节女”“怨家攻者”。

（14）梁高行：分别题“使者”“奉金者”“梁高行”。

（15）鲁秋洁妇：分别题“鲁秋胡”“秋胡妻”。

（16）鲁义姑姊：分别题“齐将军”“义姑姊”“兄子”“姑姊儿”。

（17）楚昭贞姜：题榜为“楚昭贞姜”“使者”。

以上50多个故事，均出在一个地方的画像石上，这是一个孤例，是其

▲赏156　武梁祠东壁画像　山东嘉祥县武翟山村北出土，高184厘米、宽139.5厘米

他任何地方的画像石所没有的。这些故事的内容，大都见于《史记》《汉书》《孝子传》《列女传》等古文献中。把它们集中起来并诉诸造型艺术的形式，其目的和意图是非常明显的，不外是宣扬当时所尊崇的封建意识，也说明墓主人的思想倾向。关于这些故事的具体画面和说明，已编在本书的姊妹篇《汉画故事》中，基本上不再重复。只是在介绍其他地方的画像石，涉及有关内容时，个别的可能提及。

【赏156】是著名的武梁祠的一面墙壁（东山墙）。它采取了分割区划面的设计方法，将一个个的人物故事连接起来，用较长的题榜加以分组区别，再以不同的花边和横线组成多层的大片。看上去是一个完整的壁面，简直像是一幅复杂的画面，实际上包括了许多个不同的内容。在这个壁面上，共分五层构图：第一层（三角形）是东王公端坐中间，两边为仙人和祥禽瑞兽（与西壁的西王母等相对称）。第二层（自右至左，下同）是梁节姑姊、齐义继母、京师节女的故事。第三层是三州孝人、义浆羊公、孝子魏汤、"赵口屠"、孝孙原谷的故事。第四层是要离刺庆忌、豫让刺赵襄子、聂政刺韩王、无盐丑女钟离春的故事。第五层是庖厨和车骑。值得注意的是这组车骑，县功曹下轺车，跪迎于处士乘坐的牛车之前，象征祠主身居衡门之陋、辞官不就的气节。这个人可能就是墓主武梁。

在我国历史上，孔子与老子的会见是文化上的一件大事，它标志着儒家学派和道家学派的交流与沟通。自春秋战国以来，儒道之间是有争论的，连司马迁都说"世之学老子者则绌儒学，儒学亦绌老子"（《史记·老子韩非列传》）。道家主张"无为自化，清静自正"，儒家则强调"礼治"。孔子和老子虽是同时代人，但论年龄，老子比孔子大许多岁。据说老子曾做过周朝的"守藏室之史"，即管理国家藏书的史官，对周朝的文史和礼仪制度是熟悉的。孔子崇信周礼，又谦虚好学，专程去拜访老子，向他"问礼"是可能的。

到了东汉时期，"独尊儒术"已经稳定，成为普遍的社会思想。肤浅的学道者说：儒家有什么了不起，你们的孔子还要向我们的老子学习。儒家的人士就说：这说明我们的孔子谦虚有容。于是，"孔子问礼""孔子见老子"不仅成为社会上的美谈，也是画像石所乐于表现的题材。

【赏157】是出自四川的一幅"孔子问礼图"。孔子居中，身躯高大，正在向老子揖手施礼。好像老子过于矮小，并且有点驼背，本来是抄手背向孔子，正回首仰起看着孔子，一看就是素有骨气的老者。孔子之后，是弟

◀赏157　孔子问礼图
四川新津县崖墓出土石函画像（局部），高66厘米

子捧着简册，恭敬地立着。四川地处西南，这是偏远地区对孔子和老子的看法。此图的作者造型功力很深，因在剁纹石上雕刻，画面较模糊，却也显出一种非同一般的艺术趣味。

【赏158】【赏159】【赏160】三幅“孔子见老子”，均出自山东，构图和处理手法大同小异。山东是孔子的家乡，尤其是嘉祥一带，距曲阜很近。因此，在这一带出土的画像石中，表现孔子题材的很多。不仅是“孔子见老子”，另外还有如“孔子问师”“击磬于卫”“荷蓧丈人”和“孔门弟子”等。有许多“孔子见老子”的画面，在孔子之后往往跟着许多弟子，排着长队，一般有三五人，最多者竟达二十多人。他们排成一行，拱手而立，在画面上无疑是单调的，其中唯有子路与众不同，头上顶着一只鸡，腰上挂着一头小猪，处处表现得像是勇武的英雄（可参见赏37、赏38）。实际上，孔子去拜见老子只带了五个学生。《太平御览》卷九一五引《庄子》说：“老子见孔子，从弟子五人，问曰：‘前为谁？’对曰：‘子路，勇且多力。其次，子贡为智，曾子为孝，颜回为仁，子张为武。’”（今本无此，当为佚篇）

画面中的孔子和老子，多是两人相对而立。为了表示老子年迈，用手拄着一根弯弯曲曲的“拐杖”，但也有个别画面，索性让两人都拄着拐杖。

另外，还有两个细节是情节性绘画特别注意的，以增强故事的真实性和视觉的丰富性，即在孔子和老子之间大都有一个矮小的人，以及孔子的袖中有一只探头的鸟。

早在2000多年之前，两个著名学者的会见，相互之间都很尊重。据说老子出外迎接，并把路扫干净，施行“拥彗”之礼，有人解释那个矮小的人即是扫路者。但仔细观察并非如此，因为那人手中拿的不是扫帚，而是可推动的儿童玩具，况且他总是面向孔子，有的画面中还与孔子握手。原来这是七岁便为孔子师的项橐。本来，孔子见老子是与他无关的，为什么要夹在两人之间呢？这是儒家的思维，为了表现孔子的谦虚好学，有容乃大，为了追求真理，不但要请教老人，也要向小孩子学习。

至于从孔子袖中向外探头的鸟，应该是雁、雉之类的礼物，是晚辈见

▶赏158　孔子见老子（一）
山东嘉祥县宋山村出土（原石画面第三层）

▶赏159　孔子见老子（二）
山东嘉祥县宋山村出土（原石画面第二层）

▶赏160　孔子见老子（三）
山东嘉祥县五老洼出土（原石画面第三层）

◀赏161　孔子见老子（四）
山东巨野县核桃园镇齐山村出土（局部）

◀赏162　孔子见老子（五）局部

长辈时的“贽敬”。可能是画家误解了。特别是【赏161】【赏162】所描绘的，不但鸟儿从袖中探出头来，连空中的飞鸟也引来了。

秦国最初是周王朝所封的一个诸侯国，以后逐渐扩大，兼并了许多国家，至战国时已成为七雄之一。公元前221年，秦王政统一了中国，建立秦朝，为我国历史上第一个专制主义中央集权的封建王朝，自称始皇帝。秦朝仅历二世，统治15年，于公元前206年为刘邦领导的起义军所灭，是为西汉。

在秦王政统一中国之前，诸侯国之间相互兼并，矛盾加剧。燕国在北方，也曾是战国七雄之一，但以后有被秦军逼境的危险。燕太子丹（燕王喜之子）曾被送到秦国为人质，后来逃归，于燕王喜二十八年（前227），派荆轲入秦刺杀秦王，导演了一幕轰轰烈烈的悲剧。

风萧萧兮易水寒，

壮士一去兮不复还！

这是荆轲临行时在易水边上所唱的悲壮之歌。据说为他送行的燕太子丹等，穿着白衣，都落下了眼泪。在当时，弱国对付强国，只能如此。

荆轲是战国末年的一位刺客。他是卫国人，卫人叫他庆卿。他游历燕国，燕人叫他荆卿，后被燕太子丹尊为上卿。太子丹派他去刺杀秦王政（即秦始皇）。燕王喜二十八年，他带着秦国逃亡将军樊於期的头和夹有匕首的督亢地图，作为进献秦王的礼物。樊於期曾被秦王悬赏捉拿，督亢是燕国最富庶之地，这两样礼物都会引起秦王的兴趣。随他一起去的还有一名副手勇士秦舞阳。献图时，荆轲将地图徐徐打开，图穷而匕首见，刺秦王不中，被杀。画像石中所有画此者，不论孰繁孰简，都是画刺杀未成、正在搏斗的一刹那，是惊险，是紧张，也是中国历史命运的一刹那。

【赏163】【赏164】是嘉祥武氏祠的两幅画像，刻画得比较细致，将每个细节都交代得很清楚，人物的呼应关系明确，紧凑而有力度。

【赏165】是浙江海宁出土的画像石，像是一幅速写，潇洒爽朗，线条利落，追求速度和神似。表明艺术的技巧非常高超，已达到得心应手的程度。

▶赏163　荆轲刺秦王（一）
山东嘉祥武氏祠前石室后壁小龛西侧（画面第一层）

▶赏164　荆轲刺秦王（二）
山东嘉祥武氏祠左石室后壁小龛西侧（画面第二层）

▲赏165　荆轲刺秦王（三）　浙江海宁市长安镇出土（原石画面第二层）

▲赏166　荆轲刺秦王（四）　四川乐山市凌云山享堂壁画像，高64厘米、宽376厘米

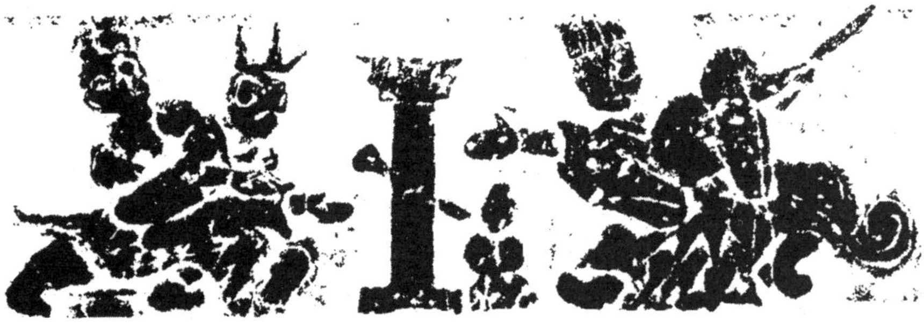

▲赏167　荆轲刺秦王（五）　重庆合川区濮岩寺石室墓出土（局部），高43厘米

▲赏168　荆轲刺秦王（六）　四川渠县王家坪出土无铭阙画像，高30厘米、宽118厘米

【赏166】【赏167】【赏168】三幅画像表现手法相近，都是以“铜柱”为中心展开人物活动。原雕刻的浮雕味较重，形象呈现圆润效果，作为雕刻是前进了一步，但版画的意味反而降低了。

“泗水升鼎”半真半假，都是关于秦始皇的故事。它反映了汉朝人对秦始皇的态度，可能因为泗水位于山东，故山东的画像石表现最多。

鼎在古代中国，不仅是一件应用的青铜器，当它成为祭天祀祖的礼器之后，其在观念上的意义无限升高，成为象征国家政权的传国之宝。据说“禹收九牧之金，铸九鼎，象九州”。历代帝王均以迁九鼎为大事。战国时期，秦、楚都曾兴师到周室求鼎，到了秦昭王时取九鼎，结果只得八鼎，另一鼎“飞”入泗水。一个“飞”字，用得很巧妙，也很神秘，不知是怎样“飞”到泗水中去的。总之，战国时的秦国虽然强大，但是并没有取得完整的九鼎。

古代的泗水，源出山东泗水县蒙山南麓，因四源并发，故名。泗水全长千数百里，为淮河下游的第一大支流，曾南至彭城，在今徐州东北。宋代以后，黄河北移，泗水为黄河所夺，元代以后泗源被引入运河，泗水也就不存在了。

但是在秦始皇时，泗水还是一条大河。《史记·秦始皇本纪》说：“维秦王兼有天下，立名为皇帝，乃抚东土。……始皇还，过彭城，斋戒祷祠，欲出周鼎泗水。使千人没水求之，弗得。”

这可能是真实的历史。“泗水升鼎”的故事也就从这里开始虚构，说是找到了鼎，但人们从水中向外拉时，忽然从鼎中钻出一条龙来，把绳子咬断，于是，那鼎又落进了泗水中，再也找不到了。

北魏郦道元《水经注·泗水》说：“周显王四十二年（前327），九鼎沦没泗渊。秦始皇时而鼎见于斯水。始皇自以德合三代，大喜。使数千人没水求之，不得，所谓‘鼎伏’也。亦云系而行之，未出，龙齿啮断其系。故语曰：称乐大早，绝鼎系，当是孟浪之传耳。”“孟浪之传”，即轻率虚夸之传闻也。

秦始皇的一生，曾推行许多有利于祖国统一、加强中央集权的政策和措施，但实行专制主义，赋役繁重，严刑苛法，加以连年用兵，使人民痛苦不堪。在他去世后不久，即爆发了大规模的农民起义。整个秦朝不过15年。

秦始皇的暴政，汉初之人是深受其苦的，有汉400多年，也没有忘记，东汉数量众多的“泗水升鼎”画像石，便证明了这一点。

◀赏169　泗水升鼎图(一)
山东嘉祥武氏祠左石室东壁

我们说“泗水升鼎”半真半假，正是这一主题的目的所在。秦始皇在泗水捞鼎是事实，他的心目中以为“德合三代”，大约也是真实的，然而天不作美，如果仅仅是没有得到，也没有什么好议论的。妙就妙在虚构的“孟浪之传”——不是没有找到，而是龙把拉鼎的绳索咬断了，使鼎又沉到了水里。这等于说，秦始皇不是“德合三代”，而是丧德，为夏商周所不容。对于老百姓来说，这个故事比骂他几句要厉害得多，他们不像今天的群众，已懂得许多科学知识，而在1800多年之前，正是谶纬迷信盛行的时候，有龙从鼎中伸出头来咬断绳索，是会被人相信的。

从艺术的角度看，作为平面的造型艺术，在当时处理河水与两岸的起伏是很困难的。我们一般理解写实的艺术，是要求像照片一样，看到什么画什么，这是非常粗浅和表面的看法，实际上，应该经过画家的思考，用心表现得周到。“泗水升鼎”的构图，巧妙地采用了两个角度的组合，即人物的活动以侧面为主，而活动的地点——泗水，则选取了断面。这样，岸上的方块田野、桥上的观看人员和岸边的拉绳人、水中的托鼎人，以及水上漂的船和水中游的鱼，都得到了合理的安排。可以说是一种高水平的“经营位置”。

【赏169】是嘉祥武氏祠的画像，在目前所见泗水升鼎图中是最复杂、最严整的一幅。在两岸拉鼎的、在水中撑鼎的、在岸上观鼎的，所有人都非常紧张，表现了龙头出来咬断绳索的一刹那，连鸟儿也惊得乱飞。

【赏170】与【赏171】是两种简略画法，颇有“示意图”的味道。

【赏172】与【赏173】两幅画面虽较复杂，但有些形象似与“升鼎”无关。在画面的结构上，有的像桥，有的像井，甚至为拉绳装上了辘轳，铺

▶赏170（左） 泗水升鼎图（二）
山东嘉祥县纸坊镇出土（原图第三层）

▶赏171（右） 泗水升鼎图（三）
山东安丘汉墓出土（原图第三层）

▶赏172 泗水升鼎图（四）
山东滕州市官桥镇后掌大村出土（局部）

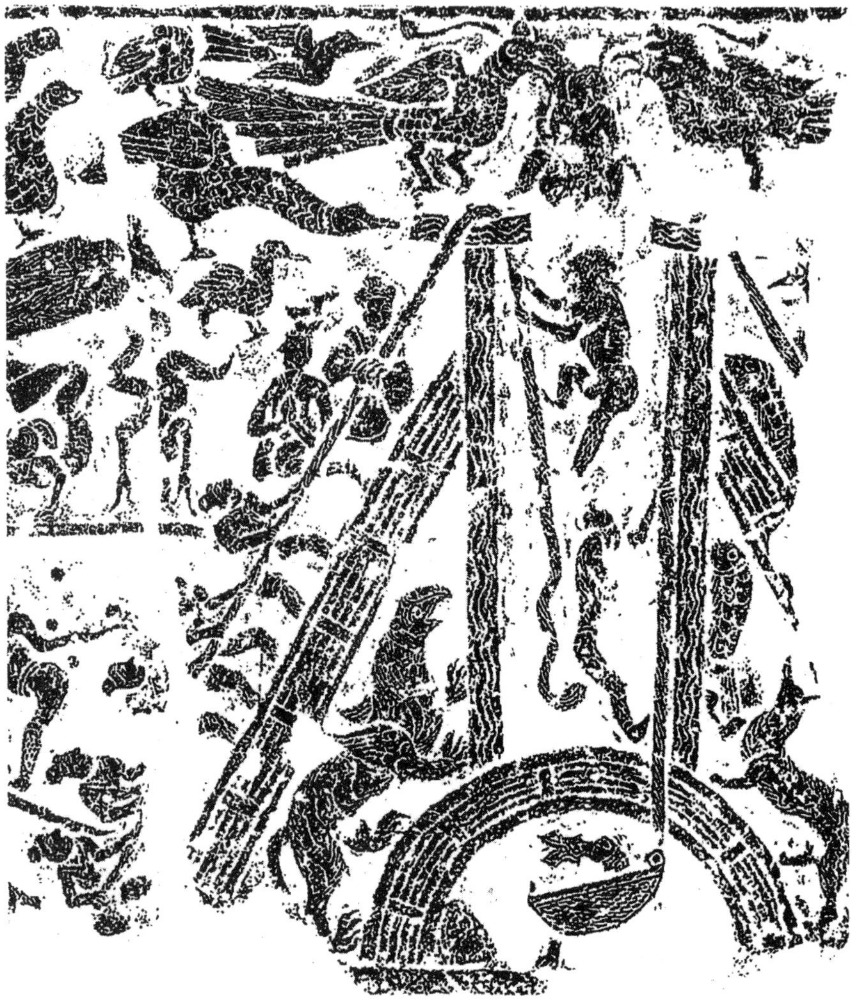

◀赏173　泗水升鼎图(五)
山东济宁城南早年出土（局部）

上了阶梯。时间远去，已经流于形式了。

【赏174】原是一个石祠的壁面，画面共分五层，分别刻画不同的神话和历史故事。第一层刻西王母的神话故事，西王母端坐在高台上，有龙虎守卫，周围有采药的羽人、捣药的玉兔和蟾蜍、三足乌等；第二层刻二桃杀三士，是关于春秋时齐国大夫晏婴的故事；第三层刻孔子见老子及孔门弟子；第四层和第五层似是有关送别（别离）的故事。原来的人物之上都有榜题，可惜已漫漶不清。

“二桃杀三士”在汉代画像石中是一个多见的题材，尤其在山东地区较多，会不会是因为这个故事的作俑者是山东人呢？

▲赏174　神话与历史故事　江苏邳州占城出土（石祠右山墙），高140厘米、宽110厘米

用两只桃子杀死了三个武功盖世的勇士，这个故事出自《晏子春秋·谏下》。该书虽非晏婴原著，却是后人采缀他的言行而作。晏婴是春秋时齐国夷维（今山东高密）人。继其父任齐卿，历仕灵公、庄公、景公三世。为景公之相，素以节俭力行，名显于诸侯。据说他穿布衣，一件袍子穿了三十年，被孔子弟子誉为“晏子裘”。

齐景公有三个“勇力之士”——公孙接、田开疆、古冶子，三个人都是以勇力与虎搏斗而闻名。有一次，晏婴去见齐景公，看到三位勇士在外边，非常高傲，没有理他。他对景公说：“臣闻明君之蓄勇力之士也，上有君臣之义，下有长率之伦；内可以禁暴，外可以威敌。上利其功，下服其勇，故尊其位，重其禄。今君之蓄勇力之士也，上无君臣之义，下无长率之伦；内不以禁暴，外不可威敌，此危国之器也，不若去之。”晏婴建议齐景公除去他们。景公说：“三子者，搏之恐不得，刺之恐不中也。”即是说，他们武力高强，无法对付。晏婴说不能用武力，要有“长幼之礼”。便请景公赐给三人两只桃子，让三人“计功而食桃”。

于是，三人争桃。三人皆有功，而总有一人没有桃。得不到桃的以为是耻辱，得到桃的恐人说贪功。最后，为了表明自己的清白，一一拔剑自刎。

这是一次智慧与勇力的较量，但却让人感到很阴险。不知汉朝人喜欢此故事出自什么目的。

【赏175】为三人持剑，两人正在取桃，后一人双手握剑作怒视状。左后的拱手人可能是赐桃的使者。

【赏176】为三人持剑，取桃的两人相对而视，后一人伸出手来指责。左后的一个矮小的人即是晏婴。原画面在三勇士之后还有数人，有的交首议论。

【赏177】画面上只刻出两个勇士，面对桃子，可以看出他们辩论的激烈。在人物表情和动作的处理上，已注意到性格的刻画。

玉是一种温润而有光泽的美石，象征着纯洁美善，所谓“以玉比德”“君子必佩玉”，历来为人们所珍爱。我国古代曾有一块“和氏之璧”，是一件价值连城的玉器，先在楚国，后为赵国所有。

蔺相如是战国时期赵国的大臣。当时赵国弱于秦国。蔺相如曾随赵惠文王到渑池与秦工相会，使赵王没有被屈辱，维护了弱国的尊严，因功任上卿，《史记》有传。秦国向赵国强索“和氏之璧”。秦昭襄王假称，欲以十五城相交换。赵王明知其中有诈，但慑于秦国的强大，不得不同意进献。

▶赏175　二桃杀三士（一）
山东嘉祥县宋山村出土（原石画面第三层）

▶赏176　二桃杀三士（二）
山东嘉祥县句子村出土（原石画面第二层）

▶赏177　二桃杀三士（三）
山东莒县东莞镇出土（原为石阙画像局部）

蔺相如奉命带璧入秦，得知秦王果无换城之意。他当廷力争，指责秦王轻慢，并以指瑕为由，将璧紧握在手中，靠柱而立，欲头与璧俱碎于柱。秦王恐其破璧，无奈，只好答应斋戒五日。蔺相如趁机差人将璧送回了赵国。这就是千载美谈“完璧归赵”的故事。

【赏178】为沂南画像中所描绘的蔺相如。原石与秦武王时的力士孟贲刻在一起，内容情节不合，两人不成故事。但所刻之蔺相如，正是表现持璧欲与头同碎的一刹那，在形象的塑造上相当成功。蔺相如是一个文臣，不可能

◀赏178　蔺相如
山东沂南北寨村汉
画像石墓（局部）

▲赏179　完璧归赵
重庆合川区濮岩寺
石室墓出土

像武将一样有剑拔弩张的架势，况且是在君王的面前，一般是有节度的。因此，他显得紧张、坚定，手握璧而紧靠头，双目注视着前方，连头发都竖起来了。既显示了他智慧的计谋，又表现出在强权面前不屈的意志。

【赏179】为石室墓的门额画像，原图右边还有一人。其造型比较粗略，构图也是简单的并列，所用手法是符号式的，最明显的是蔺相如手举着一个环状物，也就是“和氏之璧”了。

季札，又称公子札、延陵季子、延州来季子。他是春秋时期以尚贤、诚信、多闻著称的吴国贵族，吴王诸樊之弟，曾多次推让君位而受到人们的尊重。

古代的吴国，起初是江南的一个小国。始祖是周太王之子泰伯，因为要避王位，而与弟仲雍远走江南，在今江苏无锡梅里一带，改从当地风俗，断发文身，成为当地君长。至十九世孙寿梦始兴盛称王。据有今江苏、上海大部和安徽、浙江的一部分，建都于吴（今江苏苏州）。公元前585年为吴王寿梦元年。

吴王寿梦有四个儿子，按照传统，称最幼者为“季子”，第四个儿子名札，故称季札。吴王很喜欢季札，以为他最贤，要把君位传给他，但季札颇有他先祖泰伯的遗风，几度推让，坚持不当国君，最后还是由长子诸樊做了吴王。季札受封于延陵（今江苏常州），称“延陵季子”。后又封州来（今安徽凤台），称“延州来季子”。

季札喜欢周游，以增长阅历，洞察民情，广交朋友。《史记·吴太伯世家》说：“季札之初使，北过徐君。徐君好季札剑，口弗敢言，季札心知之，为使上国，未献。还至徐，徐君已死，于是乃解其宝剑，系之徐君冢树而去。从者曰：‘徐君已死，尚谁予乎？’季子曰：‘不然。始吾心已许之，岂以死倍（反）吾心哉！’”后世将“季札挂剑”作为成语，当作“信”的代词。

▲赏180　季札挂剑（一）　山东嘉祥武氏祠左石室第八石（画面第一层）

▲赏181　季札挂剑（二）　四川雅安姚桥出土（石阙画像），高20厘米、宽46厘米

▲赏182　季札挂剑（三）　山东嘉祥县宋山出土（原石画面第一层）

【赏180】是嘉祥武氏祠画像。左边为坟，坟头上有一棵树，树上挂着剑。坟前摆着祭品，季札正在跪拜。季札之后是侍者。有鸟儿飞来，猫头鹰也站在树上窥视。整个画面简洁而有序，将“季札挂剑”交代得很清楚，即使不知道墓中是谁，也会了解一定与剑有关。

【赏181】是四川雅安的一幅“季札挂剑图”。作为故事画，可能是最简化的一种表现：一边是埋葬死者的小小坟丘，一边是吊唁者掩面痛哭。中间是点题的二物，将剑挂在小树上。虽然形象过于简单，技巧也并不太高明，但也说明了表现的主题。

【赏182】出自山东嘉祥，但不是武氏祠画像。刻画得比较细致，是平面造型的认真之作。连季札的侍从也随着主人认真地祭拜了。

师旷，字子野，春秋时晋国乐师。古人重乐，称乐官为“师”，因以为姓。生而目盲，善弹琴，辨音能力很强。《孟子·离娄上》说：“师旷之聪，不以六律，不能正五音。”据说晋平公时铸造大钟，众乐工听后都认为音律准确，独师旷的判断不同，而为大家所服。

传说“师旷鼓琴，通于神明”，能引“白鹄翔，玄鹤舞”“易寒暑，召风雨”。有一次，他鼓琴时有玄鹤衔明月珠在庭中起舞，不小心将珠落在了地上，师旷虽然看不见，却能感觉到，引得他“掩口而笑”。晋平公要听“清角之乐”，师旷以为他“德薄不足以听之”。君王坚持要听，结果是大风大雨铺天盖地而来，引得恐惧万状。

【赏183】为四川高颐石阙画像。画面主体二人并坐，一人是师旷正在抚琴，另一人正在聆听，似乎触动了感情，举袖擦泪。上有双鹤下翔，左

▶赏183　师旷鼓琴图
四川雅安姚桥（高颐石阙画像），高31厘米、宽60厘米

右有双羊、双猿，即所谓“神物下降”了。

我国传统伦理以善事父母为“孝”。《新书·道术》说：“子爱利亲谓之孝。”儒家提倡“孝弟”（亦作“孝悌”）。《论语·学而》：“孝弟也者，其为仁之本与。”朱熹注说：“善事父母为孝，善事兄长为弟。”千百年来，孝道发展，形成优秀的传统。

为宣扬孝道，汉代以来有多种《孝子传》和《列女传》流传，介绍孝子、孝女的事迹传说，及至元代出现了《二十四孝图》之类，以后逐渐增加，越续越多，竟有“百孝”之多，并延续至今。在汉代画像石中，已有不少刻绘孝子的画面，有的具体人物和故事内容仍为今天的人们所熟悉。

概括古代所宣扬的孝子、孝女故事，可分两类，一类是“孝行类”，介绍一些尽孝的行为；另一类是“孝应类”，即所谓孝行感动了上天，得到了报偿，用以说明“天人感应”，颇具迷信色彩。

【赏184】刻画的是邢渠哺父的故事，见于萧广济《孝子传》：“邢渠失母，与父仲居。性至孝，贫无子。佣（做工）以给（供养）父。父老齿落，不能食，渠常自哺之，专专（专一）然代其喘息；仲遂康休，齿落更生，百余岁乃卒也。”（《太平御览》卷四一一引）嘉祥武氏祠所刻邢渠哺父故事，原有几个不同的画面，大都模糊不清。此图并不复杂，主要是画邢渠跪跽着为父亲喂食，后面的妇女可能是邢渠的妻子。三人的动作与交互关系，安排得紧凑而自然，表现出一种亲情的温暖。

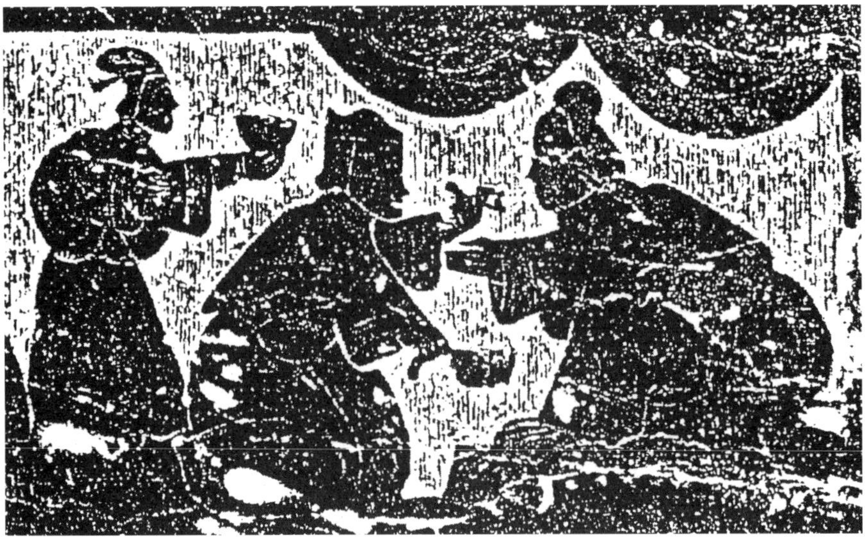

◀赏184　邢渠哺父图
山东嘉祥武氏祠前石室画像（原石画面第二层）

▶赏185　董永孝亲图
四川渠县蒲家湾（无铭石阙画像）

【赏185】刻画的是董永孝亲的故事，是现代人都熟悉的。但其主要情节，即现代流传的“卖身葬父”与“织女婚配”，虽然在汉代刘向的《孝子传》和晋代干宝的《搜神记》中已见雏形，有所描述，可是在画像石中却没有刻绘。画像石所刻的，多是董永侍奉父亲的情节。

四川渠县石阙画像中的董永，正在田间劳动，间歇时回头来照顾父亲。其父在树下，坐在一架简单的独轮车上，似乎由董永帮助做什么事。树上挂着水壶和吃食之类，俨然是一幅农村的生活小景。

在嘉祥武梁祠后壁的画像中，也有一幅类似的画面，表现董永正为父亲拿什么东西。原画刻得比较细致，并且有题榜。可惜画面破损较重，现在所能看到的是清代《金石索》的木版摹刻本。董永的父亲手扶鸠杖，坐在独轮车上，榜题为“永父”。董永在父亲之前，榜题为“董永，千乘人也”。这里明确标出了董永的籍贯。“千乘”原是齐景公放猎之地，西汉时置县，在今山东高青县高苑镇北。在这个画面中，最引人遐想的是董氏父子之间的上方，有一个飘舞的仙女，面向董永。这就留下了一个后来故事发展的悬想。

“秋胡”即“鲁秋胡”，或称鲁人秋胡。新婚后不久（有的说五月，有的说三月，也有的认为应是五日）便出外做官。五年之后，夫妻两人印象淡漠，已互不相识。秋胡归家，在快到家的路上，见一美貌女子采桑，便以黄金为诱，动心调戏，遭到女子拒绝。回家之后，才知道那女子即是他新

◀赏186　秋胡戏妻
四川彭山崖墓石函
画像（局部）

婚之妻。妻子以为“耻夫无义”，自己受辱，便投河自尽了。汉代刘向将这个故事编进了《列女传》，称秋胡妻为“洁妇”，流传甚广。

有人认为，这一故事的原型为《诗经·豳风·七月》中的“桑女受辱”之事，而加以演绎。那采桑之女，在春天的日子里，一面沿着小路寻找柔嫩的桑叶，一面想着悲伤的心事，害怕领主的公子强迫她作偏房（“女心伤悲，殆及公子同归！”）。刘向《列女传》的编撰在于道德说教，但“秋胡戏妻”的故事却揭示了一种社会现象，直到现在仍见于舞台上表演，如京剧《桑园会》等。

【赏186】为四川彭山石函侧面的画像，由几个不同故事的人物排成一行，“秋胡戏妻”为其中之一。人物造型优美，呼应自然，画面虽不复杂，却有韵味。最有趣的是，原石函的表面未经磨光，仍留有明显的剁纹，因此，所刻人物显得朦朦胧胧，颇有大匠气度。

【赏187】为嘉祥武梁祠后壁之一部分。上为原石拓片，破损比较严重；下为清代《金石索》的木版摹印本，可以相互参照。

公元前206年，刘邦从一个农村小吏走进了皇宫，当了汉朝的皇帝，

▶赏187　秋胡戏妻（二种）

山东嘉祥武梁祠后壁局部。上为原石画面，下为《金石索》摹刻本

是为汉高祖。他自己也说:“吾以布衣提三尺剑取天下”，这在中国历史上是鲜见的。为了掩盖他出身的低微，只好编造一些所谓“真命天子”的故事，以造舆论。《史记·高祖本纪》一开头便说：刘邦的母亲刘媪在大泽边上“梦与神遇”，与蛟龙生了他。“高祖斩蛇”的故事也是如此。

这故事是说，刘邦在泗水乡下当亭长的时候，奉县衙之命押解一批犯人到郦山。中途犯人逃跑，所剩无多。他想，反正也是交不了差，不如全部放走，自己也可走了。就这样，他开始了起兵反秦的活动，有十几个犯人愿意跟随他。夜经一个大泽，先派一人探路，探路人回来说，前有一条大蛇挡住小路，无法通过，只好原路折回。这时刘邦已醉酒，不高兴地说："壮士行，何畏！"于是往前走，遇大蛇后拔剑击杀，将蛇斩为两半。路开了，便继续往前走，未及酒性大发，便在路边睡着了。

后边的人赶来，走到刘邦斩蛇的地方，见一老妇人在那里哭泣，诉说那蛇是她的儿子，为白帝之子所化，躺在路上，被赤帝之子杀了。刘邦知道后"乃心独喜，自负"，跟随他的人也对他敬畏起来。

故事并不复杂，目的是引出个"赤帝之子斩白蛇"来。《史记·高祖本纪》集解应劭注释说："秦襄公自以居西戎，主少昊之神，作西畤，祠白帝。……赤帝尧后，谓汉也。杀之者，明汉当灭秦也。"这是2000多年前，刘邦为夺取政权，所造的一种舆论和政治宣传。

【赏188】为河南画像。刘邦持剑与大蛇搏斗，大蛇扑来，惊愕得全身后倾，张大了嘴巴，连头巾都甩在空中了；后边的随行者更是惊慌，斧头已经折断，全身几乎要倒下去。此图夸张较大，颇像一幅漫画。

【赏189】为四川画像。刘邦留着两撇小胡，一手托头，一手握剑，侧

◀赏188 汉高祖斩蛇（一）
河南唐河县南关汉墓出土，高65厘米、宽97厘米

▲赏189　汉高祖斩蛇（二）

四川雅安姚桥（高颐石阙画像），高30厘米、宽65厘米

卧于地上，似乎是斩蛇刚过。虽然断蛇还在蠕动，已是最后的挣扎。身右一只酒杯落在地上，可能是酒性发作，胜利者睡着了。

在成语中，有一句“项庄舞剑，意在沛公”，比喻有人说话或行动表面装作和平无事，实则是想乘机害人。这里所指的“项庄”是项羽部下的一名武将，“沛公”就是刘邦。这是在楚汉战争中，项羽在鸿门宴上企图谋害刘邦的故事。

公元前206年，刘邦攻战了秦都咸阳之后，派兵守函谷关。不久，项羽率40万大军攻入，进驻鸿门（今陕西临潼关），准备消灭刘邦。经项羽的叔父项伯的调解，刘邦亲至鸿门会见项羽。宴会上，项羽的主要谋士“亚父”范增，命武将项庄以助兴为名舞剑，欲乘机刺杀刘邦；项伯也拔剑起舞，常以身掩护刘邦。最后刘邦的贴身参乘樊哙带剑执盾闯入，勇猛机智，斥责项羽，给刘邦解围。刘邦假借如厕，始得乘隙脱险。这就是流传千古的“鸿门宴”。

项羽之计未逞，刘邦不死，项伯起了很大的作用。项伯虽是项羽的叔父，但他与刘邦的谋士张良友善。当他得知项羽和范增的密谋后，便连夜驰速去告诉了张良，并在项羽面前尽力为刘邦解脱，经他的调解，刘邦亲自至鸿门与项羽会见。而当项庄舞剑现出杀机之时，他又拔剑起舞，在刘邦身旁加以庇护，使其安然脱险。

那么，樊哙是怎样冲进宴会的呢？还是张良看出了问题。《史记·项羽本纪》说：

> 项王即日因留沛公与饮。项王、项伯东向坐，亚父南向坐。亚父者，范增也。沛公北向坐，张良西向侍。范增数目项王，举所佩玉玦以示之者三，项王默然不应。范增起，出召项庄，谓曰："君王为人不忍，若入前为寿，寿毕，请以剑舞，因击沛公于坐，杀之。不者，若属皆且为所虏。"庄则入为寿。寿毕，曰："君王与沛公饮，军中无以为乐，请以剑舞。"项王曰："诺。"项庄拔剑起舞，项伯亦拔剑起舞，常以身翼蔽沛公，庄不得击。于是张良至军门，见樊哙。樊哙曰："今日之事何如？"良曰："甚急。今者项庄拔剑舞，其意常在沛公也。"

这就是"项庄舞剑，意在沛公"的典故。

【赏190】为山东沂南画像。故事分作两格：上格为项庄舞剑，项伯也拔剑起舞；下格是在鸿门宴结束之后，刘邦已借故脱身，留下张良面谢，献项王白璧一双，亚父玉斗一双。"亚父"范增气急败坏，将玉斗当面击破。此画面便是范增击破玉斗之时，对面立者为张良。

"七女为父报仇"的故事在画像石中表现，当属于《列女传》的题材，但不见于文献。这一题材的定名，是根据内蒙古和林格尔汉墓壁画的相同画面之榜题。究竟"七女"为何人，又因何为父报仇，不详。焦德森、杨爱国《临沂、潍坊、济南等地汉画像石概论》说："一幅桥头交战图的右上方题有'七女'二字，该图与内蒙古和林格尔壁画墓中的'七女为父报仇'图相同，也和嘉祥'武荣祠'（前石室）西壁下部、'左石室'西壁下部的'水陆攻战图'内容相同，刻法类似。由此可以肯定，武氏祠所谓'水陆攻战图'，是汉代流行却不见文献的列女故事——七女为父报仇。刻画的意图与刻其他列女故事一样，是在弘扬她们的业绩，以作为世人学习的楷模，亦即所谓'善以劝后'。"[1]

据《辞源》（1979年修订版）"七女池"条记载："七女池，地名。在今陕西城固县北。《水经注》二七'沔水'：'渭水又东径七女冢……水北有七

▶赏190　鸿门宴
山东沂南北寨村汉墓出土（中室北壁西侧），高118厘米、宽76厘米

[1] 焦德森、杨爱国：《临沂、潍坊、济南等地汉画像石概论》，载《中国画像石全集，第3卷，山东汉画像石》，山东美术出版社2000年版。

女池，池东有明月池，状如偃月，皆相通注，谓之张良渠。’相传是汉项伯死后，他的七个女儿为他取土筑坟所造成，故称七女池。”这是一条微弱的线索。项伯本是项羽营垒中人，但与刘邦的谋士张良有至交。张良家五世相韩，秦灭韩后，张良曾结纳刺客，椎击秦始皇于博浪沙，未遂，逃亡至下邳。秦末，陈胜、吴广领导农民起义，刘邦乘机起兵，张良为谋士，佐汉灭楚，因功封为留侯。

张良在下邳时，据《史记·留侯世家》说：“项伯常杀人，从良匿。”当项羽和范增密谋在鸿门宴上杀刘邦时，项伯便连夜私见张良，欲与张良俱去。张良以为“今事有急，亡去不义”，便在鸿门宴上帮助刘邦解脱。后

◀赏191　七女为父报仇
山东莒县东莞村出土（阙身背面画像局部）

▲赏192　七女为父报仇（原题为“水陆攻战图”）
山东嘉祥县武氏祠画像（前石室西壁下部）

来，刘邦做了皇帝，封项伯为射阳侯，赐姓刘。

据《汉书·高惠高后文功臣表》：“射阳侯刘缠（师古曰：即项伯也），兵初起，与诸侯共击秦，为楚左令尹。汉王与项有隙于鸿门，缠解难，以破羽降汉，侯。”在“始封”栏中为：“（汉高祖六年）正月丙午封，九年，孝惠三年薨。嗣子睢有罪，不得代。”他的儿子何罪，与“七女”有无关系，均不知。

【赏191】是山东莒县石阙画像。在右上角的骑马人榜题为“七女”。所“报仇”的对象，可能就是落在水中的那个官员模样的人。下一幅的“捕鱼图”，船上的渔民正在捕捉一条大鱼，另外还有三条大鱼在游动。两幅画本无关系，可是因为都是在水中，却产生一种呼应，显得场面更大了。

【赏192】是嘉祥画像。原题“水陆交战图”。看桥下的落水人便知，同属于“七女为父报仇”的题材。

我国古代有尊敬老人的传统，并形成国家的制度，至汉代又有授玉杖（鸠杖）的礼仪。《后汉书·礼仪志中》曰：“仲秋之月，县道皆案户比民。年始七十者，授之以玉杖，餔之糜粥。八十、九十，礼有加赐。玉杖，长

九尺，端以鸠鸟为饰。鸠者不噎之鸟也，欲老人不噎。”

汉代的鸠杖之制还有一个故事，是与汉高祖有关的。王先谦集解引惠栋说：“《风俗通》云：‘汉高祖与项籍战京索间，遁丛薄中。时有鸠鸣其上，追者不疑，遂得脱。及即位，异此鸟，故作鸠杖，赐老人也。’”

【赏193】为四川成都曾家包画像的局部，画面是一老人踞坐在棕榈树下，手扶鸠杖；另一人从仓房中走出，双手捧一器物，可能盛的粮食（全图参见【赏73】）。

▲赏193　养老图
四川成都曾家包汉墓出土（画像局部）

六、生产劳动（农耕、纺织、造车、冶铁、酿酒、放牧等）

我国古代封建社会的经济，是以农业和手工业为基础的。秦末汉初，频繁的战争使人口减少，土地荒芜，人民生活陷入困境。西汉初年，采取了“与民休息”“轻徭薄赋”的政策，使经济得到了恢复，出现了多年未有的富裕现象，即所谓“文景之治”。从西汉到东汉的400多年间，进入封建社会的盛期。

古代社会的经济中心，很长时期是在黄河中下游平原，后来才转移到江南。早在春秋战国时期，黄河中下游地区的经济发展在全国是领先的。土地基本上得到了开发，牛耕也已推行。特别是秦国所在的关中地区和齐国所在的山东半岛一带，经济非常发达。《史记·货殖列传》说：“故关中之地，于天下三分之一，而人众不过什三，然量其富，什居其六”；而“齐带山海，膏壤千里，宜桑麻，人民多文彩布帛鱼盐”。随着农业的发展，手工业亦发展到相当规模，出现了许多手工业中心和商业都会。如齐国的都城临淄（今山东淄博市东北），一度发展到20多万人口，所产丝织品远销各地，“号为冠带衣履天下”。赵国都城邯郸（今河北邯郸市），亦为当时华北平原一大都会。这里冶铁业发达，有卓氏于此“用铁致富”，家累千金。曹国都城陶丘（今山东菏泽定陶区），地处黄河下游中部，当“天下之中，诸侯四通”，水陆交通便利，成为当时著名的商业中心。范蠡曾在此经商，自号朱公，得以致富，故后世以“陶朱公”称谓富商。到了汉代，黄河中下游地区的经济继续高涨。据统计，西汉元始二年（2）全国共有人家12233062户，人口59594878人，垦田8270536顷，其中绝大多数都集中于此。粮食产量有了明显的增长，汉初政府自黄河下游漕运至关中的粮食不过10万石，至元封元年（前110）增加到600万石。

在汉代，许多农产品生产开始走向商品化，如枣、栗、漆、麻、竹、卮茜、姜韭等，“此其人皆与千户侯等”，城市更加繁荣。在长安及五都（洛阳、邯郸、临淄、宛、成都）设“均输官”，以加强市场管理。全国共设铁官（主鼓铸之官）44县、工官（主造武器、日用器物之官）8县、服官（主织造、宫廷服用衣料之官）3县。在汉代主要分布于黄河中下游地区，只是到了魏晋以后，黄河中下游地区的经济逐渐呈现衰退，江南地区日渐得到开发。到了五代、两宋时期，江南地区终于取代了黄河中下游地区，成为全国的经济中心。

自从农业兴起，土地便成为农民生活的依靠，通过耕种，取得衣食之需。除了天时地利、风调雨顺等条件之外，劳动工具和生产方式也是重要的因素。史学家翦伯赞说："中国的牛耕，早在春秋末叶，即已创始，经战国、秦代以至西汉，更加推广了。在西汉时引用牛耕的地方，已不限于中原一带，并且扩展到边疆了，特别是西北边疆。史载西汉在西北一带，曾经发动大规模的屯田运动，这样就在西北一带引进了牛耕的农业。……唯史籍所载，直至武帝时，江南的农民还是火耕水耨。今日皖北庐州一带的人民，则直至东汉时，尚不知牛耕。据此，则西汉的牛耕，尚未普及于江南。总之，在西汉时，牛耕实为一种支配的耕种方法，而在某些地方之有人耕的并行，亦系事实。"[1]

以上说明，西汉时牛耕虽较普遍，但只限于中原和西北地区，在此之外，并未普及。直至东汉之初，江淮一带还受猛兽之害。《后汉书·宋均传》说："（宋均）迁九江太守，郡多虎豹，数为民患，常募设槛阱而犹多伤害。均到，下记属县曰：夫虎豹在山，鼋鼍在水，各有所托，且江淮之有猛兽，犹北土之有鸡豚也。"当时的农业生产，可想而知。至建初八年（83），才有一位贤良的太守教以牛耕。《后汉书·王景传》说："建初八年，迁庐江太守。先是百姓不知牛耕，致地力有余而食常不足。郡界有楚相孙叔敖所起芍陂稻田（注云：陂在今寿州安丰县东，陂径百里，灌田万顷），景乃驱率吏民，修起芜废，教用犁耕，由是垦辟倍多，境内丰给。遂铭石刻誓，令民知常禁。又训令蚕织，为作法制，皆著于乡亭，庐江传其文辞。"

由于牛耕在两汉时期的不少地区还是新鲜事物，又确实代表着一种先进的生产力，为人们所希求，所以在画像石上出现，成为所有者炫耀的对象。

【赏194】为陕西绥德画像的牛耕图，被刻在墓门内的立柱上。耕者扶犁赶牛，正在起劲地劳作。下格是排列整齐的谷秆，硕大的谷穗下垂，预示丰收在望。原石画面的上方是至尊的西王母，可见牛耕在当时人心目中的地位。

---

[1] 翦伯赞：《秦汉史》，北京大学出版社1983年版，第170页。

▶赏194　牛耕图
陕西绥德县王得元墓
门左立柱画像（局部）

▲赏195　田间小景　河南南阳邢营出土（画像局部）

▲赏196　双牛耕田　陕西靖边寨山村汉墓出土，墓门左立柱（画像局部）

【赏195】是河南南阳画像中的一幅田间小景，颇有“锄禾日当午，汗滴禾下土”的意味。已是中午了，农夫仍在锄地，妻子送来了饭，肩挑着食篮和水壶。连狗儿也不甘寂寞，兴奋地跑在前头，为平静的生活增添了生气。

【赏196】为陕西靖边画像的双牛耕田。两牛一犁，据说在当时是最先进的一种生产方式。这里是西北屯田地区，牛耕领先。谷子熟了，整齐地排着队，沉甸甸的谷穗低着头，看着鸡鸭们跑来跑去。在犁地者的前面有一朵彩云，与之成为一种吉兆相呼应。

【赏197】为江苏睢宁画像的田野耕作。原石的画面虽已模糊，但表现的内容很有意义。画面分为三格，最下格是一个农民的家庭，有四口人，三头牛，一架车，还有一条狗。他们赶着牛车下田。车停在地边，拉车的牛悠闲地休息。时间已经很久了，有三只“孝鸟”（乌鸦）站在车上。狗儿有些无聊，在车旁睡着了。农家主人正在犁地，两头牛拉犁很快，使扶犁者大步紧跟，一个孩子随后播种，前边有一棵禾苗。这禾苗是象征性的，

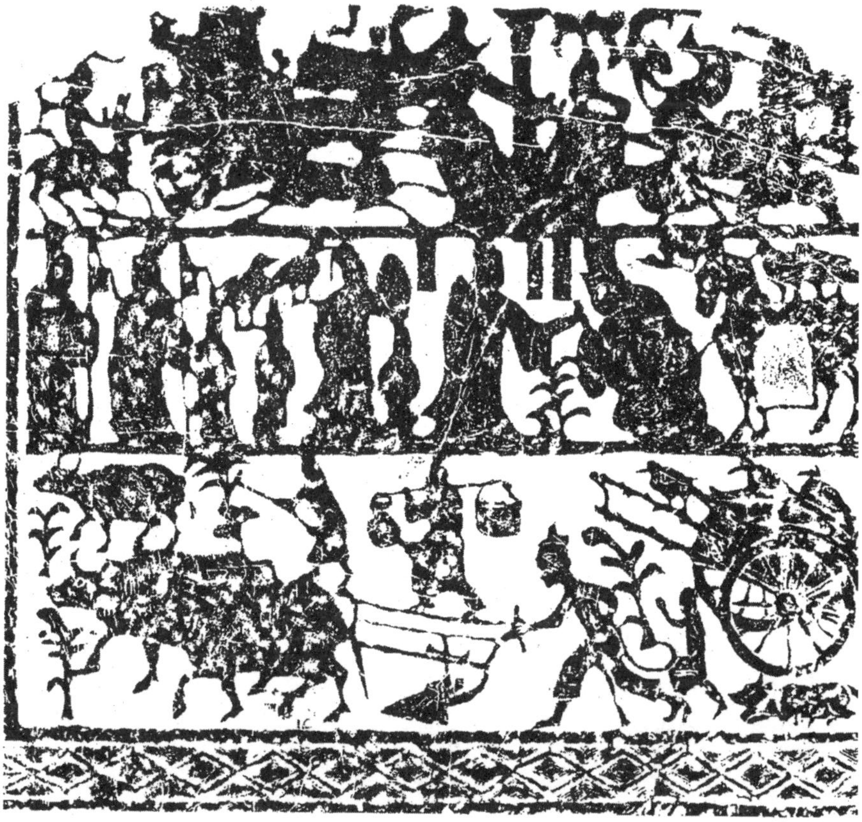

▶赏197　田野耕作图
江苏睢宁县双沟散存，高80厘米、宽106厘米（连边框）

指明了工作的内容。在远处也有一棵禾苗，是一人正在锄耘。可能已是中午，女主人挑着饭食来了。这是一个平展式的构图，使我们看到了近2000年前的农民的生活写照。

同在一块石头上，同是一个画面，下格是一家农户的田野耕作，上两格却是另外一种人。上格是骑鹿者和坐鹿车者，似乎带着仙气，中格是迎接的场面，也有孝鸟和禾苗。他们之间有什么联系呢？笔者推想，墓主人是个庄园主，下面的一家人是他的佃户。当他要“升天”的时候，仙人们来接他，他还怀念着属于他的土地，因为那是他的财富之源，刻画在石头上也是一种炫耀。

汉代的盐、铁由政府控制专营，私人不得开采。特别是铁器，不论对于战争还是用于农业生产，都非常重要。从西汉起，由于铁制工具的需求量大大增加，也逐渐出现了分工。文献中有所谓“箭张回”“翦张禁”“削厉工”等，就是作箭的名工姓张名回、作剪的名工姓张名禁和专门制作刀具的工人。《汉书·食货志》说：“工巧奴与从事，为作田器。”就是对于农具的制造，从一般的铁器制造中分离出来，成为一个独立的管理部门。

【赏198】是山东滕州早年出土的一块画像石，将冶铁和农耕刻在一起。画面分作两层，上层的左边有三人在锻造和磨制兵器，墙上挂着许多制成的环首长刀。中间有一个乘龙者，右边有七人持笏而立。下层为农耕，有三人锄地，其后一人撒种。一人扶犁，驾一牛一马耕田，其后一人使牛拉一横物，似在耙田。左端有三人挑食而来。右端一大树，树下有一人执杖而坐。这幅画像表现了当时农业生产的主要过程。

【赏199】也是今滕州早年出土的画像石，为原石的一部分。原石的画面共分四层。第一、二层是以西王母为中心的神话世界。第三层为祥禽异兽。此图为第四层即冶铁。左边三人操作一个大皮橐鼓风冶铸，其中还有一人躺在地上。有四人在锻打铁，上面挂着环首长刀。在靠门处，有人在审视检验产品，有人在执器操作。门口有人把门。很明显，这是汉代一所制造刀具的手工业工场。

纺织在汉代已相当发达。不但织葛、织麻、织丝帛，而且织绣并举，创造出美丽的图案和花纹。《论衡·程材篇》云：“齐郡世刺绣，恒女无不能；襄邑俗织锦，钝妇无不巧。”其数量之大也是惊人的。据《汉书·食货志》，汉武帝出巡，一次就赏赐丝帛百余万匹。一年之中，收天下丝帛五百万匹。

传统的农耕文化，以家庭为单位，逐渐形成了“男耕女织”模式。以此

▲赏198（上）冶铁与农耕图
山东滕州黄家岭出土，高56厘米、宽187厘米

▲赏199（下）冶铁图
山东滕州宏道院出土（局部）

为基础，大体上有三种类型（也是三个不同的层次）：第一是由国家设立的大型织绣工场，如在长安的“东织室”和“西织室”，专门织造皇家御用的缯帛锦绣，每年的费用达五千万钱之多。第二是由王公贵族和地主富商所自营的纺织业，他们以此致富，据《汉书·张汤传》：“张安世……夫人自纺绩，家童七百人，皆有手技作事，内治产业，累积纤微，是以能殖其货，富于大将军光。”第三是为数众多的家庭作坊，所谓“一夫不耕或受之饥，一妇不织或受之寒”。他们的手工纺织以自给为主，如有多余的纺织品也可能拿到市场出售。在画像石中所反映的，多是第三种和第二种。第二种是炫耀财富，第三种则是展示了小康之家。

【赏200】是江苏泗洪画像。有织机和络车等，墙上挂满了线把和线团。

【赏201】是江苏沛县画像。织女坐在织机上，中立一人将婴儿递给织女，可能是哺乳，另一妇女在纺车前劳作。有人分析，这种接抱婴儿是“哺乳不下机”的紧张劳作，如此，也说明画像石表现人物之入微。

【赏202】为山东滕州画像。原石画面共分三层，上层为狩猎图，下层为车骑出行图。此为中层之纺织图，有两架织机，以及络车、纬车等，表现了摇纬、络线、织布的情景。

▲赏200　纺织图（一）　江苏泗洪县曹庙出土

▲赏201　纺织图（二）　江苏沛县留城镇出土

▲赏202　纺织图（三）　山东滕州龙阳店出土（局部）

▲赏203（上） 纺织图（四）
江苏新沂市炮车镇出土（局部）

▲赏204（下） 伎乐与纺织图
江苏铜山洪楼石祠画像，残高99厘米、宽216厘米

【赏203】为江苏新沂画像。原石雕有直棂式窗户，此画面在窗户之上，有纺车和织机，织女正回身接抱婴儿。

【赏204】为江苏铜山画像。这是在一个地主庄园里，上边一层是迎接客人，下边是在两座建筑之间进行杂技表演，有建鼓、抛丸、踏盘、倒立等。舞乐声声，非常热闹，宾主坐在厅堂里观看。对面是另一座建筑，织工们在劳作，有的络纱，有的摇纬，有的织布，还有人用手势在向客人介绍。这种伎乐与纺织场面，在今天看来似乎不太协调，但它反映了将近2000年前地主富商的生活。【赏205】是上图的“纺织”部分特写。

【赏206】为安徽宿州画像，原系石祠的后壁。有铭文，墓主为胡元壬，刻于东汉建宁四年（171）。这是一个很大的宴乐场面，可能是胡元壬的有

▲赏205　伎乐与纺织图（局部）

▲赏206　宴乐与纺织图　安徽宿州褚兰镇墓山孜出土，残高84厘米、宽138厘米

意展示。楼阁层层，宾客济济，歌舞声声，人们三三两两地对饮、畅谈。在画面正中的楼下，有一组纺织者，有的纺线，有的络纱，织布者最为突出，正坐在织机上抱着婴儿逗乐，大概就是汉乐府诗《相逢行》中所说的“大妇织绮罗，中妇织流黄（绢）”这类贵妇人吧。

【赏207】为江苏邳州画像。画面分三格：第一格是纺织，第二格是乐舞，第三格是车马出行。总括起来看，这是一个小家庭的优越生活。因为拥有纺织的副业，经济比较富裕，既可以在家欣赏歌舞，又能够出外旅游。

▶赏207　家庭游乐与纺织图

江苏邳州占城白山汉墓出土，高117厘米、宽92厘米

▲赏208 小康之家图 江苏徐州贾汪区青山泉散存，高103厘米、宽92厘米

【赏208】为江苏徐州画像。这是汉代的一个小康之家。夫妇二人坐在榻上闲谈，有自己的马车可乘。室外的房顶上站着两只凤凰，象征着吉祥幸福。在此主画面的上方是一格纺织图，男主人正将婴儿递给坐在织机上的妻子。另外有两个女工在调丝和纺线，墙上挂满了线团。由此看来，纺织业的兴旺为家庭经济提供了条件，使人们走上了富裕的道路。

有两幅“造车与酿酒”图，构图雷同，原石的出土地点相距只有十几公里，均为表现制造车轮和酿酒两种劳作。由于石料的加工不同，【赏209】是在光面石上刻线，【赏210】是在剁纹石上刻线，因而拓印的效果产生异趣。《考工记》说：“一器而工聚焉者，车为多。”造车有所分工，而制作车轮是技术性较高的。做车轮者正在修整轮牙，身后一妇女背着婴儿，给他递零件，说明这是一个家庭作坊。在同一画面上，另一酿酒者叉开双腿，站在缸前，似乎在品尝新酒的味道。

▶赏209　造车与酿酒（一）
山东嘉祥县洪山村出土

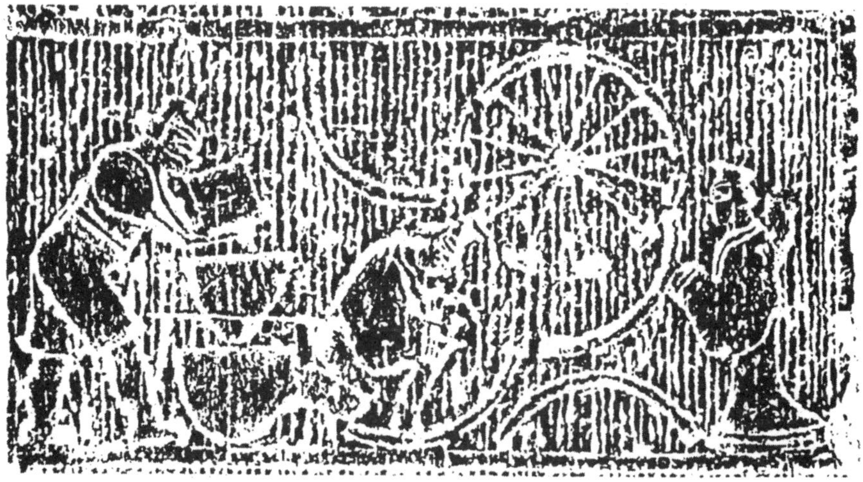

▶赏210　造车与酿酒（二）
山东嘉祥县刘村洪福院出土

◀赏211　大型酿酒作坊
1961年河南密县（今新密市）打虎亭一号汉墓出土，高95厘米、宽120厘米

【赏211】是河南新密画像中所表现的一个大型酿酒作坊。所有器具齐全，将酿造酒的过程展现了出来。此图外围还有复杂的花边。

盐是人体不可缺少的一种物质，我国古代已有多种办法从大自然中提取食盐，如海盐、池盐、井盐等。四川的盐井，是从深井中汲取盐卤，经蒸浓即得粗盐结晶。汉代四川的盐井，设有“井灶”，即从盐井汲取盐卤做原料，从火井引出天然气或用薪炭作燃料，设灶煎制食盐。

【赏212】为四川出土的盐井画像砖。在起伏的山峦中，深挖盐井，井上架着高大的井架，架分三层，盐工们紧张地用辘轳汲盐卤。右边有“井灶”熬盐，山中还有砍柴的人。人很多，所有人都在忙碌着，将采盐的过程表现得完整而细致。

【赏213】为深山汲盐图。除了盐井、井灶和砍柴的人之外，山中鸟兽很多，有猎人在狩猎。

▶赏212　盐场采盐图
四川邛崃花牌坊出土画像砖，高36.5厘米、宽46.6厘米

▶赏213　深山汲盐图
四川成都羊子山出土画像砖

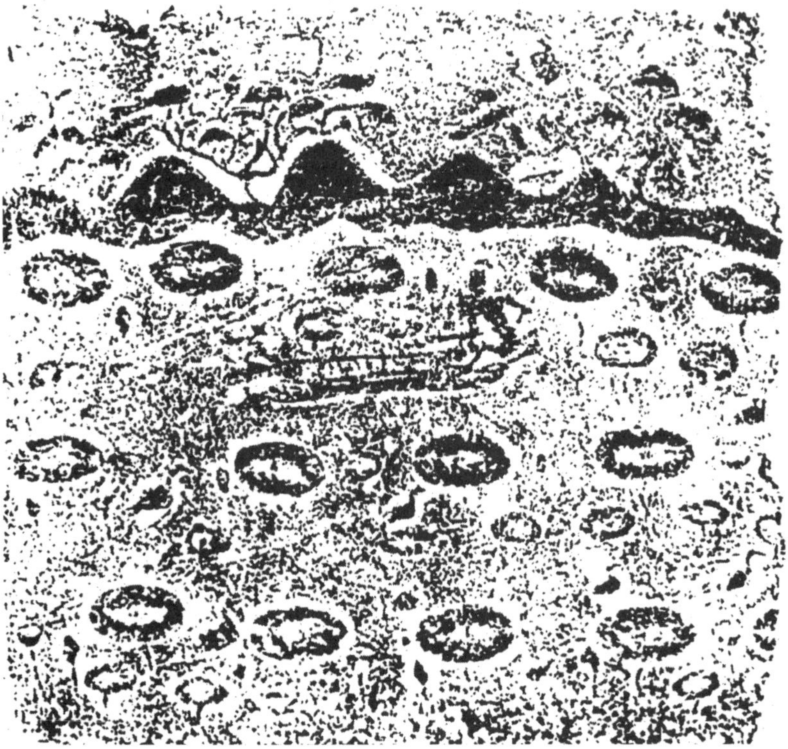

◀赏214　采莲图
四川德阳出土画像砖

◀赏215　弋射收割图
四川大邑安仁镇出土画像砖

▶赏216 马牛羊群图
陕西横山孙家园子出土（墓门横额局部）

▶赏217 马牛羊群图（局部）

【赏214】为四川出土的采莲画像砖。一片平静的池塘，莲叶和莲蓬整齐地浮在水面上。远处的山也是按照一个调子起伏，只有山间的树长得有大有小，水中的野鸭游动着。可能是画家有意这样安排，就像初学者画的图案。突然一条采莲船摇了进来，打破了平静，使画面顿时活跃起来。真是一幅优美的风景画，仿佛感受到时间的存在。

【赏215】为弋射和收割图。上边是一个不平静的莲塘，水中鱼鸭遨游，空中飞雁成群，岸边有两人正在张弓弋射飞雁；下边是农忙的场面，有的在收割庄稼，有的刈草，有的挑担，他们前呼后应，在构图上也颇有节奏。

西北边陲，马牛羊成群，放牧者、狩猎者屡见不鲜。在牲畜密集的地方，别是一番情趣。挤奶者求助于牛羊，羊儿跑来跑去，牵马者马不和顺，不知为什么，它蹬出后腿，将人踢倒了。【赏216】是刻在墓门门额上的画像，虽系局部，已现出不小的场面。【赏217】是其中的两个挤奶者的特写。

七、战争狩猎（胡汉战争、骑射、田猎、格斗、勇武等）

战争是通过武力以决胜负，哲学家把它看作是解决矛盾的最高形式，它是随着私有财产和阶级的产生而出现的。可能是与解决不公平又导致不公平有关。自古以来，虽然战争有正义性和非正义性之分，一种是侵略、压迫、掠夺的战争，一种是反抗、抵制、保卫的战争，但其结果都是要损伤生命和破坏财产。

当然，我们必须反对那些侵略者，反抗那些压迫者，保卫我们的生命和财产，仇恨那些欺压别人的人，歌颂那些拯救别人的人。总之，不论胜利还是失败，即使是最伟大的战争，也仍然是悲剧。数千年来，有智慧的人类，从没有为此而反思，却发展了战争。

汉代的战争无疑是连续不断的。从反抗秦王朝、争夺王位靠战争，到巩固政权、镇压叛乱也是靠战争。在汉代的画像石中，有相当数量的描绘战争的场面。历史学家翦伯赞说：

> 在汉代石刻画像中，战争图是常见的。如武氏祠前室第六石，后室第七石、第八石、第十石（上部）及孝堂山祠第四石，都是描绘攻战的画像。战争图之所以常见，这正是反映东汉的边疆地区的战争频繁，东汉政府又鼓励征战的事实。在这种战争图中，我们可以看到东汉时代战争进行的具体形象。如当时的指挥官，皆高冠伟服、宽衣博袖、乘车，车用一马拖曳，前有御者一人，车制简单，只有一伞状之盖。指挥官手中或持楯，或持一半月形之物，或系令旗（有谓此半月形之物为扇者）？战斗时，骑兵与步兵部伍错列，矛戟相搏。士兵或着长袍，或短衣及膝，小袖，皆束带。衣之袖口、领及下脚皆有边缘。士兵皆戴帽，平顶微凸，后有布下垂及颈，盖用以保护头部者。骑兵乘马，马的鞍缰结束，与今日无异。兵器只有弓弩、长戟、矛、铤、剑、楯。古人所用的戈已不复出现于汉代的战场了。开弓者，往往坐在地下用双脚蹬着弓背，双手将弓弦拉开，然后贯矢以射，这大概是要求有更远的射程。在武氏祠，前室第六石上，同时并表示一种小规模之

水战。战士立于船头相互搏击，船尾有一士兵，持桨摇船，亦持兵器。为了表示水、陆，在陆战战场上画了一支（只）飞鸟，在水战战场上画了鱼、渔人和水鸟。在这种战争图上，马的飞腾，车的驰驱，人的搏击刺射，都相互关联，一气呵成。令人看了，仿佛置身于东汉时代的古战场之中。[1]

这段描写太精彩了。没有想到历史学家对画像石看得如此细微，简直把历史讲活了。还不见有美术史家这样认真过。更重要的是，翦伯赞在上段文字的开头，有一个注释说："劳干氏在其《论鲁西画像三石——朱鲔石室、孝堂山、武氏祠》一文中，谓汉代石刻画像中之攻战图，并非真正的战争，而是都试。都试者，即地方官检阅民兵。换言之，即战争的演习。劳氏曾举出许多例证，证明其说。不论劳氏之说是否尚有商榷之处，但是一说也。惟关于石刻画像之历史的索隐，乃系一种专门学问，我在这里，只是指出石刻画像在艺术史上的地位，因而不论这些攻战图是真的战争，抑或是战争的演习，总可以表现出当时战争之具体内容。"[2]

这是对的。我们研究的是艺术，是汉代人所画的战争场面，并非追究是具体的哪一场战争。这就是艺术的真实，不一定就是生活的真实。

观察各地画像石的战争图，交战双方的人物形象，有一方多是深目高鼻，有的戴着尖顶帽，人们往往称这类题材为"胡汉战争"。我国古代，对北方和西方各族泛称曰"胡"。汉代时的西北边疆常有胡人骚扰，引发战争，形成这一题材的来源。另据出土画像石的墓葬推测，有不少墓主人可能与军事有关。

【赏218】为山东孝堂山战争画像。原石系一面山墙，高220厘米、宽218厘米，此为其中右下部分。原画面不分格，但内容分为六组，自上而下为：①女娲、西王母等神话人物；②车骑行列；③一列相互拱手而立的人；④胡汉战争；⑤狩猎场面，刻荷毕、牵犬、架鹰、执戟、张弩、驾牛车的猎者，围猎兔、鹿、豹、野猪等；⑥六博、宴饮等人物。本图主要是④⑤两组的右半部分。其中"胡汉战争"有"胡王"榜题。胡王坐在山前，前边是人马奔驰、兵刃相接的交战情景。

[1] 翦伯赞：《秦汉史》，北京大学出版社1983年版，第535页。

[2] 翦伯赞：《秦汉史》，北京大学出版社1983年版，第535页注①。

▲赏218　战争与狩猎图　山东长清孝里铺孝堂山石祠西壁（画像局部）

▲赏219　胡汉交战图
山东嘉祥县宋山村出土，宽65厘米

【赏219】为山东嘉祥宋山画像。画分两层，上层表现胡汉交战，两个汉骑兵追杀两个胡骑兵，有一个胡兵已经落马，另一个胡骑兵逃往山中。有趣的是，那山只用一条斜波浪线代表，露出了马头和马尾。马尾表示逃者，马头表示迎战者。另一胡臣在向首领禀报战情。下层是汉兵用绳子捆着两个俘虏，带到汉官面前，进行审问。原石之下还有一层是玩蛇者，与

◀赏220　胡汉战争图
河南新野县樊集出土画像砖（空心砖一半）

◀赏221　指挥作战图
山东莒县东莞村出土石阙阙身背面画像（局部）

此无关，故从略。

【赏220】为河南新野出土空心砖画像的左半部分。三个突兀的山峰，胡人藏在山中，山顶上立着指挥者，正指挥出兵冲锋。汉军的骑兵已提着胡兵的首级回阵。原画面的右边是汉军的指挥台。

【赏221】为山东莒县石阙画像的一部分。指挥官坐在楼内，楼上挂一弩。楼外是俘虏的胡兵，有三骑兵向前冲杀。左边的胡兵隐于山中，山用一条波浪线表示。

【赏222】为沂南汉墓的门楣画像，表现在一座桥头之侧的胡汉战争。一群汉兵正在过桥向左行进，后边有乘车的督战官吏。桥下的划船与捕鱼者好像还没有发觉战争的到来，依旧紧张地捕鱼。就在这时，桥的左坡发生了激战，数名胡卒已断头横尸。但胡兵并不示弱，他们骑马弯弓，翻越

▲赏222（上） 桥头上的胡汉战争
山东沂南北寨村汉墓门楣画像，高36厘米、宽290厘米

▲赏223（中） 桥头上的胡汉战争（局部）

▲赏224（下） 田野上的胡汉交战图
山东滕州市出土，高23厘米、宽151厘米

重叠的山峦，前来迎战。这是一幅缩短了的战争场面，如果是实地写生，可能要横跨数十里。

这座汉墓过去已被盗掘，不明墓主身份，但当地北寨村的群众自古相传，称此墓为“将军冢”，会不会就是当年西征北伐的军事首领呢？

【赏223】是上图的桥头部分。桥上是两军对垒，桥下是水中捕鱼。

【赏224】为滕州出土的胡汉交战画像，是骑兵和步兵在田野上战斗。一边设有高高的瞭望楼，一边是士兵隐藏在云雾缭绕的山峦中。中间是战马在田野上奔驰，虽已分出胜负，但败者仍在边退边打。

【赏225】同是滕州出土的画像，也同是表现战争题材，此图与上图相比较，两幅图的画法与风格迥异。论技巧，这一幅战争图并不太高，人物

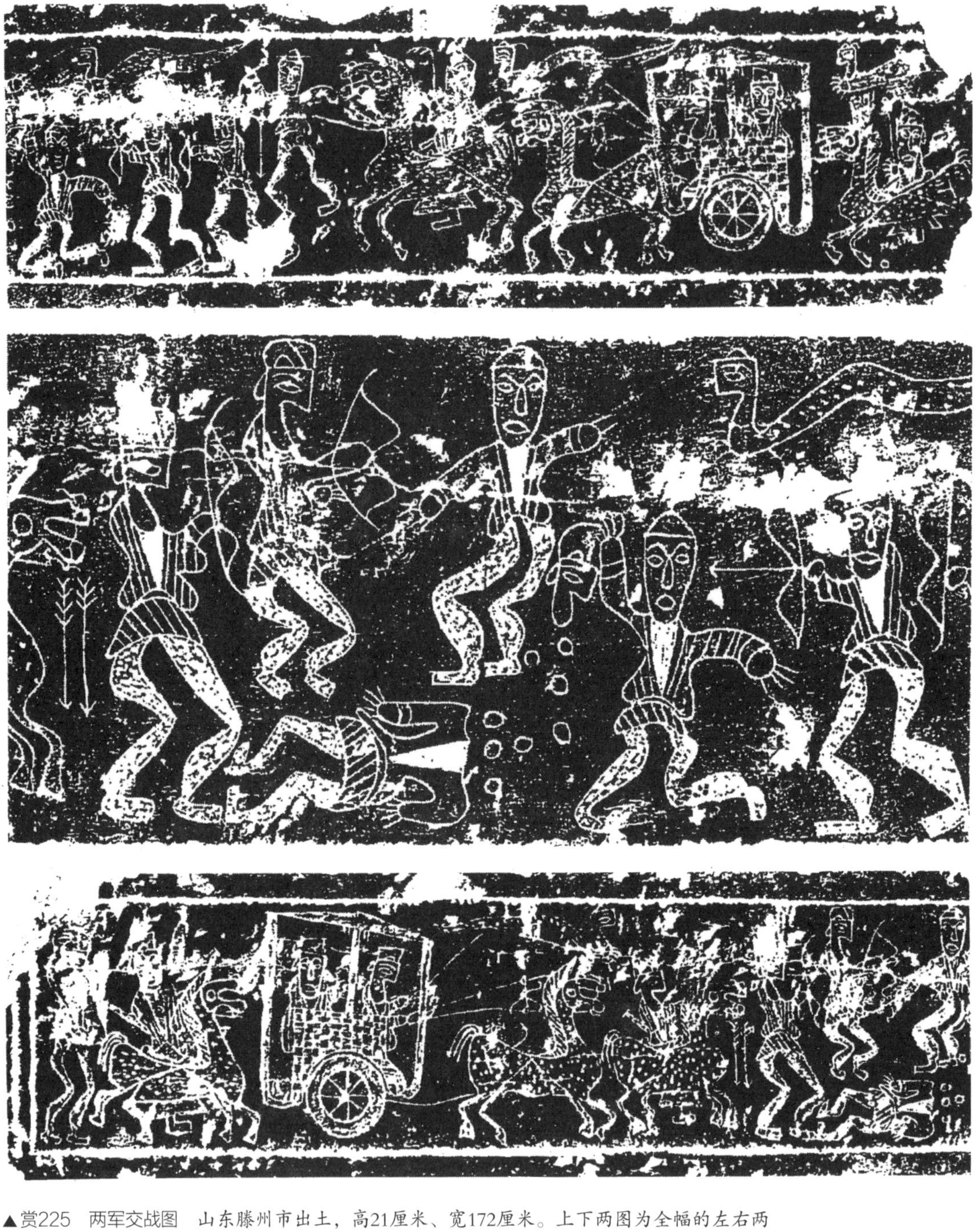

▲赏225　两军交战图　山东滕州市出土，高21厘米、宽172厘米。上下两图为全幅的左右两部分；中图为特写，也是战争的焦点，其两端可与上下图连接

夸张过分，但很生动，构图也特别。两边车骑对驶，中间是步卒弓矢相射；提着斩下的人头，可知战争的残酷。

人类早期的生活资料来源于现成的生物，用棍棒、石块等猎取禽兽、捕捉鱼鳖，也就是最初的狩猎活动。以后改进工具（也是武器），便可以猎取较大的和凶猛的动物。待到懂得种植农作物，并学会了驯养家畜，狩猎活动才退居第二位。但是在古人的生活中，狩猎活动一直被重视。它不仅能够使人取得食物，并能锻炼人的体魄和灵敏性，与能武善战结合起来。直到元代和清代，蒙、满的统治者先后统一中国，就号称是“马上的民族”和“骑马打天下”。

古代有“田猎”之说。《左传·隐公五年》：“故春蒐、夏苗、秋狝、冬狩，皆于农隙。以讲事也。”所谓春猎为蒐，夏猎为苗，秋猎为狝，冬猎为狩。总之，一年四季都要打猎，而且成为一种社会风习，上下皆然。不但连狩猎的马被重视，还驯化出一种专门的猎犬。《礼记》注疏说“犬有三种”，即守犬、田犬、食犬。“田犬”就是狩猎之狗。

在汉代，狩猎除了以上的目的之外，也逐渐成为上层贵族的一种消遣娱乐。又有所谓“骑猎”和“田猎”之分。骑马射箭为骑射，以猎取较大的动物，如野猪和鹿等。田猎是在田野里徒步，捕捉一些飞鸟和野兔。这两种狩猎，都是少不了猎犬的。

不仅在汉代，汉代之前的古人就认为“牵着黄狗追野兔”是一种乐趣。赫赫有名的李斯，曾做过秦始皇的丞相，但在秦始皇死后，于秦二世二年（前208）七月被杀。《史记·李斯列传》记载：临刑之时，他对他的儿子说：“吾欲与若复牵黄犬，俱出上蔡东门，逐狡兔，岂可得乎？”这是对死别的悔恨之情呢，还是对人生的依恋？晋向秀《思旧赋》：“昔李斯之受罪兮，叹黄犬而长吟。”唐李白《拟恨赋》：“执爱子以长别，叹黄犬之无缘。”由此可见，古人很重视打猎。牵着狗在田野里追逐野兔之类，确是一种富有乐趣的活动。如果是骑马射箭，与大动物较量，一定有更大的刺激性，也带有一定的危险性。实际上，古代的战将和军事首领，都是勇武双全，并善于骑马射箭，很可能就是由此奠定了基础。

【赏226】是一幅猎虎图，为河南禹州出土的画像砖。砖并不大，但画面气势很大。虎是一种凶猛的动物，猎虎，等于说是人与猛兽生命的较量。骑射者不仅要有高超熟练的骑射技术和健壮的体魄，还要勇敢机智。上图为骑射者的局部，人与马几乎合为一体，显得快速而稳健。人的两臂弯弓

▲赏226　猎虎图　河南禹州出土画像砖，高6.4厘米、宽23厘米。上图为局部，表现骑马射箭的勇士；下图为画像砖的全图（模印在砖的侧面）

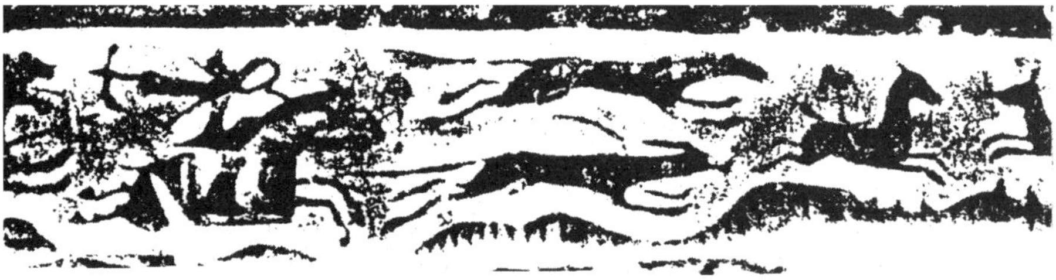

▲赏227　狩猎图　河南新郑出土画像砖

▲赏228　深山围猎图　河南邓州出土画像砖（局部）

和马的四肢急驰，都保持了平衡。下图为猎虎全图，夸张了虎的体积，并有惊恐张皇的人相衬托，气氛非常紧张。

【赏227】前有野兽逃窜，后有猛虎反扑。

【赏228】是模印连续画面的一个单元，表现的是在深山中围捕虎鹿。

【赏229】可能是追击野兽，也可能是追击敌人。

【赏230】是画像砖的一个模印单元，表现一个骑士射一头逃窜的鹿。骑者在马上前倾，张弓欲射，奔逃的鹿惊慌地回望，连鸟儿都感到紧张了。画面并不复杂，但采用对称式的构图，一边斜坡下冲，一边随风上跃，表现得紧张而生动。

▼赏229（上）追击图
河南新郑出土画像砖

▼赏230（下）猎鹿图
河南新郑出土画像砖

▲赏231　牛君出猎图
陕西米脂县官庄出土
（墓门楣画像），高29厘米、宽149厘米

【赏231】是一幅大型的骑猎图，并且刻在墓门的门楣上，说明对此的看重。在画面中部一个骑马者的上端，有题榜“牛君”二字，可能就是狩猎的主人。所不解的是，按照汉朝人的习惯，一般是刻官衔职称，但此人却直呼“牛君”，会不会是个当地的布衣土财主，即没有做官的庄园主呢？他所能显示的，除了财富之外，也只有骑猎的排场。从画面中可以看出，他端庄地坐在马背上，虽然手持弓箭，却没有拉开。在他的前后是十几个强悍骁勇的骑士，纵马飞驰，射猎野兽，还有在马上摇旗呐喊的人。东汉时期的陕北地区，是屯兵、移民的地方，这种大型的骑猎活动，可能是最为壮观的一道风景。

【赏232】“捕鸟图”为“牛君出猎图”的一个局部。猎人骑马急驰，正在用长长的“毕”去捕捉飞鸟，猎犬也抢在前头，有三只鸟惊慌地飞逃。“毕”是古代用以捕捉小禽兽的长柄网，所谓“网小而柄长谓之毕”。《庄子·胠箧》说：“夫弓弩毕弋机变之知多，则鸟乱于上矣。”在汉代画像石的田猎图中，常见使用这种狩猎的工具。

【赏233】“搏虎图”也是“牛君出猎图”的一个局部。从画面上人物的动势看，骑猎者像是正在追逐一头鹿，忽然发觉马后有一只老虎扑来。猎人来不及掉转马头，只好在马上扭过身子，用长戟与虎搏斗。他们边走边击，好像老虎也下了决心，死不让步，两只爪子紧抓住戟不放，一定要较量个高低。这种情景，明显是将老虎拟人化了，可

▲赏232　捕鸟图（牛君出猎图局部）

▲赏233　搏虎图（牛君出猎图局部）

能出自雕刻者的想象。

【赏234】原石长达285厘米，表现一个官员所住的庭院、出行和狩猎，一系列展开。上图为其中的左半部分，主要是狩猎和少数车马。刻画得比较粗犷，构图作剪影式的组合。两边是层峦叠嶂，山谷里是惊禽骇兽，正被猎手追赶。猎物中有野羊和骆驼，说明是在北方的边陲地区。

【赏235】至【赏240】共6幅田猎图，不仅题材一致，在处理手法上也比较接近，但又趣味迥异。猎手们带着弓箭和毕，牵着猎犬，在田野里搜寻野兔、小鹿之类的动物。在猎犬的追逐下，鸟兽惊慌而逃，有的藏入山中。这些场面都很生动，成为汉画像石的一个亮点。

◀赏234 车马出行与狩猎图
陕西绥德县延家岔出土（墓前室西壁横额部分）

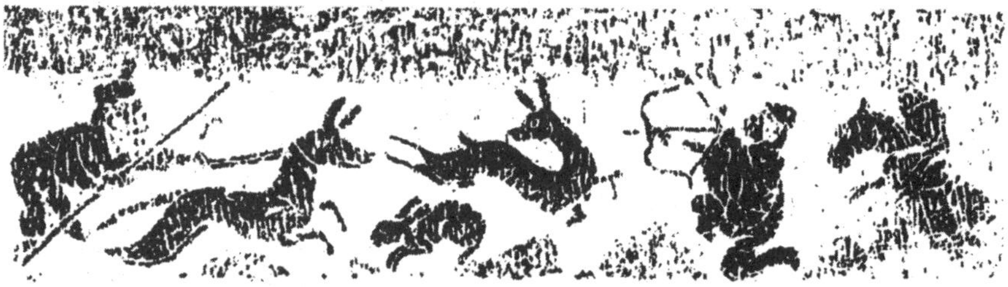

◀赏235 田猎图(一)
河南南阳市王庄汉墓出土，高41厘米、宽132厘米

◀赏236 田猎图(二)
山东微山县两城镇出土（局部）

▲赏237　田猎图（三）　山东兰陵县前姚村出土（局部）

▲赏238　田猎图（四）　河南南阳市王庄汉墓出土，高42厘米、宽167厘米

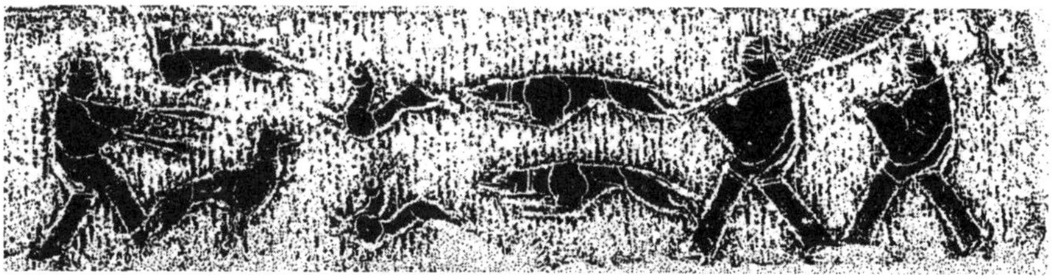

▲赏239　田猎图（五）　山东嘉祥县城南嘉祥村出土（原石画面第五层）

▲赏240　田猎图（六）　河南南阳英庄汉墓出土，高38厘米、宽153厘米

▲赏241 山林狩猎图
山东费县潘家疃出土，高48.5厘米、宽233厘米

【赏241】是一个狩猎的群体。他们有十多人，扛毕持戟，带着猎犬，赶着牛车向山林行进。山林中岩石起伏，树木丛茂，其间藏着各种野兽。鸟儿在上空盘旋，连老虎也探出头来观望。走在前边的人已遇到了野猪，正在拉弓射箭。最活跃的是几只猎犬，它们跑在人前，不知嗅到了什么。

【赏242】为画像砖的一个模印单元，幅面不大，可以单独模印，也可连续印成一行，或者与其他印模组合搭配。

【赏243】是汉墓门楣的部分画像。一个猎手骑马前冲，回头来弯弓射一头奔逃的野牛。在受到惊吓的野牛一侧，不远处有一个徒步的猎手，也在拉弓欲射，形成了围猎的局面。惊弓之鸟乱飞，也在他们的射程之中。这幅图刻画的正是箭在弦上的瞬间。另外有一朵四瓣“柿蒂花”，是在门楣上的补白点缀。

【赏244】是西汉元帝至平帝时期（前48—5）的一座石椁墓，画像在椁板上分格刻出，此为右边的一格。这是早期的画像。画面有两条并行的弧线作为区划，线内表示是一个湖泊，水中有二人撑船，另一人正在执罩篓捕鱼。双线之外是广阔的田野，人们正在紧张地狩猎。中间的人骑着马，前后各有两条猎犬追逐鹿和野兔。再往后还有三人跟随，扛着叉类的猎具或手持弩弓。狩猎的场面在汉画中很多，但是如此用符号式的组合则是初期的特点。也就是说，它的意思表达出来了，可是画面并不复杂，还不

▶赏242　骑马射鹿
河南新郑出土画像砖

▶赏243　围猎野牛
陕西米脂县党家湾
出土（原石局部）

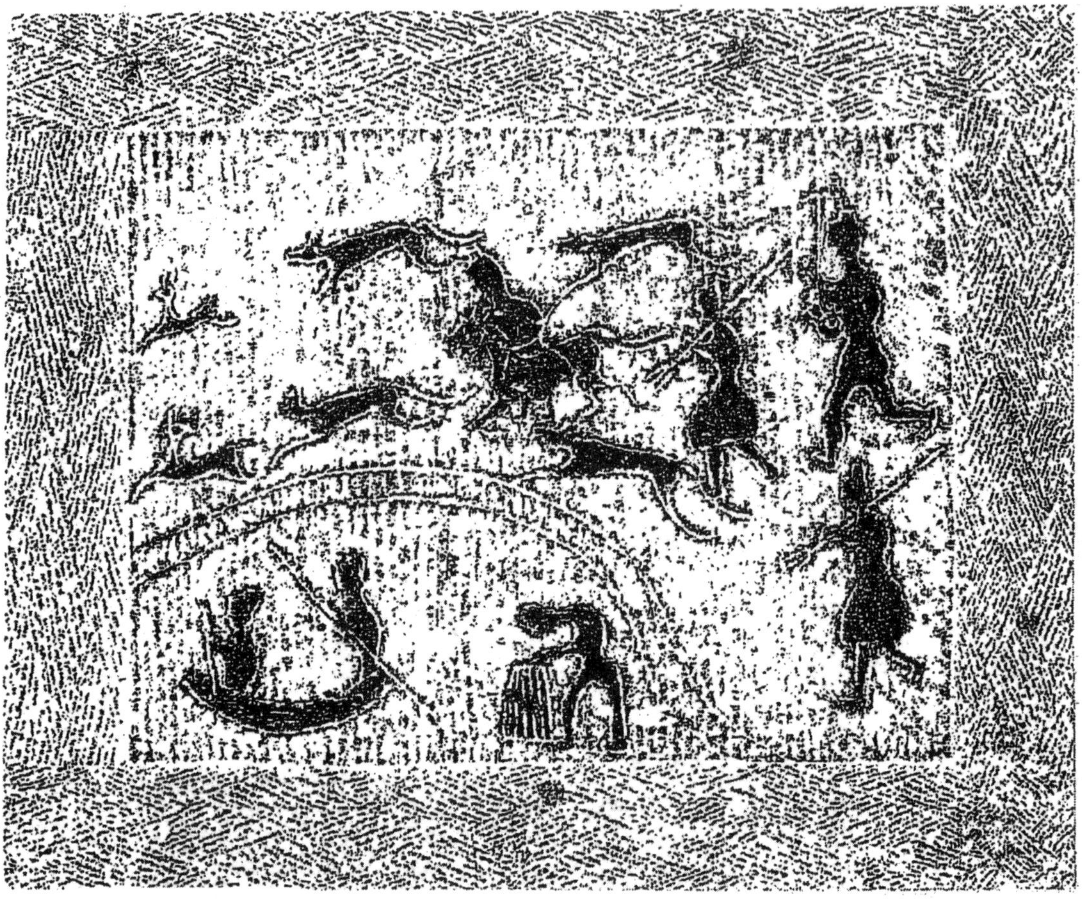

▲赏244　渔猎图
山东济宁市师专西汉石椁墓出土

能说有很强的感染力。这可能是早期绘画的一个特征，即图案学上所称的“表号”。作为绘画来说，在特定的地点和环境之下的表号之组合，仅是为了说明事物的内容，还没有表现出相互之间的“关系性的律动”。然而，这已是很大的进步，说明距情节性的描写已经不远了。

【赏245】是山东安丘董家庄东汉晚期墓的墓室顶部斜坡画像。三个武士瞪目张口，分持兵器欲刺一头卧鹿。构图并不复杂，但四周围以多重花边，呈平行四边形，犹如一张豪华的地毯。从三武士的装束看，不像一般的狩猎，可能是表现当时流传的某一故事，我们已无从知晓。

【赏246】原砖是一块大型的空心砖，已残，现在所看到的仅是其一半。画面布满了不同的花纹，由各种木模印成。主要花纹系二龙穿璧和山中捕猎。画面区划得当，菱形的几何纹衬托得体，繁复而不紊乱，颇有节奏感。

▲赏245　三武士捕鹿　山东安丘市董家庄出土，高102厘米、上宽84厘米、下宽206厘米

▲赏246　二龙穿璧与狩猎纹画像砖　河南新野县下青羊出土，高31.5厘米、宽45.5厘米（残）

【赏247】为长条形画像砖，这是为了适应建筑需要而决定的。狩猎纹作连续排列，似在群山之中。猎人正放犬撒网，捕捉野兽。下面是其局部特写。

【赏248】是洛阳出土西汉空心砖的局部拓片。画面虽较简疏，但每个单位纹的造型非常严格，线条光洁，疏密有度，且富有装饰性。

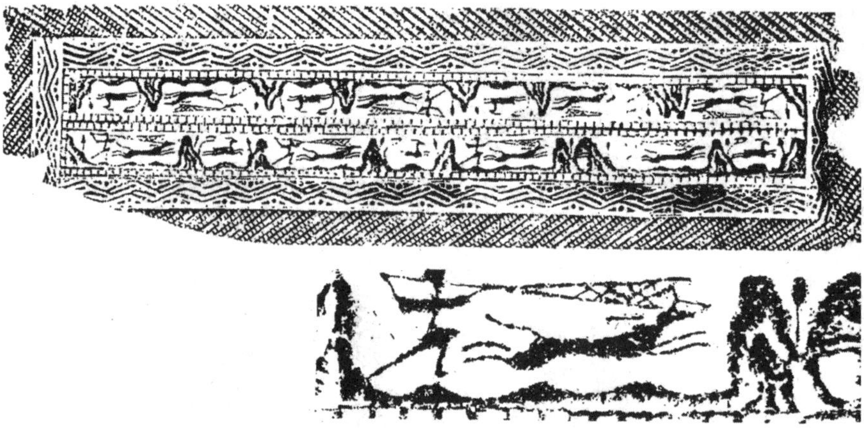

◀赏247　狩猎纹画像砖
河南方城县出土，高30厘米、宽118.5厘米

◀赏248　射鹿图
河南洛阳出土（西汉空心砖画像局部）

▲赏249　七力士图
江苏铜山洪楼祠堂三角隔梁画像，高63厘米、宽232厘米。上图为全石拓片；下图为其中的拔树者和背牛者

【赏249】为江苏铜山石祠堂的隔梁画像。全石画面共刻七个大力士：一人拔树、一人背牛、一人伏虎、一人扛鼎、一人抱鹿、一人持剑、一人握手。

【赏250】为武氏祠画像之一。原石画面分四层，此为第四层。人物左右列开，其中一人拔树、一人肩扛一只死虎、一人肩扛一头死牛、一人拽一头活牛的尾巴、一人用手提起一头小猪。另外，在此五人之间还有两人相助。左边有两人已剥蚀不清，右边有一骑马者，面对诸力士。

【赏251】原石画面分两层，此为上层的左半部分。五个力士为：一人拔树、一人持刀骑虎、一人执斧、一人持剑、一人举一杯。

以上三幅画像，分别出自三处，但内容基本相同，都是表现力士，并与狩猎有关。有趣的是，其中均有拔树、伏虎及背牛等。这无疑是力士、壮士、勇士的特长。尤其是那个拔树者，使人联想起《水浒传》中花和尚鲁智深倒拔垂柳的故事。由此推测，在汉代，可能有将几个有名的“勇力”者组合在一起，流传为“五勇”“七勇”者。春秋时宋国曾设立“武爵”的爵位以招纳勇士，可见重视的程度。当时的秦国，还有一个“五丁力士”的故事。《太平御览》卷九〇〇引《蜀王本纪》说：“秦惠王欲伐蜀，乃刻五石牛，置金其后。蜀人见之，以为牛能大便金，蜀王以为然；即发卒千人，使五丁力士拖牛成道，致三枚于成都。秦道得通，石牛之力也。后遣丞相张仪等随石牛道伐蜀焉。”

▲赏250（上） 力士狩猎图
山东嘉祥武氏祠后石室第三石（画面第四层）

▲赏251（下） 五力士图
山东滕州市官桥镇后掌大出土（原石画面局部）

五个力士拖着石牛开出了道路，力气是够大的；而以此用于战争，其计谋也是够阴险的。且不论这故事真实与否，可以看出古代的统治者是怎样看待和利用“勇力”之人的。

古人崇尚勇力，而以义为上。孔子说：“君子好勇而无义则乱，小人好勇而无义则盗。”晏子说：“轻死以行礼谓之勇，诛暴不避强谓之力。故勇力之立也，以行其礼义也。”勇力，勇壮，勇捷，勇武，受到社会的尊重。汉代人“重文尚武，尊礼好义”，成为一种社会风气。因而，在画像石中不乏表现力士、壮士、勇士的内容。有的练武比武，有的扭打格斗，有的伏虎降牛，有的把门守户，也由此成为一种力量的显示。

【赏252】是一个比武场面的一部分。已经看出胜负，失利者已筋疲力尽了。

【赏253】二人执剑搏斗，胜利者拽住对手的头发，将其拖倒在地。

▲赏252　比武图　安徽宿州褚兰镇墓山孜出土（局部）

▲赏253　击剑图　山东安丘市董家庄出土（局部）

◀赏254　山中格斗
河南郑州出土画像砖（模印单元）

◀赏255　武士降龙
山东兖州农机校西汉墓出土，高83厘米、宽67厘米

【赏254】为四人在山中格斗，中间二人扭打在一起。

【赏255】武士造型奇特，张口瞪眼，须发飘动，横握棍棒，粗陋而稳健。他站在那里，旁边的那条龙反而显得软弱无力了。这是公元之初或公元之前的一件作品，表现了一种独特的刻法，在线条的轮廓之内，布满了麻点，显得朦朦胧胧，罩上了一层神秘的色彩，以至有人将他看成神仙。

【赏256】是两座墓的墓门装饰，并非一起出土，但在两者之间似乎有一种艺术的程式。人物、铺首等与整个构图大同小异，在铺首上方，还站着一只昂首展翅的朱雀。武士守门，如同门神，以图平安。这里的两个武士姿势基本相同，一个执斧，一个持矛，都很英武。

【赏257】为两个武士作格斗状。1937年出土于曲阜，因有铭文而称“东安汉里”的石椁画像。其时代较早，为西汉末至东汉初（9—88）。两个武士持刀弓步，瞪目相对，作格斗状，显得威猛有力。

▶赏256　武士守门（两幅）
河南方城城关出土

▶赏257　二武士格斗
山东曲阜市韩家铺村出土（石椁画像），高84厘米、宽212厘米

【赏258】至【赏269】都是关于比武、演武、搏击、格斗的画面，也都是两两相对，或持械，或徒手，或人与人斗，或人与兽搏。姿态生动雄健，气势磅礴凛然，不仅显示出一种威慑的力量，也体现出一种战无不胜的精神。在艺术手法上也用了多种表现形式，有的形象夸张变形，有的线面疏密有节，有的突出了轮廓特征，特别是巧用云气衬托，更增强了紧张的氛围。

◀赏258　持械搏击（一）
河南南阳市麒麟岗汉画像石墓出土，高40厘米、宽150厘米

◀赏259　持械搏击（二）
河南郑州出土汉画像砖（模印单元）

◀赏260　持械搏击（三）
河南南阳市蒲山镇汉画像石墓出土，高32厘米、宽158厘米

◀赏261　持械搏击（四）
河南南阳市刘洼村汉画像石墓出土，高40厘米、宽150厘米

▶赏262　持械搏击（五）
河南南阳汉画像石墓出土，高39厘米、宽113厘米

▶赏263　持械搏击（六）
山东金乡县城东香城堌堆出土（西汉画像石局部）

▶赏264　比武与蹶张
山东邹城市看庄镇八里河村出土（西汉平帝时期画像）

▲赏265　斧击野牛　河南南阳七里园出土（西汉墓门局部）

▲赏266　只身斗虎熊　河南南阳市麒麟岗出土，高38厘米、宽152厘米

▲赏267　力士斗兽　河南邓州市梁寨出土，高33厘米、宽106厘米

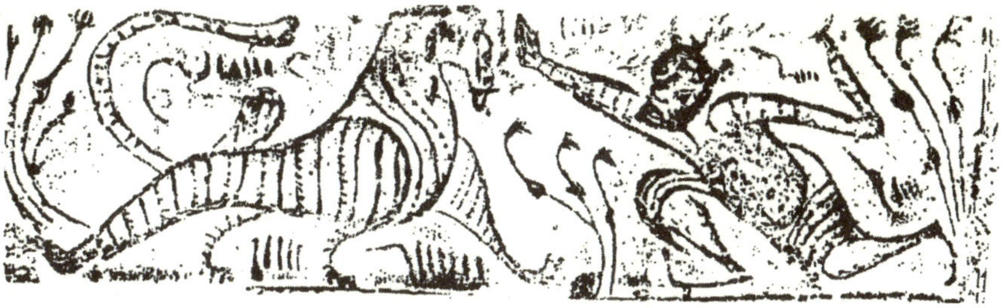

▶赏268　徒手斗虎
河南郑州出土汉画像砖（模印单元）

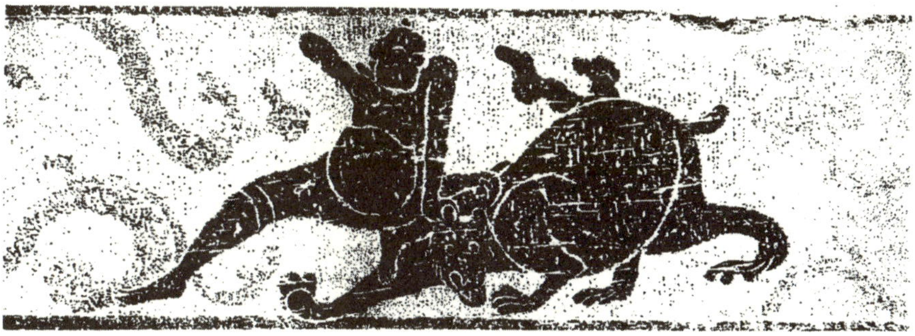

▶赏269　斗兽图
河南南阳市麒麟岗出土，高40厘米、宽145厘米

▶赏270　阉牛图
河南方城东关墓出土，高41厘米

【赏270】是一幅很特别的画像，它表现了古代对动物的阉割术。阉割亦称“去势”，是摘除或破坏动物卵巢或睾丸的手术。阉割后的动物，生殖机能消失，性情温驯，便于管理、使役等。阉割在古代亦称作“攻特”，《周礼》中已有记载。此幅“阉牛图”并无任何设施，而是在牛奔走中进行。行此术者赤裸上身，戴尖顶小帽，深目高鼻，颇像胡人。他一手抓牛睾丸，一手执环柄小刀。看来，阉割者不但勇敢，还要有熟练快捷的技术。

八、楼阁建筑（门阙、楼台、亭阁、水榭、厅堂、居室等）

建筑是人类借以栖息的居所，最早的人居住在山洞里或用茅草树枝搭起的支架，还不能说是正式的建筑，充其量不过是避风雨而已。只有人们学会了选择和掌握了一定的材料，按照预想的意图去构建能够容人活动的处所，才算有了真正的建筑。据文献记载和考古发掘证实，我国新石器时代的人们已搭建房屋，至商周时代各种建筑已具规模。作为砖木结构建筑形制的完成阶段，是在秦汉时期。

秦代时间短，两汉则延续了400多年。当时的建筑实体虽然可见者很少，但从文献和出土的陶制模型（明器）和画像石、画像砖上，可以看到许多。虽说画上的楼台亭阁并不等于就是实在的建筑，但至少可以作为佐证，估计相去不会太远。

翦伯赞的《秦汉史》说："汉代石刻画像中的宴会图也是有声有色的。……从宴会图中，我们可以看出汉代富贵人家的房屋，皆有楼阁；在房屋顶上，皆饰以禽兽之雕刻物。楼上有栏干，可以倚而望远。我们看了这种画像，再读《后汉书·酷吏列传·黄昌传》所载'彭氏旧豪纵，造起大舍，高楼临道。昌每出行县，彭氏妇人辄升楼而观'之语，则彭氏妇人，跃然纸上。"[1]

在汉代建筑中，最为壮观的莫过于门阙了。前已述及，阙即门观。刘熙《释名》说："阙，阙也。在门两旁，中央阙然为道也。"崔豹《古今注》说："阙，观也。古每门树两观于其前，所以标表宫门也。其上可居，登之则可远观，故谓之观。人臣将至此，则思其所阙，故谓之阙。其上皆丹垩，其下皆画云气仙灵、奇禽怪兽，以昭示四方焉。"这是指宫廷的门阙。在中国建筑史上，春秋时期已有了阙，汉代以来，宫殿、坟墓前多立阙，有木阙和石阙。现在所能见到的门阙，唯有立在墓葬之前的石阙。如山东嘉祥的武氏石阙、四川雅安的高颐石阙和渠县的沈府君石阙等。汉代宫殿的门阙和富人庄园的门阙，则永远也看不到了。

---

[1] 翦伯赞：《秦汉史》，北京大学出版社1983年版，第535—536页。

《白虎通义》说："阙者，所以饰门，别尊卑也。"这种建筑也就成为标识门第的装饰。山东平邑汉代皇圣卿阙的铭文中便明确刻着"南武阳平邑皇圣卿冢之大门"。在形式上，母阙之外多附有较小的子阙，成双而立。石阙上也雕刻画像。

除了真正的石阙之外，在一般画像石上也有刻有图画的门阙，而且在内容和意义上有两种目的：一种是像世间的门阙一样，为了展示家产的富有和地位的显赫，没有一定官位和相当财富者是不会建阙的。在两阙之间还刻上看门的亭长和清扫的侍者，或是有人骑马经过，以表示门阙的气派。另一种是死者希望升天，将阙想象为天国的"天门"，这种天门多是刻在石棺的前头。很明显，这是由人的想象而创造出来的。既然人死后要升入天堂，天堂也应该有门，而门阙最壮观，无疑也会像人间一样，于是也为天堂装上了门阙。

【赏271】是山东济宁出土的一幅早期重檐双阙画像，其年代约在公元

▶赏271　重檐双阙
山东济宁师专十号墓出土（西汉石椁画像）

◀赏272 凤阙(三幅)
河南新郑出土（东汉画像砖模印）

5年之前，汉元帝至汉平帝时期(前48—5)。画面并不复杂，技巧也一般，但所画内容一目了然。在两阙之间有骑者执戟，阙外有树，阙上有鸟。其造型不仅是平面的，而且带有符号的特点。

【赏272】为河南新郑出土的三幅东汉画像砖印纹。阙高层竖立，下有门吏，上有凤鸟。所谓“凤阙”，是在高高的阙顶上饰凤。据说西汉时长安建章宫前有凤阙“高十丈五尺”，达32米。东汉时德阳殿前的凤阙高耸入云，人们在40里外的偃师即可看见。

【赏275】是一种阙与楼的组合建筑，它已不是单纯的门阙，而是上能“观”和“住”，下能“关”和“守”。

▶赏273　阙前骑吏
四川新津崖墓画像

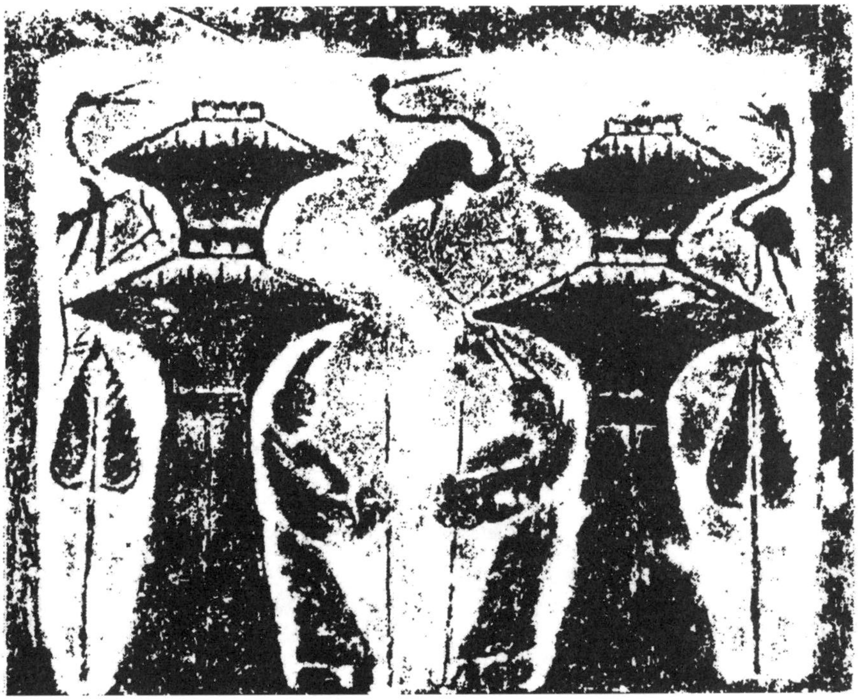

▶赏274　鹤舞双阙
河南郑州出土（东汉画像砖模印）

▲赏275　阙楼组合建筑　河南郑州出土东汉画像砖

▲赏276　厅堂与铺首衔环（两幅）
河南唐河县石灰窑村西汉墓出土

【赏276】是一座西汉墓出土的两扇门扉画像，分别属于两个墓室，上面均刻有铺首衔环。两幅画像构图相同，但厅堂中间的凭几人物不同。一男一女，可能是夫妇。一般的门扉上多刻辟邪的瑞兽或是守卫的勇士，很少有刻厅堂阙楼的。

◀赏277　门楼双阙
山东微山县两城镇出土，高55厘米、宽58厘米

◀赏278　多角楼
山东费县潘家疃出土，高103厘米、宽128厘米

▲赏279　楼阁图
山东费县潘家疃出土，高106厘米、宽129厘米

在汉代画像石中虽然建筑很多，也有不同的样式，但大都是作为人物活动的背景，极少单独刻画建筑物的。【赏277】可说是一个例外。画面采用对称的形式，中间是楼阁突起，两边是壮观的双阙，四边是宽展的剁石斜纹，仿佛是经过装裱的一幅名胜照片。从建筑的庄重，不难看出人的创造之美。

【赏278】是一座四层的多角楼（可能是六角楼），设计得很别致。下有围栏可事活动，上不封顶能够观览。可见，汉朝人在居住方面已出现了标新立异的倾向。

【赏279】高楼比邻，有回廊相连。一边是双门半启，一边是倚栏相望，汉代的建筑已开始环境化了。

【赏280】是一幅迎宾图中的建筑。原图表现的是一个正在迎宾的人家。客人的车马即将到来，大门和便门半启，老人和侍者耐不住在窥视。

【赏281】在高高的双阙之旁，四川的房屋展现出干栏式建筑的特色。

【赏282】庭院的大门，简洁而稳重。院墙内种植柳树等。鸟儿落在树上，这里可能是个僻静的地方。

◀赏280 门亭
山东兰陵县城前村出土，东汉元嘉元年（151）

◀赏281 双阙和房屋
四川都江堰五桂村出土，高58厘米、宽223厘米

◀赏282 庭院大门
四川德阳黄许镇出土画像砖

▶赏283　深宅大院
山东曲阜市旧县村出土，高116厘米、宽78.5厘米

【赏283】是一个深宅大院。在大门、双阙、厅堂之后，院中套院，院落重深。有人物在院中活动，前院的厅堂前正在表演杂技。

▲赏284　庄园与车马　陕西绥德县延家岔出土（局部）

▲赏285　廊屋　四川德阳黄许镇出土，高14厘米、宽63厘米

▲赏286　庄园楼宇　江苏铜山茅村出土（原石画面中的建筑）

【赏284】汉代的陕北高原，地广人稀。这个庄园坐落在一片空旷的大地上，其主人明显是显赫的地方官员，出行与狩猎都有成队的车马随行。

【赏285】是干栏式建筑的廊屋，是西南民居的一大特色。

【赏286】原是一个很大的生活场面，有40多人填满了整个建筑空间，建筑之上有鸟兽活动。为了看清建筑的结构和布局，我们减去了一些。由此反而了解所谓“填充式”构图，是在一定的“骨式”和主干之上进行的。

【赏287】至【赏289】三幅建筑图均出自沂南汉画像石墓。可以看出，这是一个大家庭的日常活动场所和祭奠、储粮之地。这些建筑是带有配套性质的。

▶赏287　祭祀图之享堂
山东沂南北寨村出土（原石局部）

▶赏288　丰收图之粮仓
山东沂南北寨村出土（原石局部）

▶赏289　迎候图之宅院
山东沂南北寨村出土（原石局部）

◀赏290　水榭
山东微山县两城镇出土，高69厘米、宽66厘米

水榭是建筑在水边或水上的亭阁，所谓“风亭水榭”，是供有闲者消遣游乐的。【赏290】的画面所示，亭阁很高，有阶梯可登，上有静坐者，下有扶梯而上者。水中鱼多，有捕鱼的人和游船。在建筑结构上，特别强调了斗拱的支撑作用。就图面观察，实际的建造工程是否可能，需要研究，但在视觉效果上却是颇有巧意的，仿佛是在仙境之中。

【赏291】至【赏293】三幅建筑图，都是从有关迎宾饮宴等大画面中剪出来的。它们不但是同一时期，而且都出自江苏徐州一带。由此可以看出，当时的建筑不仅要求实用，并且出现了风格上的变化。在艺术的表现上，这种“剖面式”的手法和不顾物象比例的“填充式”造型，也是别有意味的。

▶赏291　迎宾乐舞图中的重阁楼道
江苏睢宁墓山出土汉画像石（局部）

▶赏292　杂技庖厨图中的楼阁建筑
江苏邳州庞口村汉墓出土（局部）

◀赏293　迎宾饮宴图中的双阙厅堂
江苏铜山洪楼祠堂汉画像石（局部）

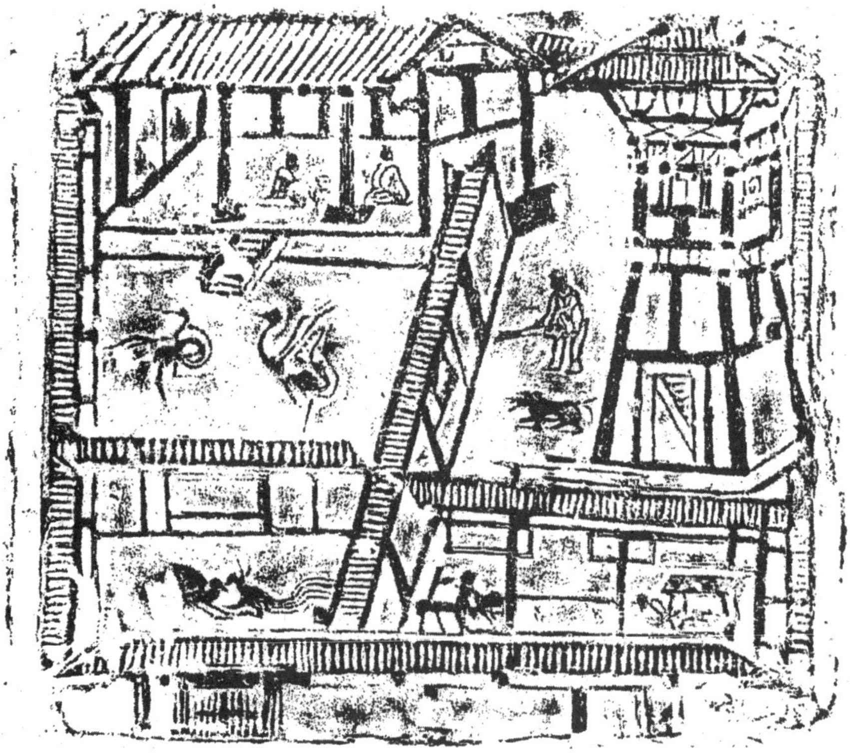

◀赏294　庭院鸟瞰图
四川成都羊子山出土画像砖，高41厘米、宽48厘米

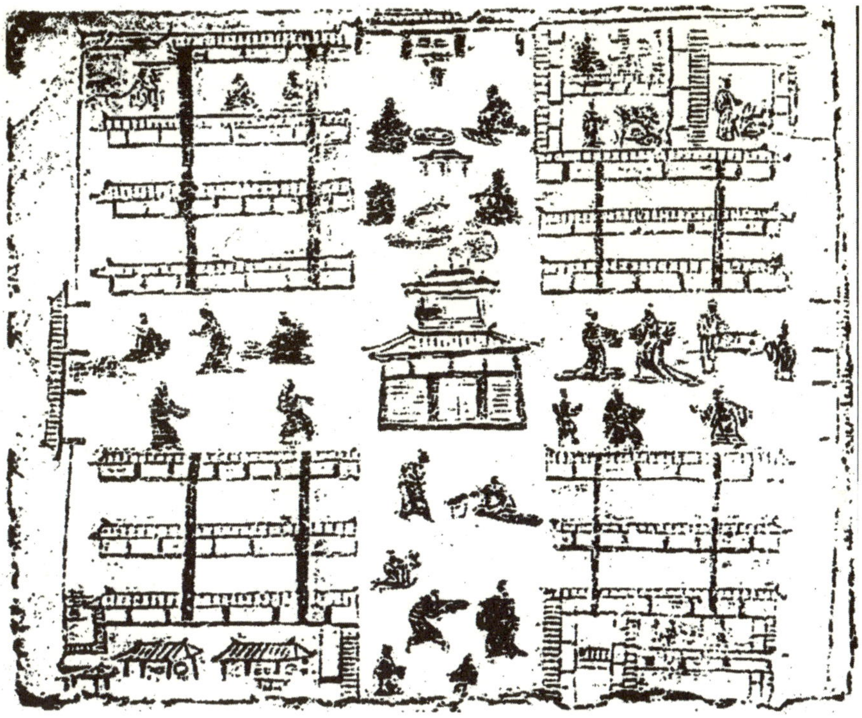

▶赏295　巴蜀市井图
四川成都市郊出土汉画像砖，高40厘米、宽47厘米

【赏294】是一个殷实富裕的人家。从高处看庭院，分成若干院落，组成了一个既分又合的生活环境的整体。主厅有高阶立柱，宽敞而明亮，主人席地而坐，正与人谈话，厅前有仙鹤起舞。在别的院落里，鸡相斗，狗偷懒，仆人扫地。高高的阙楼上空无一人，显得有些静寂。

城市是文明的标志。古人集聚进行买卖的地方称作“市井”。《管子·小匡》：“处商必就市井。”注曰：“立市必四方，若造井之制。故曰市井。”《史记正义》曰：“古者相聚汲水，有物便卖，因成市，故云市井。”也作为市街的通称。【赏295】所表现的市井生活已具相当规模，商店鳞次栉比，不但出现了十字路口，并且有中心阁楼，达到了繁荣的程度。

九、装饰纹样（几何形与自然形、单独形与组合形）

装饰是对事物美化的一种手段和形式，是形式美最直接、最纯粹的表现。人们追求美好，离不开装饰艺术，而装饰艺术又无处不在。

蔡元培说："装饰者，最普通之美术也。"其所以普通，就因为它普遍、普及，涉及衣食住行的各个方面。他从装饰的"所取之材""所施之技"和"所附丽者"三方面说明其多样和普通，几乎遍及各种材料、各种方法与人类活动的各个方面。[1]

从历史上看，人类孕育艺术经历了漫长的岁月。早在数万年乃至数十万年之前，人们用石头制作工具，从旧石器时代的"打击石器"到新石器时代的"磨制石器"，其制品虽然有粗精之分和在用途上的区别，但总的说其基本形都是对称的，另外还有圆形。也就是说，通过数万年的经验积累，找到了"对称形"和"圆形"两个基本形，用这两个基本形制作的工具、武器和投掷物等最好用。时间既久，由实用引发出审美意识时，这两种基本形也就奠定了认识形式美的基础。

现代所谓"几何图形"者，是借用了几何学的名称，在原始时代并非是由此产生的。我们看新石器时代的"彩陶"纹样，对于点、线、面的组合，对于几何形的运用已经相当成熟。有人以此比附于写实性的绘画，说两个圆弧相对是画的树叶，波线是画的水纹，回旋纹是画的水的旋涡等，就像将日月画成圆形和半圆形一样。我们不必排除这种观察式的结果，但若认为那些变化繁复的几何形纹样均是如此，未免想得太简单了。只有当古代人产生了基本的逻辑观念、数的观念、方位观念等之后，便会进一步地产生综合思维的飞跃，其结果之一，便是几何形纹样的出现。我曾将庙底沟仰韶文化彩陶的所有纹样（包括完整的器物和残片）进行了摹绘，结果惊人地发现，其基本法式（骨式）竟同现代图案学不谋而合。这是形式美规律的实际运用。人们沿着这条路继续实践，也已进行了七八千年，都是处在知

[1] 参见蔡元培《华工学校讲义》，载《蔡元培美学文选》，北京大学出版社1983年版，第60—61页。

其然而不知其所以然的阶段。

人类的思维学，包括逻辑思维、形象思维和灵感思维（顿悟），是一门创造性的科学。从思维的特点看，几何形纹样是逻辑思维和形象思维的结合，反映了较高的层次。它比之写实性的绘画强调“师法自然”要高得多。问题在于，造型艺术除此之外，还有主题内容和技法的问题，当绘画所描绘的重大题材和重要内容被人们肯定时，加之高超的表现手法与纯熟的技巧，以及它在社会上所起的作用，几何形纹样反而显得微不足道。自古以来，在人们的思想中，“成教化，助人伦”的观念不但根深蒂固，并且将艺术分成了高下的等级，以为装饰是次要艺术，不过是点缀生活和美化物品，却不知它在生活中对人所起的潜移默化的巨大作用，是任何其他艺术所无法取代的。这种巨大的作用是什么呢？

人们的认识是不断发展、不断提高的。我们正在努力构建“和谐社会”，实现人类的一个崇高理想。其实不难想象，社会是由众人组成的，构建和谐社会，它的每一个成员必须具有和谐的思想和观念。而装饰艺术的产生与存在，正是要达到这一目的，因而成为最基本的因素。对于艺术来说，所谓“形式美”，是相对于“内容美”而言的，它成为美学研究的主体，诸如多样与统一、均齐与平衡、调和与对比、连续与适应、动感与静感、统觉与错觉等，都是要达到艺术和谐的目的。这些和谐的因素又渗透在各种艺术之中，就像维生素对于人体一样。装饰融化在日常的衣食住行之中，形成“人化的自然”，日日月月年年，潜移默化，会感觉不到而受其影响。这种影响是巨大的，最后形成人的和善的基本素质。

欣赏艺术不能存有偏见，个人喜爱的偏重也不能以功利衡量，所谓“寸有所长，尺有所短”，不能一概而论。装饰之伟大在于协调、和谐。其形平凡，其质简朴，然而其功超常。当我们把社会的偏见抛开，将艺术的门限打通，互补长短，就会在心灵与图绘之间架起一座桥，通向真善美的境界。

汉代画像石的每一个画面，不但是平面的，而且是装饰的。在现代艺术的术语中，有“装饰”“装饰性”和“装饰画”等词汇。如果用传统的“体”与“用”加以衡量，可以说前者为“体”，后两者为“用”。为体者即一般所指的“装饰纹样”，实际上，又都可以称作装饰画。这是汉朝人的聪明之处，他们没有将艺术分得那么细，相互之间竖起那么多的门槛，更没有将艺术的表现局限在视觉的感官之内，而是展开想象的翅膀，任其飞翔，因

◀赏296　四瓣纹
四川南溪出土石棺上的装饰（三种）

而在今天看来有许多神妙之处，是现代人难以做到的。最有趣的是，我们今天称作“装饰画”或“装饰手法”的，在汉代人的眼光中，不一定如此认为，因为他们看艺术，不但是带着感性，并且运用理性，既要有情，又要合理。

几何形纹样的构成，方法多样，变化无穷，可单独，可连续，亦可独立使用或作为自然形纹样的边饰。不论哪一种形式，用在什么地方，其最大的特点是可简可繁。简者只是一个圆圈、一个方块、一个三角形等；繁者可用连续、连缀、复合、组合、添加等方法使之复杂化。从新石器时代的彩陶算起，七八千年以来，人们使用这种方法，将装饰开拓出一个宽广的领域。画像石上的几何形装饰纹样也同样是非常丰富的。

【赏296】为单独纹样三种，为传统“柿蒂纹”与“方胜”的复合。

【赏297】百吉纹即“百结纹”，最初可能受到绳结的启发而成。

【赏298】为原石的一段，两边纹样对称，中间刻二仙人。此图以细绳纹区划，分别组合单独纹样、二方连续纹样和四方连续纹样。

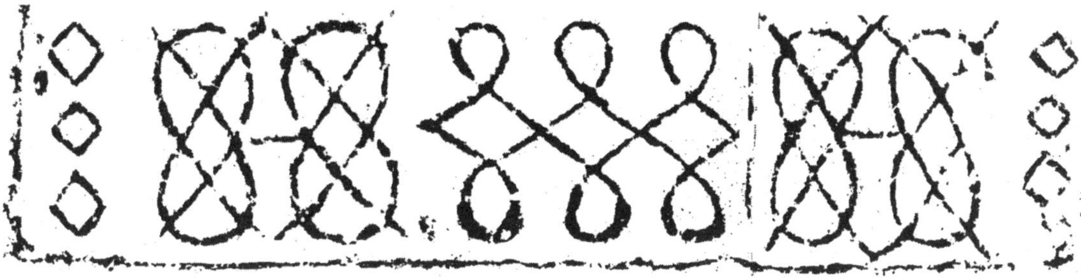

▲赏297　百吉纹　重庆开州出土，原石下部为一行舞者

▲赏298　联璧纹与四瓣纹　四川长宁出土石棺上的装饰

【赏299】是很普通的一条简单花边，由斜方格组成。由此可以看出，它也是由“折线纹”复合而成。当在斜格的内外添加复线时，边饰便会产生“统觉”。

【赏300】由斜方格或菱形格可复合成二方连续或四方连续，以此为“骨式”，添饰各种点线，可使之复杂而带有韵律感。

【赏301】是一块完整的画像石，其画面由丝辫纹、垂幛纹、百吉纹等组合而成，显得很繁复，颇有节奏感。

【赏302】以并列之辫纹和圆弧纹为主，当是建筑的一个配件。辫纹形似发辫，俗称“辫子股”。

【赏303】反复折叠，中间夹以锯齿纹。有人将此花纹竖起来，称作“山形纹”。

【赏304】是一块空心大砖，印纹以规矩纹作边，中间印方形和圆形的小花纹。拓印效果有黑白对照之感。

【赏305】为回形方格纹，作回旋排列。

【赏306】为四出方格纹，四角排列如意头，因像柿蒂，也称“柿蒂纹”。

▲赏299　斜方格连续纹　四川庆符出土画像石边饰

▲赏300　菱形格的串连　四川长宁出土石棺画像边饰

▲赏301　丝辫纹与几何形纹　山东诸城前凉台出土画像石，高47厘米、宽143厘米

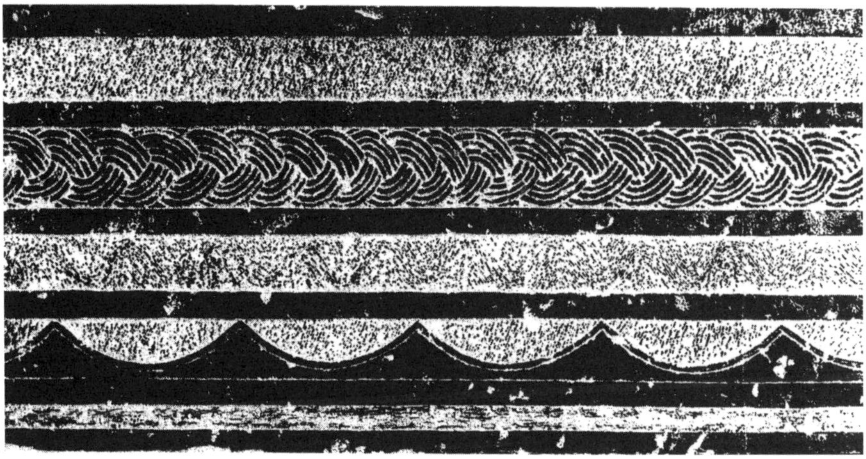

▶赏302　辫纹与圆弧纹
山东嘉祥宋山出土画像石，高35厘米、宽74厘米

▶赏303　折叠式纹
河南郑州出土画像砖印纹

▶赏304　方圆形与规矩纹边饰
河南淅川出土画像砖，高25.5厘米、宽101厘米

▶赏305　回形方格纹
河南新野出土画像砖印纹

▶赏306　四出方格纹
河南邓州出土画像砖印纹

【赏307】是墓门额石的一部分，用阴阳粗线组成，与右下角的朱鹭衔鱼形成对比。

【赏308】在菱形连续的三重线内外，添加饰线，显得平整匀称。

纯粹的几何形纹是抽象的，它没有具体的内容，一般只能作为写实性绘画的点缀或边饰。但有两种情况能够突破这种局面：一是将某种几何形赋予吉祥的寓意，成为一种特定的符号，如“方胜”纹等；二是以其自身变化的灵活性和多样性，成为自然形纹样造型和构图的骨架，如将鸟交颈、使树连枝，不仅会产生一种美感，并且成为和合相爱的象征。

【赏309】为山东嘉祥出土画像。画面以“方胜”为中心，左边一条鲤鱼，右边三条鲤鱼，全长216厘米，此为左部。方胜本为首饰，取其吉意，为西王母所戴，物以神贵，也就成为长寿富贵的标志。鲤鱼在汉代是象征多子的。

▲赏307　几何形与朱鹭纹　陕西绥德出土汉墓门楣画像石（右半部）

▲赏308　菱形连续边饰　河南唐河县出土画像砖（印纹局部）

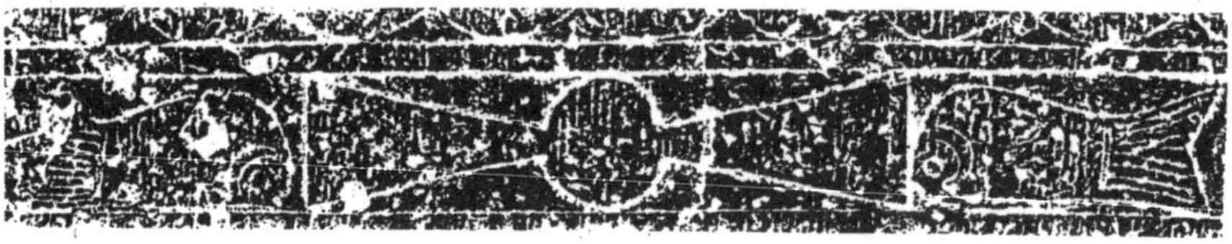

▲赏309　方胜和鲤鱼　山东嘉祥县花林村出土

▲赏310（上） 赠胜祝福
重庆壁山出土石棺画像局部

▲赏311（下） 双胜与双璧
四川渠县出土画像砖

【赏310】为四川石棺画像。原画面蛇身者左右二人，即伏羲女娲，象征日月。此为伏羲，一手托日，一手持方胜。另有二人以复合成十字形的方胜相赠。

【赏311】由双胜和双璧组成画面，并衬以凤凰和鲤鱼，其吉祥的含义是明显的。

【赏312】璧为礼器，为平板状，肉倍于好，即圆形孔的直径同外边一样。这样的两块璧是无法套接起来的，显然是装饰纹样的构想，以取吉利。

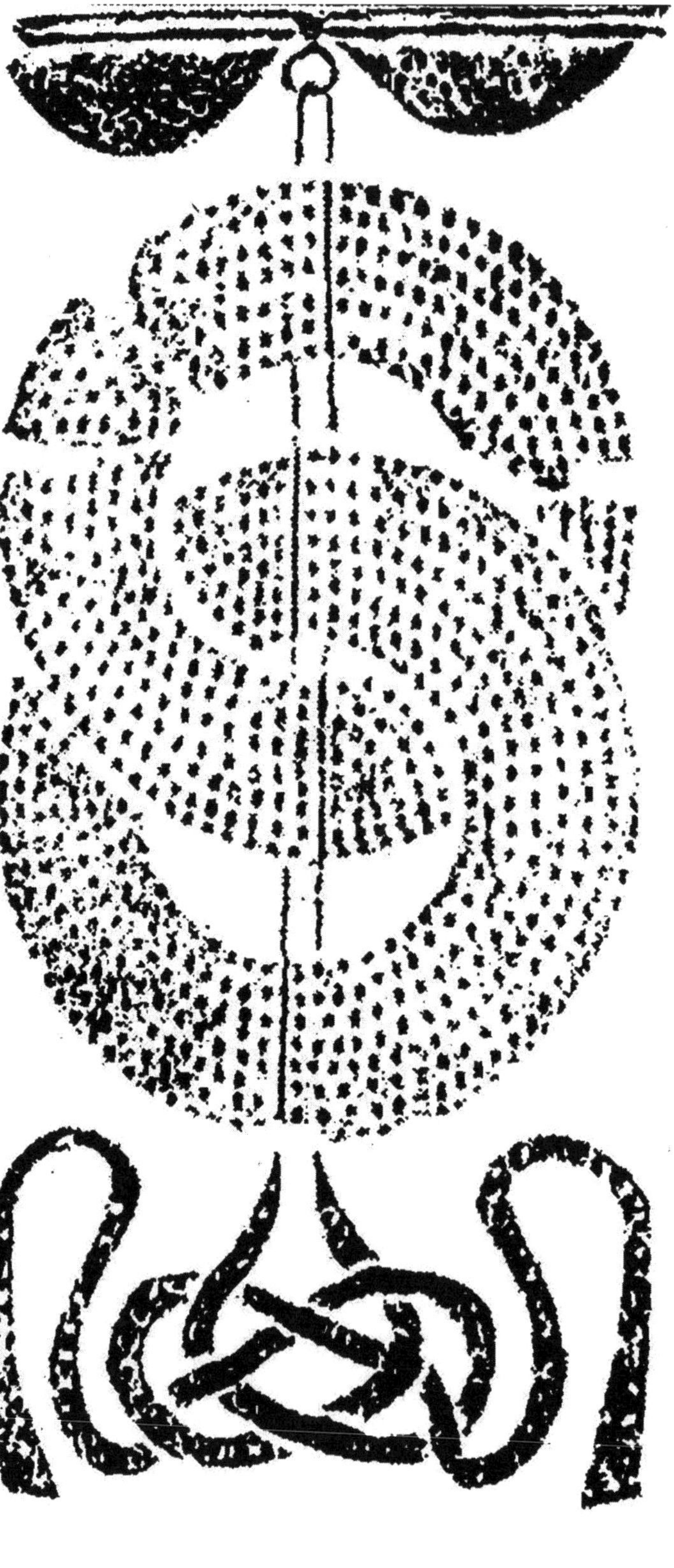

◀赏312　双璧连环
河南新野张楼出土画像砖，高74厘米、宽35厘米

▶赏313　十字穿环
山东诸城前凉台出土（局部）

▶赏314　菱格穿璧百结纹
河南唐河县石灰窑村出土

▶赏315　规矩纹
河南方城城关出土画像砖纹饰（局部）

▶赏316　双重波线纹
山东安丘董家庄出土画像石边饰

【赏313】这种“十字穿环”的格式在图案学上为“四方连续”的一种，在汉代画像石中非常普遍。实际上它是由龙穿璧演变而成的。人要升天，只好乘龙，到了天国，须以“苍璧礼天”，才能进得“天门”。这是“龙穿璧”的简化式。

【赏314】像菱格穿璧，但线条连接又是百结纹。

【赏315】因由“T · L”构成，故称规矩纹，有的也称“山字”纹。

【赏316】在图案学上，由折线变成曲线后，其灵活性更大了。

◀赏317　似花非花
四川彭山出土，高45厘米、宽37厘米

【赏317】看上去像花，有人称作“莲花纹”。真正的莲花瓣是上肥下瘦，也没有这样长的尖角。这种纹样在图案学上叫作“四面均齐”的构成，是纹样构成法中较普通的一种。但汉朝人在处理这一画面时富有想象力，以此为中心，组合进一些鸟兽，别开生面。

【赏318】就像两条丝带的缠绕，组合成一棵树形，并有人和动物等穿插其中，可说是独具匠心。由此可以看出，汉朝艺术家的设计思想是非常活跃的。

▶赏318　似树非树
安徽宿州出土

▶赏319　卷云花叶与动物纹
陕西米脂党家沟出土画像石门楣边饰

不仅在装饰上，在所有的造型艺术中，几何形的作用都非常之大，它既能有助于控制构图的整体，也可以用作画面的局部修饰，特别是对于曲线的运用，成为活跃的重要因素。

【赏319】中流动的云朵，颇有“大风起兮云飞扬”的感觉，与动物和草叶相交错，表现出大西北的草原景象。

【赏320】虽然是表现人间交往，有的是在室内，将花枝串连起来，作为衬托，使画面为之一新，但这种做法在画像石中不多。

▲赏320　缠枝花叶纹　江苏徐州市贾汪区出土，高83厘米、宽232厘米

▲赏321　蔓草卷云连续纹　陕西绥德县出土画像石门楣边饰

▲赏322　卷草连续纹　陕西米脂县出土画像石立柱装饰

▲赏323　卷云连续纹　陕西米脂县尚庄出土画像石门楣边饰

▶赏324　卷云纹二方连续纹样
山西离石马茂庄出土画像石门侧装饰

【赏321】似蔓草，像卷云，紧凑而有规则，排起队来也有一种整齐的美。

【赏322】花叶如流水，富有节奏感。

【赏323】仿佛流云也有翅膀，并且是踏着节拍快速地前进。

【赏324】将同一种曲线进行反复连缀，其节奏感是很明显的。如果附加上云朵或草叶，更能够产生和谐的统觉。

【赏325】与【赏326】是两幅以装饰为主的作品，而且都是以流动的曲线衬托主体形象。前者是东王公和西王母，坐在高高的神山上，下有熏香炉；后者的中心是一头昂首的公鹿。鹿是象征长寿的。

古人重“气”，所谓“凶气为氛，吉气为祥”。《左传·昭公元年》：“天有六气。”注曰：“谓阴、阳、风、雨、晦、明也。”《黄帝内经·素问·六节藏象论》：“五日谓之候，三候谓之气，六气谓之时，四时谓之岁，而各从其主治焉。”在古代哲学中，常指构成万物的基本因素曰“气”。《易·系辞上》：“精气为物。”疏曰：“谓阴阳精灵之气，氤氲积聚而为万物也。”汉王充《论衡·自然》说：“天地合气，万物自生。”

段玉裁《说文解字注》说：“气本云气，引申为凡气之称。”故而“云气”一词，泛指一切气体。所谓“云行雨施”，当地面潮湿，空气升至高处，遇冷而凝成无数细微的水点时，就团聚在一起，浮游于空中，这便是天上的片片云朵。由于太阳光的照射，云朵还会反射出不同的色彩。所以远古的虞舜唱出了“卿云烂兮，糺缦缦兮”的歌。

云气聚散，飘动无定形，但是中国人画出了云的形象，那优美的曲线和

▲赏325　神仙与禽兽卷云纹　陕西米脂县出土画像石门侧立柱装饰

▲赏326　昂首的公鹿　陕西米脂县出土汉墓墓门左立柱画像，高105厘米、宽90厘米

▲赏327　云气纹　采集于山东等地的画像石

▲赏328　云卷云舒
山东安丘市董家庄出土

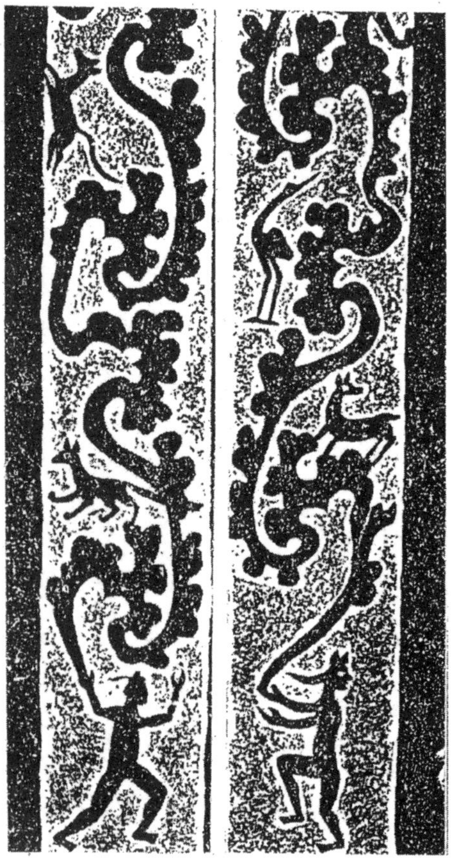

▲赏329　仙人托云
陕西绥德县出土（原石局部）

飘曳的长尾，仿佛带有感情。不论在人物活动的画面中，还是在野兽成群的山野里，也不论是填补画面的空白，还是连续的边饰，都少不了云气纹。

【赏327】是山东等地画像石中的部分云气纹。每一个云朵，都有头有脚，好像是一个飘动的生命。

【赏328】是山东安丘出土的一块画像石的中心花纹，原石的云纹之下是铺首衔环。云纹有卷有舒，作回纹形。有人说，这可能是云龙纹，其中会不会隐藏着龙呢？

【赏329】是陕西绥德出土的门旁立柱边饰。是仙人托着云，还是手持彩云当绸舞？云中错落着祥禽瑞兽。

【赏330】至【赏333】是由云气纹组成的连续纹样和单独纹样。除了将

▶赏330 垂幛纹与卷云纹
山东沂南北寨村出土画像石边饰

▶赏331 缠绕云纹
陕西绥德出土门楣两端装饰

▶赏332 卷云鸟兽纹
山东嘉祥武氏祠画像边饰

▶赏333 卷索云龙纹
山东沂南北寨村出土画像石边饰

◀赏334 门背纹饰
河南新密市出土

云气作为流动的形象加以规范之外，有的在云中半隐半显地出现仙人、瑞兽等，或是在云端露出一个鸟头，或是云龙结合，不但使云气增加了几分神秘的色彩，感到苍天的深奥，也使云气纹样更加活泼。

【赏334】和【赏335】是两件完整的大幅装饰作品。前者是墓门背面的纹饰，中间为铺首衔环。四边如锦镶，满布流动的云纹和各种祥禽瑞兽。后者是墓室的壁饰，主体形象是一只健美的羊。在古代，“羊”与“祥”通用，也就以羊作为吉祥的标志。

▶赏335　吉祥画像
陕西绥德延家岔出土，高121厘米、宽94厘米

第四章 自然风采

动物与人的关系极为密切，其中既有和谐的共存，相互依赖，也有各种形式的斗争。画像石所表现的动物有许多是凶猛的野兽，如虎、熊、野牛、野猪之类。对于这类动物多是一些相互搏斗的画面，不仅是人与兽的搏斗，也包括野兽之间的厮杀，由此显示出一种不畏强暴的力量。这种力量是带有震慑性的，对人来说则是展示出一种精神和气度。于是，人们发挥想象，让虎把守大门，辟除鬼魅邪恶，守卫家宅。直到现在，在民间年画中还有“虎王镇宅”的题材。

一、禽兽虫鱼（走兽、飞禽、水鸟、鲤鱼、家畜）

飞禽走兽和虫鱼之类，在画像石中只是动物中很少的一部分。从动物学的角度看，它是生物的一大类，与植物和微生物共同组成了庞大的生物界。地球上的动物有100多万种，我们所接触到的和认知的极其有限，汉代画像石中所表现的更少。即使如此，当看到那些生动的动物画面时，依然感到丰富而多样。

动物与人的关系极为密切，其中既有和谐的共存，相互依赖，也有各种形式的斗争。画像石所表现的动物有许多是凶猛的野兽，如虎、熊、野牛、野猪之类。对于这类动物多是一些相互搏斗的画面，不仅是人与兽的搏斗，也包括野兽之间的厮杀，由此显示出一种不畏强暴的力量。这种力量是带有震慑性的，对人来说则是展示出一种精神和气度。于是，人们发挥想象，让虎把守大门，辟除鬼魅邪恶，守卫家宅。直到现在，在民间年画中还有“虎王镇宅”的题材。

汉代地广人稀，树木茂密，有利于动物的繁衍，在当时的江淮地区，还有虎豹活动。除了老虎之外，汉朝人好像对熊的兴趣也很大。所谓“虎豹斗兮熊罴咆”，不但崇尚熊罴的勇猛，还画熊的站立模样和两只熊跳舞。《诗经·小雅·斯干》有“吉梦维何？维熊维罴”的诗句，还说“维熊维罴，男子之祥”。希望男人像熊罴一样，连在梦中遇到熊罴也是吉祥的，看来汉人是相信的。

汉画像中也有很多小动物。如狐狸（九尾狐）和兔子（玉兔）是跟随在西王母身边的，一个为其取食，一个为之捣药，那是神话中有关长生不老的故事，已距现实甚远，但老鹰捉兔子和“狡兔三窟”却是现实的。在鸟类中，多见者有如乌、鸮、鹭等。乌即乌鸦，被称为“孝鸟”。据说乌能反哺，取其能报本，侍养父母，以尽孝道。鸮即猫头鹰，被称为“夭鸟”，所谓“夜间恶鸣之鸟”，传说它是阴阳二界的使者，因而活着的人并不希望听到它的叫声，然而对于死者，却可以引领灵魂升天。鹭即鹭鸶，一种长腿的食鱼鸟。画像石中的鱼多是鲤鱼，肥大粗壮，加之不讲品物之间比例的夸张，一只鹭鸶可以衔起一条比它大的鲤鱼，并且赋予美好的寓意，象征多子。这是由生物学的意识所引起的传宗接代的愿望。不仅在画像上，几乎在汉代所有的工艺装饰中，都饰有大鲤鱼和“君宜子孙”的吉语。

另外，画像石中有许多叫不出名的禽兽，如门扇上的“铺首衔环”和在建筑物上的“对鸟交颈”。“铺首”原是门上的金属配件，即装连门环的底盘，多做成兽头形，张口衔着门环，也有做成别的形象的。《汉书·哀帝纪》载，元寿元年，“孝元庙殿门铜龟蛇铺首鸣”。注曰：“如淳曰：‘门铺首作龟蛇之形而鸣呼也。’师古曰：‘门之铺首，所以衔环者也。’”画像石上的“铺首衔环”虽为刻画，其兽头注目獠牙，明显有把门辟邪的目的，只是叫不出它的具体名称。

“对鸟交颈”是将两者的项颈扭作麻花状，虽然不知是什么鸟，其隐喻的内容是清楚的，即以此表达两性之间的爱情，就像现在的新婚夫妇喝“交杯酒”一样。

【赏336】为南阳汉墓出土的墓门画像。因有剥纹，前面蹲坐的虎好像半隐半显。虎后还有熊和野牛相斗，再往后是高高的四层楼阁，门闭着。原石之上涂成红色，门上刻有铺首衔环。

▲赏336　把门之虎

河南南阳杨官寺村出土，高192厘米、宽63厘米

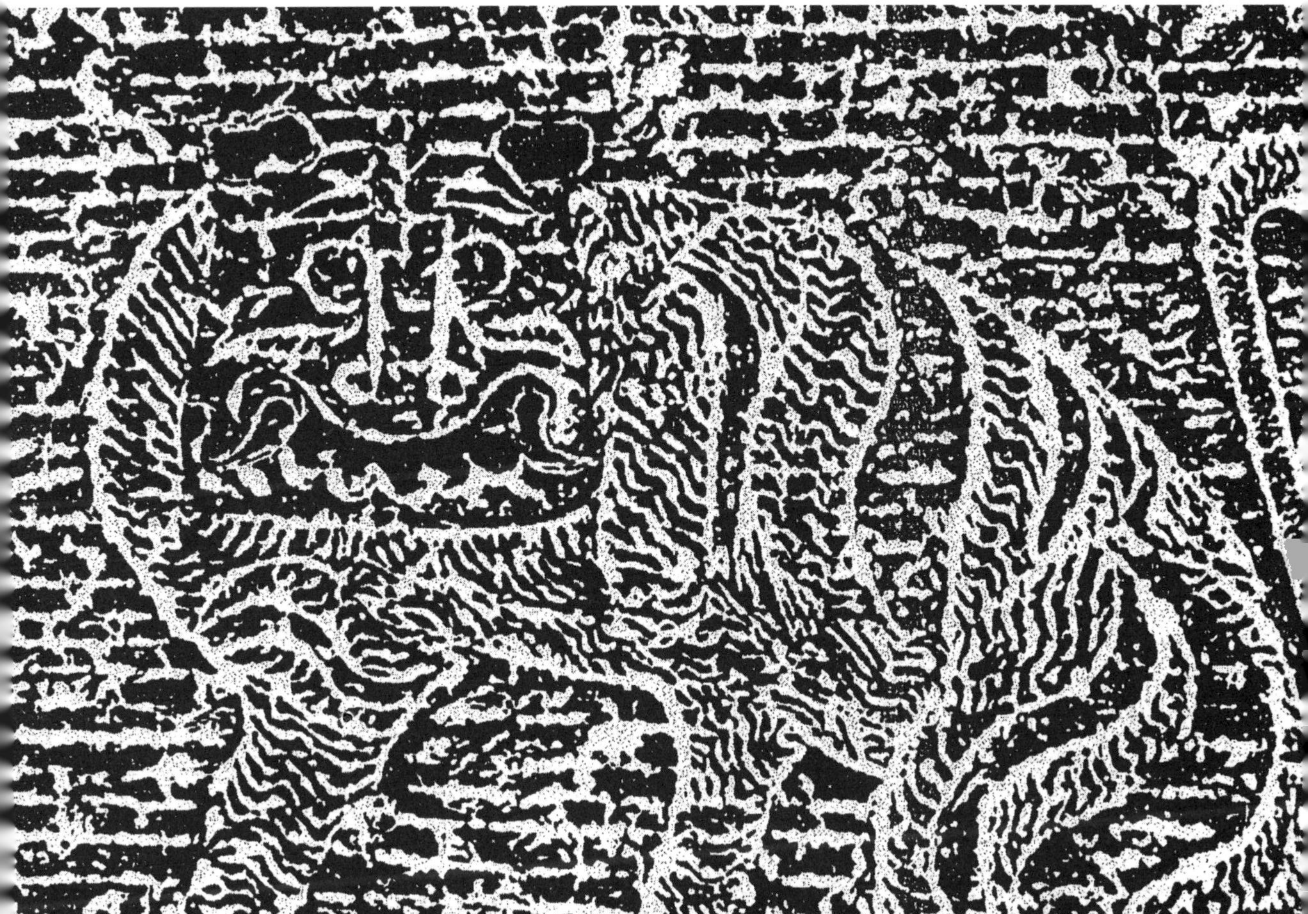

▲赏337　把门之虎（局部）

【赏337】是上图“把门之虎”的单独特写。虎蹲坐，周身斑纹，方头庞体，尾翘上卷，张口露齿，怒目竖耳，状极凶猛。

【赏338】在铺首衔环之下刻虎食鹿，另外还有一条鱼，置于画面的下端，可起到稳定的作用，但与食鹿者无关。画面竖起，颇感新鲜。

◀赏338　虎食鹿

山东鱼台县出土，高80厘米、宽25厘米

▶赏339　虎与铺首衔环
河南方城东关出土，高175厘米、宽94厘米

【赏339】是一扇墓门，以铺首衔环为中心，下面是一只昂首翘尾的猛虎，上面站立着一只朱雀（凤凰），还有一个仙人在给它喂食。这说明此地已是仙境，凤凰象征吉祥。

◀赏340 虎·龟·鸮
河南郑州出土画像砖

◀赏341 三兽相斗
河南新野张楼出土画像砖

◀赏342 牛与虎斗
河南新野张楼出土画像砖，高35.5厘米、宽111.5厘米

◀赏343 阙外牛虎斗
河南新野樊集出土画像砖，高32厘米，宽残

▶赏344　大虎
四川乐山柿子湾崖墓出土，高180厘米、宽140厘米

【赏340】是郑州出土画像砖的一个模印单元。虎、龟、鸮三种动物，都是在汉代画像中常见的形象。

【赏341】左为牛，右为虎，在与中间的熊相斗。其他的小动物惊吓得跑开了，但有一只小鸟好奇地站在地上，看谁能取胜。

【赏342】是牛虎斗。一头野牛奋蹄曲颈，向前猛冲，正要抵挡扑来的虎。这是在两阙之间的搏斗。类似的场面在汉代画像中很多，可能在当时是现实中常有的。

【赏343】为两个持戟的门吏在阙的后边对谈，阙外是牛虎相斗。

【赏344】的虎接近原大，刻于享堂的内壁上。它张口举尾，身略扭曲，似从正面猛扑过来，形象非常生动。

▲赏345 翼虎 江苏睢宁县双沟出土（原石下部）

▶赏346　舒展的熊
河南南阳市麒麟岗出土，高63厘米、宽62厘米

【赏345】所表现的是一只生有翅膀的虎，当是传说中的“四神”之一，即“白虎”，当然是非现实的。俗说“如虎添翼”，可见其威力之大。其造型为侧面，张口露齿，翘尾直竖，勾连着云彩。有趣的是，侧面的头部画了两只眼睛，两条后腿也都展现出来。这是二维度平面造型的一种特殊画法。现代西方人称之为“立体派”，实际上早已有之，在图案学中叫作“展开画法”。

【赏346】为一只熊蹲坐在地上，两臂左右伸举，瞠目张口，似歌似舞。在画像石中，人们刻画熊的形象，多是和谐相处，或与古代传说中的“方相氏”有关。《周礼·夏官·方相氏》：“方相氏掌蒙熊皮，黄金四目，玄衣朱裳，执戈扬盾，帅百隶而时傩，以索室驱疫。大丧，先柩；及墓，入圹，以戈击四隅，驱方良（魍魉）。”由此可知，熊是与辟邪除疫有关的。

◀赏347　直立行走的熊
山东滕州西薛河出土（局部）

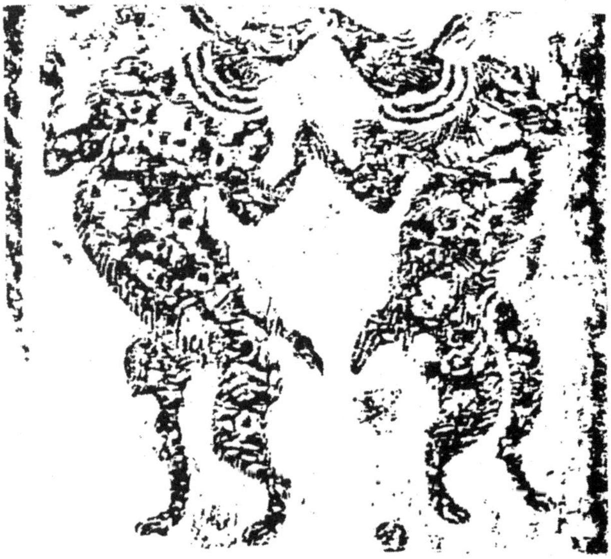

◀赏348　双熊共舞
山东济宁出土(局部)

◀赏349　熊与鱼·铺首衔环
山东微山县两城镇出土，高70厘米、宽137厘米

▶赏350　熊吃庄稼
河南郑州出土画像砖

【赏347】和【赏348】所画之熊，虽然是在动物群中，但却有人格化的特点。它可以直立行走，与人并列，也能够手舞足蹈。看来，汉代人所理解的和表现的熊，显然与现代人不同。

【赏349】在两个铺首衔环之间，画一只站立的熊。铺首之兽头的“山”字形头饰变成了两个鸟头，分别衔着一条大鱼，熊在中间扶着两边的鱼。这种“巧合”式的构图，使人联想起孟子的一句话：“鱼，我所欲也；熊掌，亦我所欲也。二者不可得兼……”（《孟子·告子》）

【赏350】中的熊像是一个孩子，熊正蹲在那里拨弄一棵庄稼。民间有一个“黑瞎子掰玉米”的故事流传，笑它掰了这个，丢掉那个。

【赏351】猿猴灵活好动，常常在林间跳来跳去。此图充分表现出猿猴的这种性状。

【赏352】野牛的“牛”劲可能比驯养的牛还要厉害。画像石上常见有野牛与虎豹相斗的画面。

【赏353】骆驼与象形体较大，汉代时已为人们所驯养。在另外的画面中，有的象背上驮着五六个人，好像不是寻常的生活。

【赏354】鹿性温驯敏捷，其全身机体对人都有很大的补益，不仅中医重视鹿，所有人都很喜欢它，把它视为吉祥。这种对鹿相卧的画像，并且加以复杂的边饰，主要用于门楣之上，可见其寓意所在。

【赏355】在门楣上装饰羊头也是汉代人祈求幸福、讨取吉利的一种形式。在古文字中，“羊”通“祥”，与吉祥同义。那时候还没有“挂羊头，卖狗肉”的成语。《晏子春秋·内篇杂下》说：“君使服之于内，而禁之于外，犹县（悬）牛首于门而卖马脯于内（市）也。”这是挂牛头卖马肉，虽系语本，但当时并非为羊头。

【赏356】羊头之下，有两只锦鸡啄食。民间常以锦鸡（雉）为凤凰。

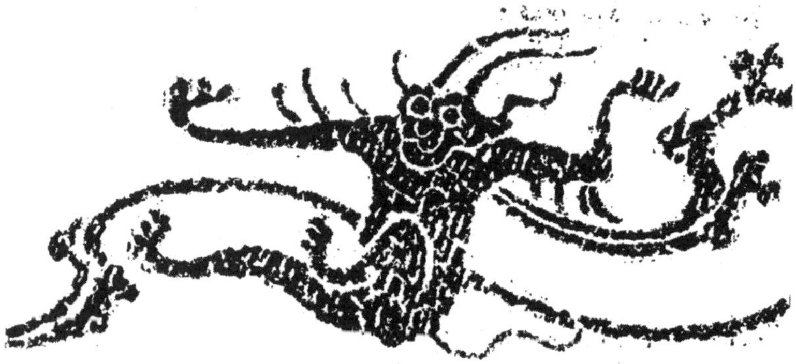

◀赏351　猿猴
河南南阳出土画像石（局部）

◀赏352　野牛
河南方城县出土画像石，高21厘米、宽38厘米

▲赏353　骆驼与象　山东微山县两城镇出土画像石（局部）

▲赏354　双鹿　山东烟台市福山区东留公出土东汉画像石，高47厘米、宽212厘米

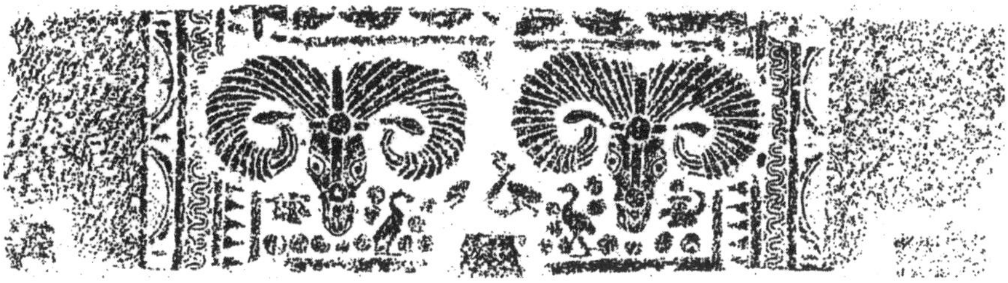

▲赏355　双羊头　山东崂山出土，高46厘米、宽193厘米

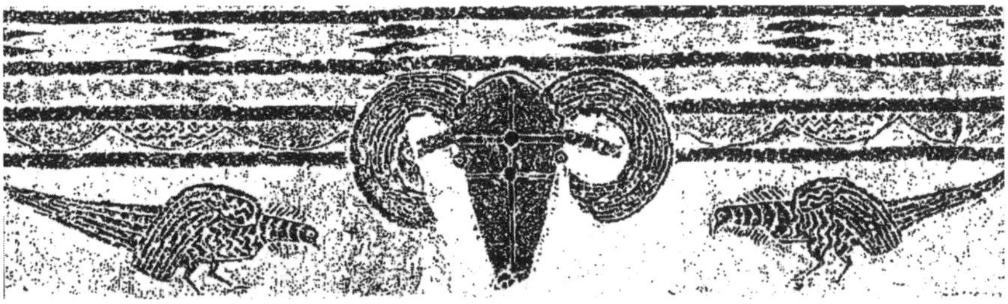

▲赏356　羊头与锦鸡　山东肥城北大留村出土，高48厘米、宽274厘米

◀赏357　瓜叶圆包与鱼纹
山东肥城北大留村出土，高44厘米、宽188厘米

◀赏358　动物印纹（七种）
河南出土汉代画像砖（主要为淅川、新野出土）

▶赏359　一对水鸟
河南洛阳出土西汉
画像砖印纹

▶赏360　大鲤鱼
山东出土东汉画像石

【赏357】“瓜叶圆包”纹是汉代人对此的称谓，并且和鱼在一起，所谓“中瓜叶，上圆包，末有鱼”，是带有美好祝愿的。

【赏358】造型艺术的方法有简繁之分。繁者入微，简者出神。这是画像砖上的一些动物形象，都是用木刻模具印出来的，简练而生动。

【赏359】为一对水鸟，健步向前，边走边顾，中间飞着它们的孩子，亲切感人。造型简练，线条有力，手法新颖，连腹中吃的鱼都表现出来了。

【赏360】鲤鱼扁肥，为古人所喜爱。《诗经·陈风·衡门》：“岂其食鱼，必河之鲤？”在造型上不仅增强了它的厚重感，并且其下用平线，显得更加稳健。这是一条典型的鲤鱼。

▲赏361　鱼群图
山东邹城黄路屯出土，高47厘米、宽267厘米

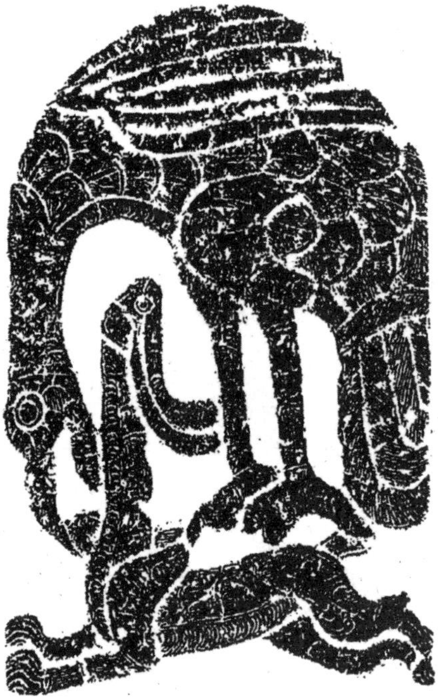

◀赏362（左）　老鹰啄兔
山东临沂市白庄出土（原石中部）

◀赏363（右）　鹰足踩兔
山东临沂市西张官庄出土（原石上部）

◀赏364　惊觉双兔
山东临沂市白庄出土（原石画面下部）

▶赏365　老鹰捉兔子
山东章丘黄土崖出土（画像石局部）

▶赏366　团卧之兔
山东郯城县窑上村出土（原石一格）

【赏361】一边是长长的鱼群，排着各种队形，还有三鱼一头的。另一边有钓鱼的、提鱼的、看鱼的人，还有两只鳖在水中游动。

在佛教的本生故事中，兔子曾是释迦牟尼佛的前世，因施善积德被送到月亮上；而在中国神话中，它又是为西王母专门捣制长生不老之药的。因此，画像石中就有两种兔子：一种是天上的"玉兔"，另一种是现实中的野兔。

【赏362】至【赏366】是现实中的兔子，虽机灵敏捷，却胆小软弱，经常被老鹰攫食，而"狡兔三窟"又显示了它的生存能力。

鹄即天鹅。繁星点点，云气缭绕，五只天鹅展翅飞翔。在汉代，人们视鹄为祥瑞。《太平御览·羽族部》引《广志》曰："黄鹄出东海，汉以其来集为祥。"

【赏367】至【赏376】是现实中常见的一些鸟禽虫鱼之类。有捕鱼的鸟、捉虫的鸟、吃虾的水鸟及猫头鹰和各种家禽等。说明汉朝的石刻匠师在表现生活、刻画事物方面做得细致入微。唐代张彦远《历代名画记》说："夫画者，成教化，助人伦，穷神变，测幽微，与六籍同功，四时并运，发于天然，非由述作。"在画像石上已经达到了这一水平。

◀赏367　对鸟衔虫
安徽宿州褚兰镇墓山孜出土（局部）

◀赏368　飞鸟
山东临沂市白庄出土（局部）

◀赏369　水鸟啄虾
河南方城县杨楼出土画像砖（模印）

▲赏370　两只猫头鹰　安徽宿州符离集出土（原石局部）

▲赏371　夜深屋脊上
山东嘉祥宋山出土（原石局部）

▲赏372　铺首上的鸮
河南许昌出土画像石局部

▲赏373　禽园　四川德阳黄许镇出土画像砖

▲赏374　水鸟啄鲤鱼　河南永城固上村出土（局部）

▶赏375　双鱼
山东济南市出土画像石

▲赏376　五鹄图　河南南阳卧龙区王庄出土，高63厘米、宽170厘米

◀赏377　二羊交颈
山东济宁喻屯镇出土（局部）

◀赏378　二鸟交颈
山东济宁喻屯镇出土（局部）

【赏377】和【赏378】是两个动物的交颈图。在现实生活中，动物之间相互偎依的现象是常有的，将颈部交错起来并不在少数，如在鹅、鹤等家禽、飞鸟中是常常见到的。这既非一般生理之可能，也不是神话传说，而是在艺术上为了表现人的一种思想感情，借助动物之体所造作。因为两颈相交，可以看出相爱无间，颇有融为一体之感。

【赏379】和【赏380】所表现的是二鸟交尾和二鸟衔鱼。这也是出于人的想象，以作为生殖和繁衍后代的象征。两只大鸟将尾巴缠在一起，结果是在尾部出现了两只小鸟，在它们之间，还有一只小鸟飞起。这是生命繁衍的象

▲赏379　交尾的鸟　山东济宁喻屯镇出土（局部）

▲赏380　二鸟衔鱼　江苏铜山汉王镇出土（局部）

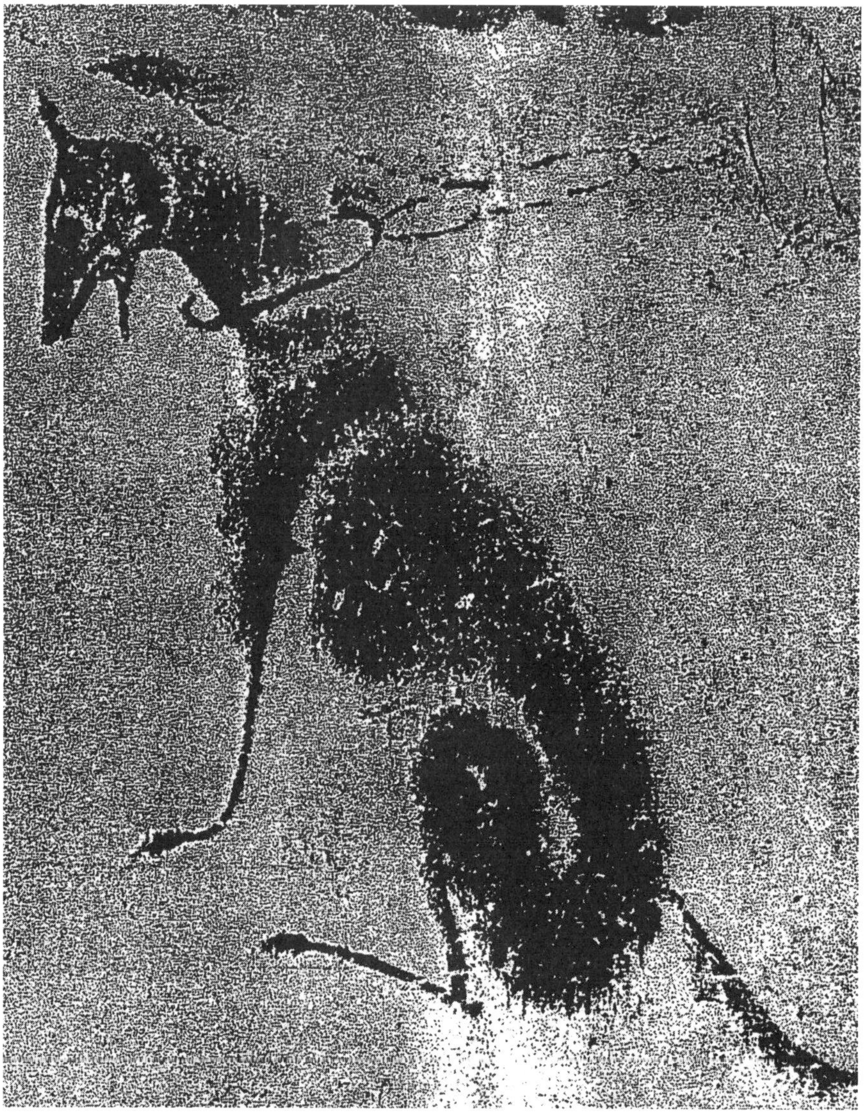

◀赏381 守门家犬
河南新野樊集出土
（画像砖局部）

征。同样，二鸟共衔一条鱼，不是单纯为了吃食，而是表明鱼子最多。

【赏381】为犬的画像。自从犬被驯养成为家畜，汉朝人将其分作三类，即守犬、田犬和食犬。“食犬”即提供肉食；“田犬”为狩猎；“守犬”为守卫门户。此犬颇为俊美。

二、花木山石（花草、树木、连理木、立官桂树、山石等）

对于人之外的大自然，不论是动物、植物等，还是天地、气候和风云雨雪，人们的认识和所持的态度，在不同的历史阶段都有不同的观点和情感。其中既有直接的利害关系，也有随着文化的发展与上升所产生的人文效应。早在渔猎时代，人们所关心的无疑是与生活资料最为密切的走兽和鱼类；以后进入农耕时代，人们不仅专心于农作物，注意天气变化，希望风调雨顺，同时驯养家畜，以求提高劳动生产力等。总之，事物变得越来越复杂，而最复杂的莫过于人的思想、思维和意识等精神方面的东西，其中也包含着艺术和审美。

花木山石之美，并非一开始就为人们所乐于欣赏。楚辞以香草比美人，不借花为喻。古诗流为赋，汉朝人作赋，写的内容很多，唯独难见花卉。在汉代画像石中，花卉也很少，能够叫出花名的更少。好像只有莲花（荷花、芙蓉）一种，而且多是由花瓣和莲子作四面对称的组合。其他的花，那些不知名的花，大都是在仙人的旁边，好像只有神仙才懂得风花雪月，才有那么多的闲情逸致。

画像石中的树木是较多的，但多是人物情节的陪衬，画得也较简单。譬如为了说明是在野外，便画一棵树，或是拴马射鸟之类，变成了一个符号而已。其实，从人物的造型和情节处理看，汉代的艺术家已具备将树画好的能力，可能受到主次观念的束缚，或者以为没有必要，或者没有画树为衬托的习惯。只有两种树是有意而作的，即赋于寓意的“连理木”和“立官桂树”。连理木亦称“连理树”或“连理枝”，画像石中有的称作“木连理”，即两棵树的枝干连生在一起。最初它被当作一种谶纬祥瑞。《宋书・符瑞志》说：“木连理，王者德泽纯洽，八方合为一，则生。”这是为封建统治者歌功颂德的。后来便转向为男女爱情的象征，如白居易的诗句：“在天愿作比翼鸟，在地愿为连理枝。”（《长恨歌》）

“立官桂树”是在科举之前的“举孝廉”时代，追求做官者所崇奉的一个标志。桂树，可能与神话中的“月中之桂”有关，而“桂子飘香”“桂林一枝”和“折桂”等均为科中的典故。这棵“立官桂树”过去多被误解。1972

年，在内蒙古和林格尔发现的东汉壁画墓中，有一幅带着题榜的“立官桂树图”，才明确无误地解决了名称问题。作为汉画鉴赏，从艺术的角度看，此种树为数不少，而且在造型上和结构上都是下了功夫的，尤其是就图案纹样学而言，那编连起来的枝干和装饰的节奏感，仿佛是错综复杂的人事与思维，理顺而为一统，真可谓汉代的经典之作。

至于画像石中所刻的山石，一般都是带有符号式的，还谈不到磅礴的气势，与后来的文人“写胸中逸气”的山水画相距甚远。这一时期的绘画，虽然在处理物象之间的关系特别是人物情节上，有了创造性的发展，或者说臻于成熟，但在表现大空间、大场面时，包括画山画水，还有待于时日。因为那时他们还没有掌握“三远”法。对于古人，是不能苛求的。

【赏382】为莲花纹与日月组合在一起，可能有象征意义。

◀赏382　莲花与日月

山东济南市大观园出土，高106厘米、宽67厘米

▶赏383　圆形莲花纹
安徽宿州褚兰镇墓山孜出土（局部）

▶赏384（左）　莲花游鱼
安徽宿州褚兰镇墓山孜出土，高53厘米、宽45厘米

▶赏385（右）　四鱼莲花纹
江苏邳州占城出土（局部）

【赏383】是画像石的局部。原石的画面，在莲花纹的两边有伏羲和女娲，可见汉朝人对莲花的看重。

【赏384】为莲花盛开，莲子粒粒，有八条鱼围在四周游动，富有生活情趣。

【赏385】原石为祠堂的顶盖部分，主体画面是表现雨师驾鱼车出行，天空有两道龙形的彩虹，四鱼莲花纹装饰于两端。

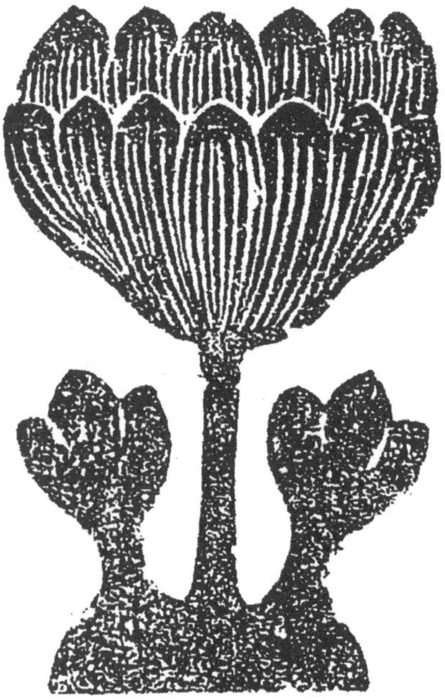

◀赏386(左）“浪井”莲花图
山东嘉祥武梁祠画像石

◀赏387（右） 建鼓上的莲花纹
山东济宁市喻屯镇出土

◀赏388 莲塘双鹤图
安徽萧县出土，高36厘米、宽36厘米

▶赏389　花草纹（三种）
陕西米脂县出土（局部）

【赏386】是谶纬祥瑞中的莲花形“浪井”。所谓“不凿自成，王者清静则应”。它的外观却是自然形的莲花。

【赏387】是建鼓表演的局部。鼓上的中柱装饰成一朵盛开的大莲花。由此可见，在汉代以莲花作为装饰已很普遍。

【赏388】所画莲塘双鹤，非常潦草，很像是现代画家的一幅简单的草图，所不同的是构图别致，采用了对称的格局。两只鹤衔一条鱼，当与传统的繁衍观念有关。亭亭玉立的莲花只是长出一个蕾。所有的意蕴均留给观者去揣摩，去想象。

【赏389】是画像石中不知名的小花草。它是植物纹样的起点，虽然往往被人忽视，但它所起的装饰作用是很大的。我们之所以称其为起点，是说它的构成比较随意、自由，而且多处于陪衬的地位，即所谓增强画面的点缀。然而从这个起点出发，既可以做成独立的纹样，也能够产生鸿篇巨制，因为它蕴含着有利于发展的条件。

【赏 390】是画像砖中的一株花草，在两个仙人之间。前边的仙人骑鹿，回头与后边的仙人呼应，好像在递什么仙果之类。

【赏 391】为西汉空心砖的边饰，由对称的五瓣花和小团鹤组成，连续之后会出现一种和谐的节奏。

【赏 392】原石画面表现的庖厨、饮宴像是在野外进行，中间用布幔隔开，这两棵花草便画在布幔的两边。

【赏 393】是一株盛开的花卉，在原石画面中与麒麟、羽人、九华灯、萐莆等并列，显然是“仙草”无疑，但不知其名。在中国纹样史中，作为写实性的植物纹样，尤其是花卉，这是比较突出的一个实例。

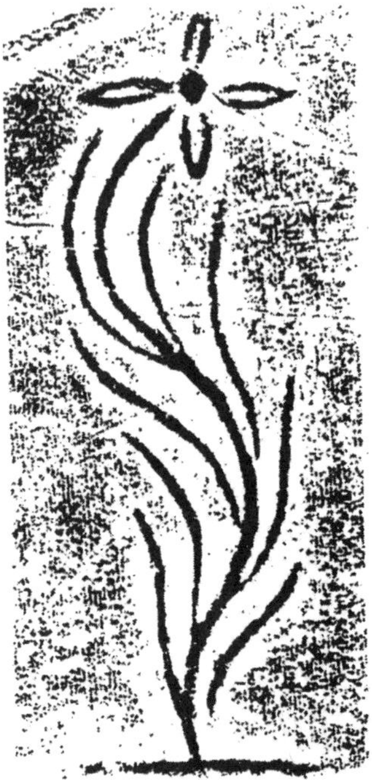

◀赏390　花草纹
四川彭州出土(局部)

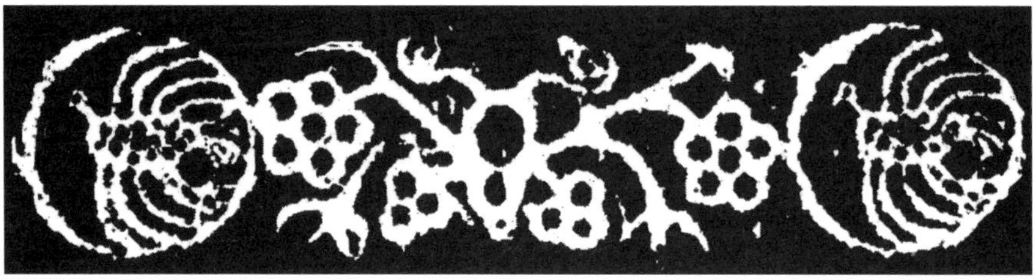

◀赏391　花草纹
河南洛阳西汉墓出土

◀赏392　花草纹
四川成都羊子山出土（局部）

▶赏393　花卉
江苏徐州铜山黄山
汉墓出土（局部）

▶赏394　树纹（二种）
河南洛阳出土西汉
画像空心砖

【赏394】至【赏397】为画像砖上的模印树纹。西汉的两棵树纹比较复杂，也较大，其中一棵树的枝干作对称式编连起来，装饰性很强。东汉的树纹较简单，就像是一个个的图章，印砖时多是填补空白。

◀赏395　树纹（一）
河南郑州出土东汉
画像砖

◀赏396　树纹（二）
河南郑州出土东汉
画像砖

◀赏397　树纹和虎纹
河南郑州出土东汉
画像砖

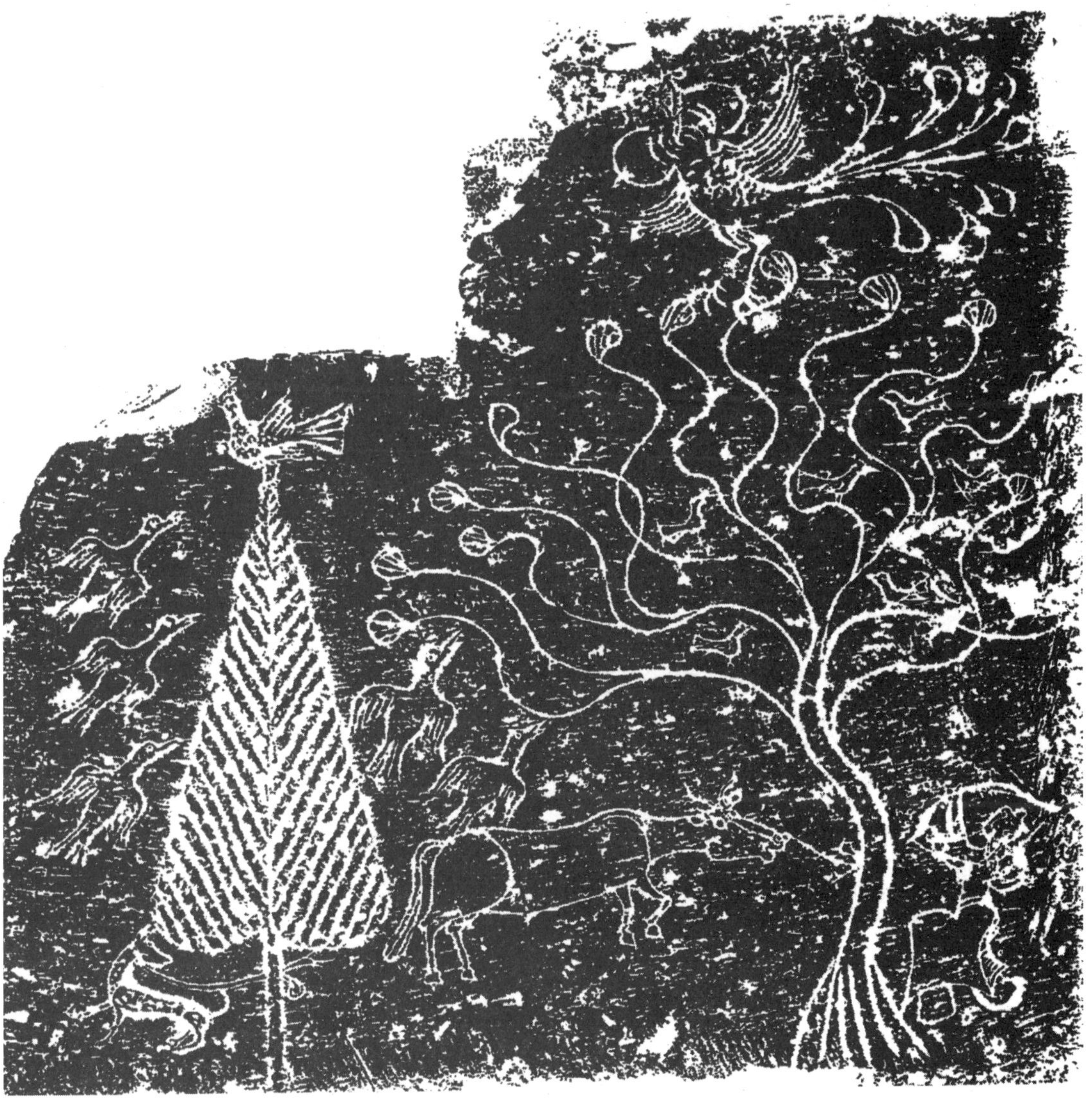

▲赏398　两种树和射鸟人等
安徽淮北北山出土东汉画像石，高76厘米、宽71厘米

【赏398】是一块完整的阴线石刻。两棵大树并列，采取了两种不同的画法，看起来很不协调。虽然其中有射鸟的情节和动物的活动，但被两棵树的不协调干扰了。值得注意的是，正是这样两种不同的造型方法——一种是图案模样化的树，另一种是自然曲线的树，却分别表现在其他众多的画像石和画像砖中。

【赏399】树形圆润，树上有鸟巢及鸟，采取了“异形等量”的左右对称结构。

◀赏399　有鸟巢的树
山东临沂市白庄出土
东汉画像石（局部）

◀赏400　鸟在枝头
山东嘉祥武梁祠汉
画像石（局部）

◀赏401　含苞的花树
江苏徐州贾汪区青
山泉出土（局部）

【赏400】是在树形的外廓内刻出结构线，即树的枝杈。

【赏401】树的枝干有所交错，再进一步即走向有节奏的编连。

【赏402】至【赏406】共10幅图，除少数为单独的树之外，多数是树与马的组合。其构图的特点是树干偏在一侧，给马让出位置，而由枝条交错的树冠覆盖整体，这样，树与马在构图中就产生了相互依靠的关系。

▲赏402　树（三种）　陕西靖边、绥德、米脂出土（局部）

▲赏403　树下拴马图　陕西绥德出土（局部）

◀赏404　树与树下射猎图（两种）
陕西绥德出土（局部）

◀赏405　树下拴马图（两种）
陕西绥德出土（局部）

◀赏406　树下拴马与射猎图（两种）
陕西绥德出土（局部）

【赏407】至【赏412】是各种不同的树，有的看起来比较自然，有的明显经过了装饰的意匠，使之图案化了。汉代画像石的作者，在绘画与图案的专业上是不分的。或有所取舍，或相互结合，可能由作者自定。

▶赏407（左） 树上鸟巢
山东滕州市官桥镇出土（局部）

▶赏408（右） 仙境之树
江苏睢宁县九女墩出土（局部）

▶赏409 银杏树与柳树（三种）
江苏徐州地区出土（画像石局部）

▶赏410（左） 枝干编连的树（一）
山东安丘市董家庄出土（局部）

▶赏411（右） 枝干编连的树（二）
画像石局部，出处不明

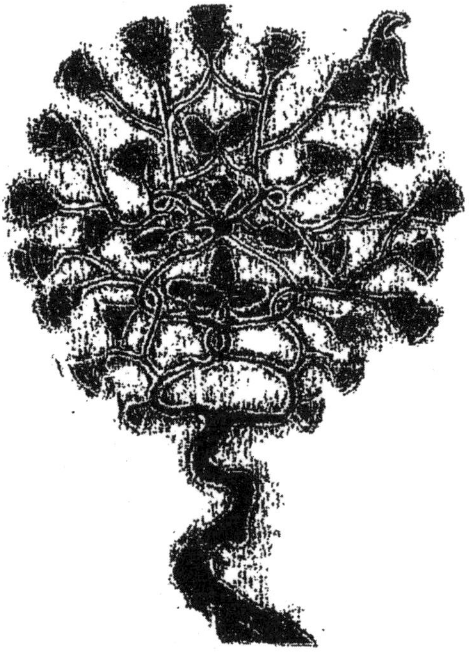

◀赏412　枝干编连的树（三）
山东嘉祥县宋山村出土（局部）

◀赏413　神木一木连
四川梓潼县出土画像砖，高12厘米、宽28厘米

◀赏414　连理树下迎宾客
四川长宁县古河镇出土石棺画像（局部）

【赏413】“神木—木连”即“连理树”。此画像砖带有铭文，其可贵处在于证明了连理树应是两棵树“连理”，而不是一棵树的枝干编连。

【赏414】是主人在连理树下迎接宾客，说明汉朝人以此象征亲密和友谊，那时还未专指男女间的爱情。

【赏415】与【赏416】是画像石中的连理树。

▶赏415　连理树
山东莒县东莞镇出土石阙画像（局部）

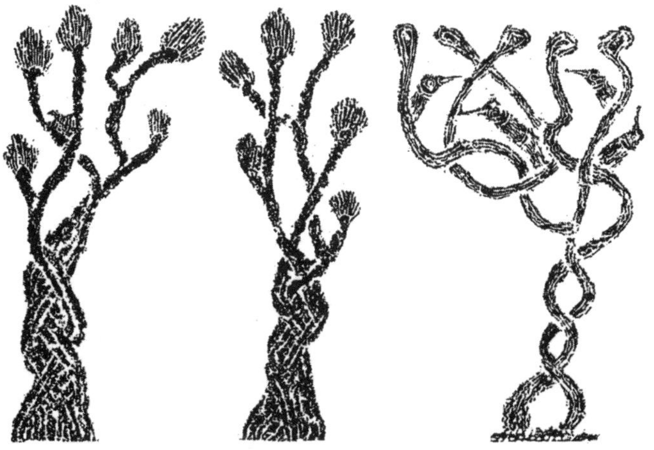

▶赏416　连理树（三种）
江苏铜山、睢宁出土（画像石局部）

▲赏417　楼阙旁的立官桂树　山东嘉祥武氏祠汉画像石（前石室第三石局部）

【赏417】这是一棵大树，而且将其枝杈编连起来，显得和顺繁茂，富有装饰之美。许多年来，人们多称此树为“连理树”或“扶桑树”。实际上，据汉朝人说应是“立官桂树”。当时的仕途，做官者由地方推荐，叫作“举孝廉”，以孝道和廉洁作为条件。因此，这棵树便成为一种标志。它是想象的，并非现实的，就像汉朝民间流行的“摇钱树”希望发财一样，只是寄托一种做官的希望而已。

既然是“立官桂树”，将其立在楼阙之旁，当与门第有关。而那些在树下拉弓射箭的人也不会是单纯地捉鸟雀，可能是象征射猎功名。

【赏418】如果从纹样学的角度看这棵大树的造型，其意匠手法是非常高明的。它不强调艺术的“如实描写”，而是借鉴于编结，将其枝条梳理得整齐不紊，变化有节，同样达到了大树茂密繁盛的效果。

▶赏418　楼阙旁的立官桂树（局部）

▲赏419　树下射者与隐者　山东微山县两城镇出土画像石（局部）

▲赏420　树下炊食　山东微山县两城镇出土画像石（局部）

▶赏421　树下奏乐
山东微山县两城镇出土画像石，高76厘米、宽77厘米

汉代的画像石多是用于墓葬的，这是检验后人孝道的一种形式。【赏419】至【赏421】的几幅画像，都是围绕着“立官桂树”进行。在树下有隐者和射猎者，有炊食者和奏乐者。有些关系是很微妙的。

【赏422】至【赏429】都是山纹，并且是以画像砖的模印纹居多。这是因为，那时还没有出现“山水画”，山水一般不作为绘画的独立题材，仅是一种人物活动的陪衬，所以古人曾有“水不容泛，人大于山”的议论。在画像石与画像砖中，山水只是当作标明特定环境的一种符号。正因为这缘故，在画像砖上便有专门模印山的单位纹。

四川出土的一种大型的模印方砖，多采用统一场景的构图，并且有直观的透视感。有的山峦起伏，层层深进，各种人物、动物的活动散布其间，在表现技法上较为写实。一般的画像石，则是将山峰画作馒头状，渐层连缀，将人物或动物半遮蔽地藏在后边。

◀赏422　山纹

河南郑州出土(大型长条空心砖)

▶赏423　山纹(二则)
河南淅川县高庄出
土画像砖印纹

▶赏424　山林射猎
河南郑州出土画像砖

▶赏425　山中奔兔
河南淅川县出土画
像砖（局部）

▶赏426　深山狩猎
河南郑州出土画像砖

◀赏427　山中狩猎
河南郑州出土画像
砖印纹

◀赏428　日出高山
陕西绥德县出土门
楣画像石一角

◀赏429　群山飞云
山东安丘市董家庄
出土画像石局部

三、日月天象（日月、星宿、天象、牛郎织女、嫦娥奔月等）

人生活在地球上，仰首望天，白天有太阳，黑夜有月亮，到底是“月亮赶太阳”呢，还是日月如梭，不停地交织呢？对于日月星辰等天体在宇宙间分布与运行的现象，不消说古人感到神秘莫测，就是在现代，除了天文学家和一些专门研究的学者之外，一般人也是不易说得清楚的。天文学之所以成为最古老的学科之一，既与气候变化和农业生产有直接关系，也存在由于人们的无知所产生的神秘感。所以，古人在探讨天文时，也把风、云、雨、雪等“地文”现象列入天文范围，所谓“观乎天文，以察时变”。

汉代的天文学研究已较深入。司马迁写《史记》，其中有一篇《天官书》，以星座比附人间的官曹列位，是我国现存比较早的天文文献之一。文中将全天划分为五大区域，列有91个星组，包括500多颗恒星，有9次日食，9颗彗星，一次陨石坠落的记录，还介绍了各种异常的天象，如彗星、流星和极光等。

中国古人对于“天”的敬畏超过对人的本身，中国古代就有“生死在天”一说，认为人间的一切事物都是由天决定的，一切活动都不能违反天意，连封建社会至高无上的皇帝也是“天子”，只能“替天行事”。《易经·系辞上》说：“天尊地卑，乾坤定矣。卑高以陈，贵贱位矣。”虽说天地并称，甚至在男女婚姻的结合时要“拜天地”，可是在古人的心目中“天”是至尊的，是可以决定一切的。

从远古的时期起，人们对于“天”的观察和天象运行的认识，可以说都是从想象开始的。为什么会有日出日落、月圆月缺呢？一定有一个主宰者。为什么会有寒来暑往、暴风骤雨呢？一定是主宰者发了什么脾气。于是，以虚幻解释现实的神话产生了。神话是美丽的，是“人类的童年”的艺术表现，即使后来对于天文的认识加深了，也没有从根本上改变神话的描述。直至21世纪的今天，科学的火箭将宇宙航船送往月球时，人们也没有忘记广寒宫中寂寞的嫦娥。

画像石中的天象图很多，就其内容而言并不是太复杂，主要是表现日月和重要的星座，如北斗星座、青龙星座、白虎星座等。它不是表现天文学的记录和成就，而是用在墓室的盖板，表示在冥冥的长夜之中展现一个天空。一个长期生活在世间的人，怎么能忘记终身伴随的“天”呢？况且，人们早就有把人逝去称为“升天”了。

【赏430】至【赏454】这组画像表现的是天文、天象，实际上是以日月为主，而其形象，又是依托于古老的神话。从【赏430】至【赏450】可以看出，日、月是以“金乌”“玉兔”为代表的，即三条腿的乌鸦和持杵捣药的兔子，另外在月亮中还有蟾蜍和桂树。所谓“天象图”，也只是将传说中的诸神集中在一起，包括代表二十八宿的“四神”。当金乌背上所负的日轮出现蟾蜍时，已是“日月合璧”的祥瑞了。

◀赏430　太阳升树间
山东曲阜出土，高58.5厘米、宽70.5厘米

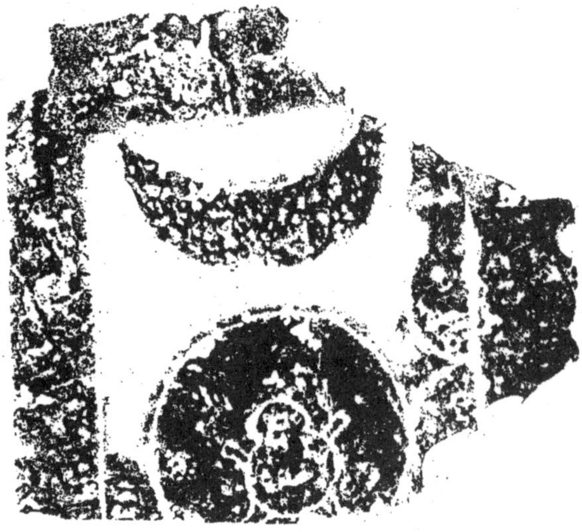

◀赏431　弦月与满月
山东曲阜出土，残石高59厘米、宽71厘米

▲赏432　日神（羽人）　四川新都出土画像砖，高29厘米、宽48厘米

▲赏433　月神（羽人）　四川新都出土画像砖，高29厘米、宽48厘米

◀赏434 日月星象图
山东滕州官桥镇大康留庄出土，高180厘米、宽85厘米

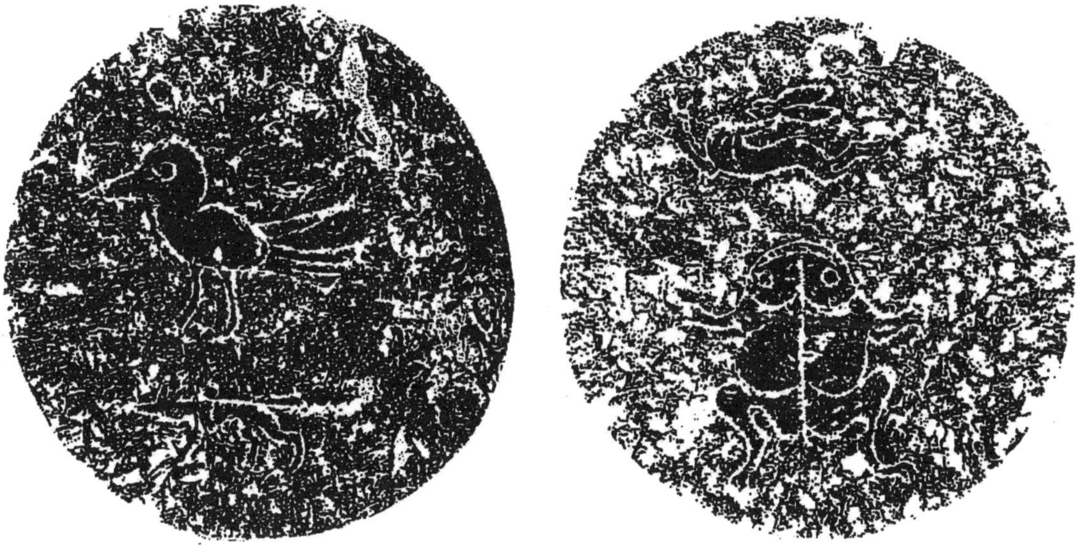

▲赏435　日月（一）　山东枣庄市山亭区西集镇出土

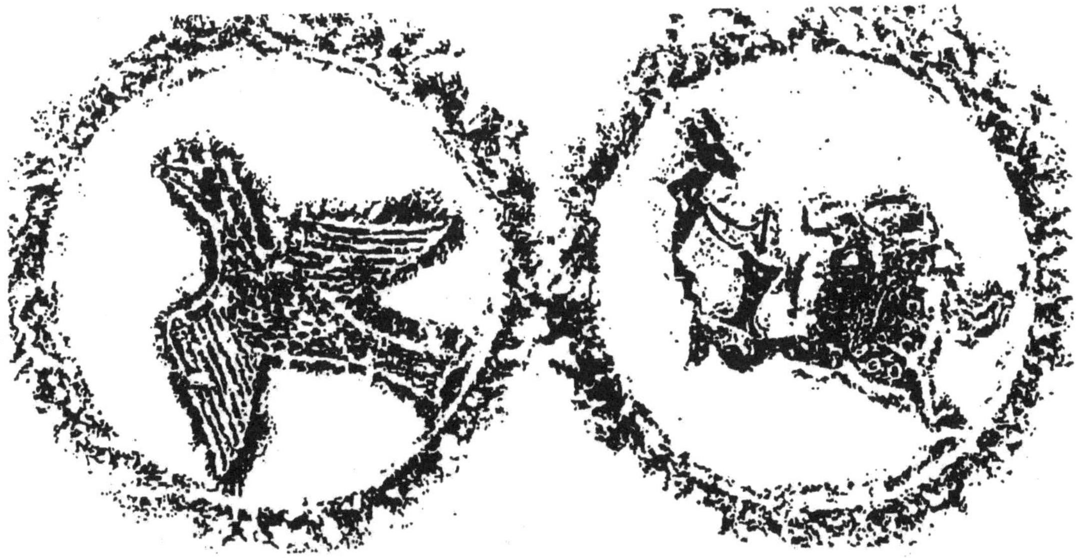

▲赏436　日月（二）　安徽淮北出土（原石画像为上下排列）

▲赏437 日月（三） 陕西米脂出土（门楣两端）

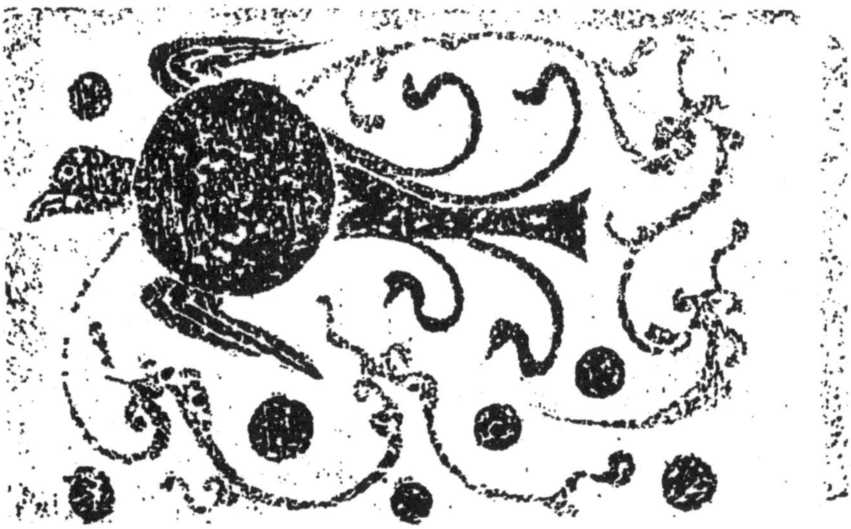

▲赏438 阳乌与星宿 河南南阳英庄出土，高82厘米、宽167厘米

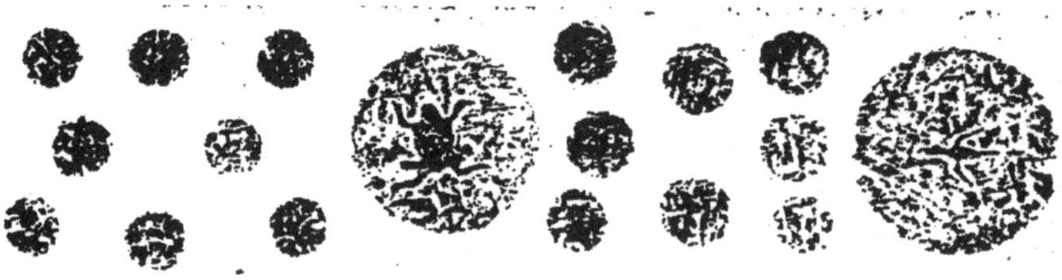

▲赏439 日月星辰 河南南阳熊营村出土，高42厘米、宽198厘米

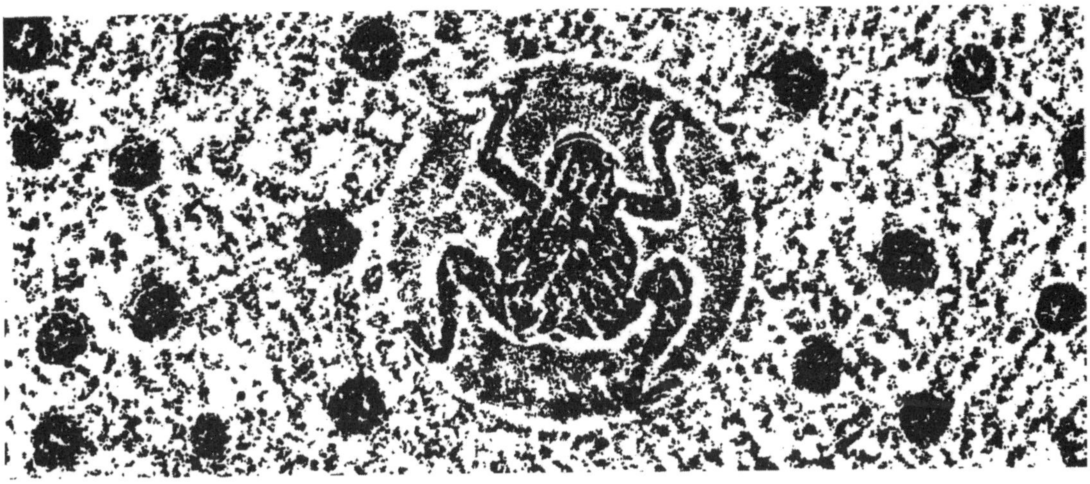

▲赏440　月亮与北斗　河南唐河县针织厂出土，高46厘米、宽98厘米

▲赏441　太阳（金乌）与星宿　河南南阳市草店村出土，高26厘米、宽127厘米

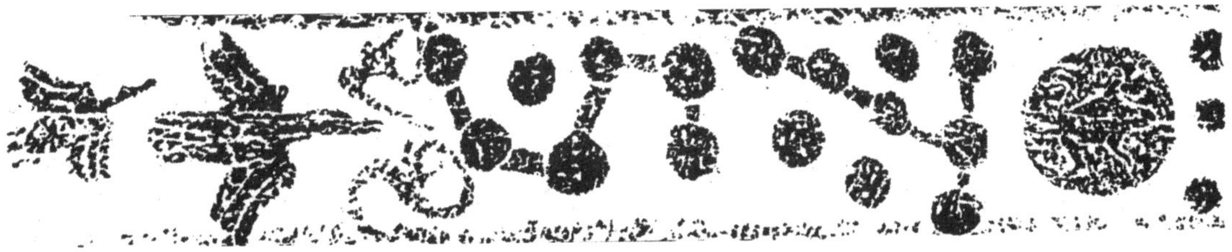

▲赏442　月亮（蟾蜍）与星宿　河南南阳市草店村出土，高26厘米、宽134厘米

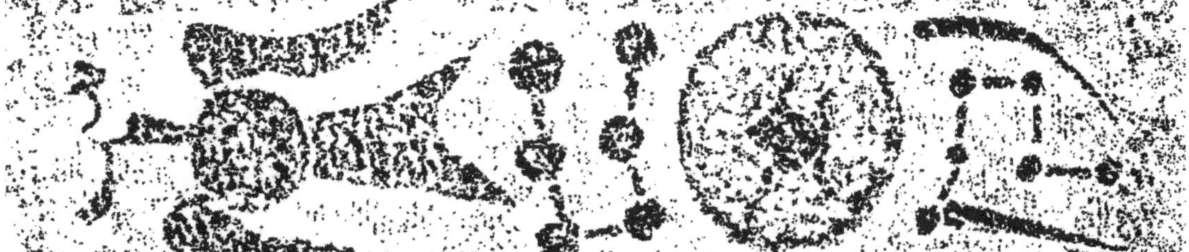

▲赏443　彗星　河南南阳石桥镇王寨村出土，高27厘米、宽119厘米

▲赏444　日月相望　河南南阳市出土，高28厘米、宽146厘米

▲赏445　苍龙、毕宿　河南南阳东关出土，宽361厘米

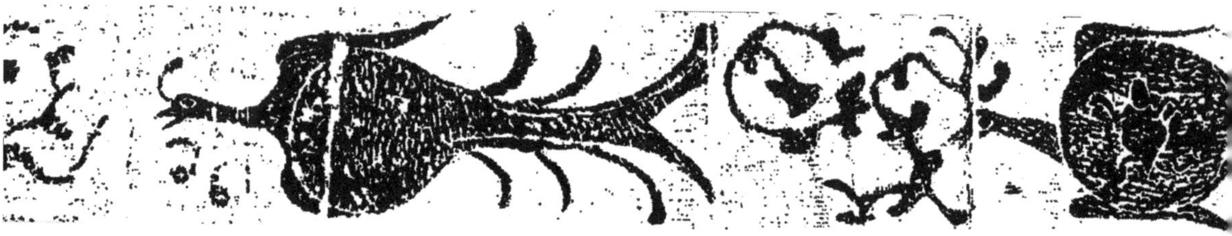

▲赏446　日月合璧　河南南阳东关出土（此图与上图原为一石，一倒一正）

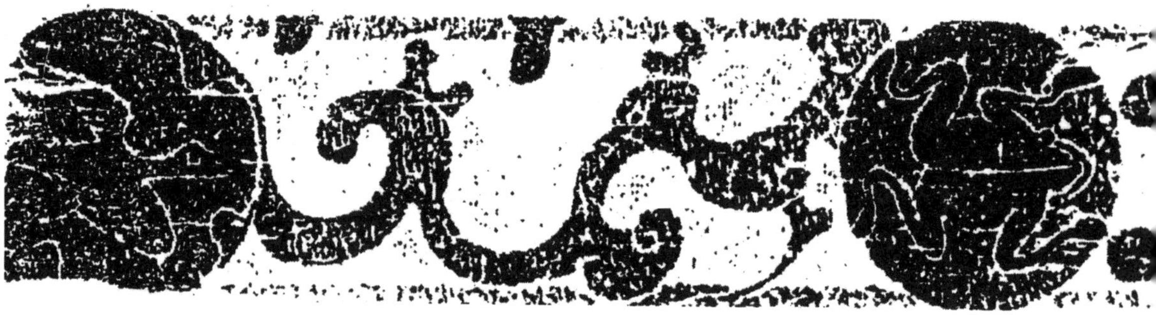

▲赏447　日月同辉图　河南南阳出土，高32厘米、宽180厘米

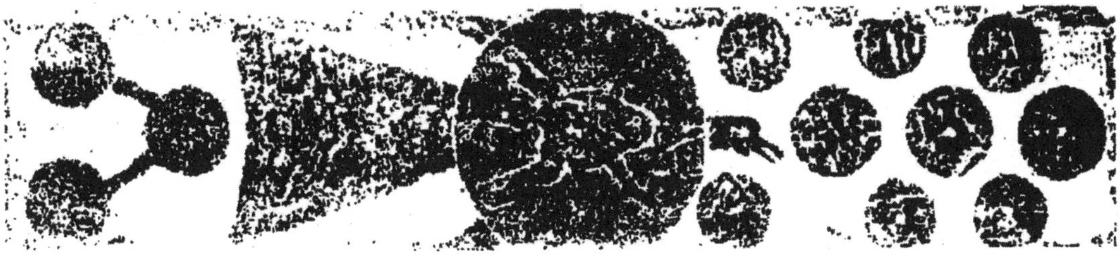

▲赏448　日月合璧图　河南南阳市段庄出土，高28厘米、宽170厘米

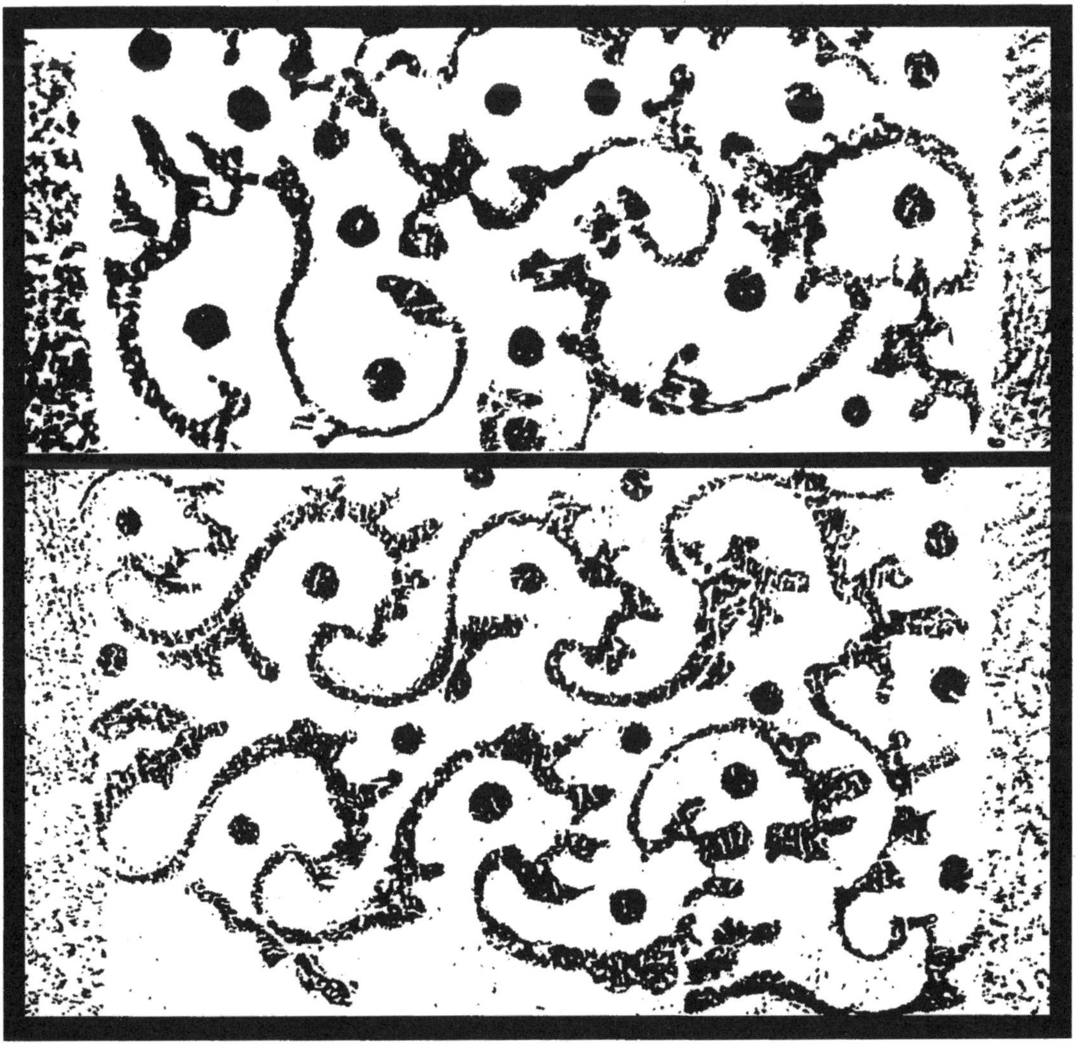

▲赏449　星云图（两幅）　河南南阳高庙出土

▲赏450　天象图　河南南阳市麒麟岗出土，高164厘米、宽327厘米。墓顶画像，由9块条石组成，表现为黄帝、伏羲女娲、四神、北斗七星、南斗六星等

▲赏451　白虎天区与牛郎织女星　河南南阳市白滩出土，高54厘米、宽149厘米

▲赏452　牛郎织女　四川郫都新胜镇竹瓦铺出土石棺画像（局部）

▲赏453　嫦娥奔月（一）　河南南阳英庄出土，高32厘米、宽107厘米

▲赏454　嫦娥奔月（二）　河南南阳西关出土，高68厘米、宽137厘米

第五章 神仙世界

在画像石中，各种神怪的形象很多，可能是当时流传在民间的。经过了2000年左右，随着时间的流逝，有些已经不知其名。看到那些怪异的模样，已不知在当时叫什么和做什么了。我们所熟悉的也是数量最多的，为伏羲女娲和西王母。汉朝人崇尚对偶，喜欢将“伏羲”和“女娲”并提，并且给“西王母”配了一个丈夫“东王公”。这两对神人赫赫有名，并赋予新的内涵。

一、神话传说（伏羲女娲、东王公和西王母、各路神仙等）

在世界各个民族的历史中，都有本民族的神话产生，并以讲故事的形式世代流传。它反映了远古人对世界起源、自然现象和社会生活的理解、认识。神话带有历史的影子，但不是真实的历史，并非现实生活的科学反映，而带有一定的艺术的虚构性。那时候的生活非常简陋，生产力的水平也很低，人们不可能用科学的眼光解释客观世界和周围所发生的一切，只能借助于想象和幻想，把自然力拟人化，来说明其与人之间的矛盾和变化。在神话中，往往表现出人同自然力的斗争和对理想的追求。就像儿童的幻想一样，神话被哲学家称作“人类的童年”。马克思说：“一切神话都是在想象中和通过想象以征服自然力，支配自然力，把自然力形象化；因此，随着自然力在实际上被支配，神话也就消失了。”（《〈政治经济学批判〉导言》）这是神话产生与消亡的基本关系。鲁迅说：“中国人至今未脱原始思想，的确尚有新神话发生，譬如‘日’之神话，《山海经》中有之，但吾乡（绍兴）皆谓太阳之生日为三月十九日，此非小说，非童话，实亦神话，因众皆信之也。而起源则必甚迟。”[1]

就现有的资料看，中国远古的神话非常丰富，在中原地区可能有一个庞大而完整的体系，可惜没有完好地保存下来。鲁迅在《中国小说史略》第二篇“神话与传说”中说：“中国神话之所以仅存零星者，说者谓有二故：一者华土之民，先居黄河流域，颇乏天惠，其生也勤，故重实际而黜玄想，不更能集古传以成大文。二者孔子出，以修身齐家治国平天下等实用为教，不欲言鬼神，太古荒唐之说。俱为儒者所不道，故其后不特无所光大，而又有散亡。”西汉之初信奉黄老思想，保留了一些相关的神话传说。东汉道教兴起，吸收了一些神话传说，并且加以改造，虽然有所保存，已与远古有了一定距离。

在画像石中，各种神怪的形象很多，可能是当时流传在民间的。经过

[1] 鲁迅1925年3月15日致傅筑夫、梁绳祎信，载鲁迅《鲁迅书信集》（上卷），人民文学出版社1976年版。

◀赏455 伏羲女娲
山东嘉祥武氏祠后石室画像（第五石局部）

了2000年左右，随着时间的流逝，有些已经不知其名。看到那些怪异的模样，已不知在当时叫什么和做什么了。我们所熟悉的也是数量最多的，为伏羲女娲和西王母。汉朝人崇尚对偶，喜欢将“伏羲”和“女娲”并提，并且给“西王母”配了一个丈夫“东王公”。这两对神人赫赫有名，并赋予新的内涵。女娲是创造生命之神，她抟黄土造人，才有了人类；西王母是延续生命之神，她制作“长生不死”之药，使人能够长寿。加上她们的丈夫，在汉代画像石中表现很多。伏羲也称“伏戏”，武梁祠画像将他排在历代帝王的首位，榜题曰：“伏戏仓精，初造王业，画卦结绳，以理海内。”伏羲女娲的形象，还保留着原始的半人状态，表现为人首蛇身。两个神人非常亲爱，经常将长长的蛇身交缠在一起，手中执规和矩，表示对于人世的规划，颇有些现代设计的特点。西王母和东王公，一般是分别坐在高山上，或者扶几端坐，单独的西王母则是坐在“龙虎墩”上。原始的西王母神话，本是一个“人面虎身，有文有尾”的形象，到了汉代，在画像石中已变成戴着

“方胜”首饰的中年妇女，只是她的那些侍从没有变，诸如捣药的兔子、蟾蜍、三足乌和九尾狐等。顺便讲一句，美丽的嫦娥也是西王母时的人，是她的丈夫后羿从西王母那里请了“不死之药”，被她私吞了飞上了月宫，但其形象仍然保持着人身而蛇尾。

翦伯赞在《秦汉史》中谈到石刻画像之“神怪图”时说：“神怪画像，虽各有其独特之内容与命意，但有些共同之点，即皆以云气为背景，这是为了要指示神怪所在的地位。其次，即几乎每一幅神怪画中，都有一位贵神，乘云车，驾以鱼、龙、鸟、马或天神。鱼龙鸟马天神皆有翼。除一雷公车系用六个有翼天神所驾，其余以鱼龙鸟马驾者，数皆以三。所有的贵神，也和人间的贵族一样，车前车后皆有护卫。其护卫或乘鱼或乘龙或乘鸟乘马，则依其主神之所驾以为类别。主神所乘之云车及所着之衣冠，与汉代人间的贵族之车制及衣冠完全相同，其余诸小神之衣冠，则与汉代贱者之衣冠同，亦有异形怪状而裸者。以上两端，是神怪画像构图的公式，这种公式，显然是人间贵族生活之天上的反映。”翦伯赞继续说：“神怪画像都各

▶赏456　捧日月的伏羲女娲
四川成都市郊出土画像砖，高38厘米、宽47厘米

▲赏457　天地之和的伏羲女娲　安徽宿州出土画像石局部

▲赏458　缠结的伏羲女娲　四川郫都新胜镇竹瓦铺出土石棺画像，高58.2厘米、宽73.2厘米

有主题，如海神、北斗神、风云雷雨诸神之类。在这种画像上，我们可以看到云的卷舒，神的飘荡，龙的飞腾，鸟的翱翔，以及无数人与动物或动物与动物的混体怪神之出没，表现出一幅一幅和谐、自由而快乐的天国之画图。”[1]

值得注意的是，不论伏羲女娲还是东王公西王母，以及其他的神仙，有的长着翅膀，有的没有翅膀。翦伯赞说：“像这样的画像，特别是有翼的天使之出现，显然不是中国古典艺术的传统，而是希腊、罗马的艺术在中国之变体，那些有翼的天使，可能就是希腊、罗马神话中的爱神受了变化以后的形象。”[2] 有趣的是，此种有翼与否，虽不知孰早孰晚，但到后来他们的翅膀也都消失了，而代之以驾云、骑鹤、乘龙等。不难理解，带着翅膀的神或人，在视觉上总是感到不正常的。这也涉及审美的习惯。

【赏455】至【赏458】是四幅伏羲女娲图。有的手持规矩，有的手托日月，可见气魄之大，具有开天辟地之势。还有的加以装饰化，将他们长长的蛇体绕成了三个圆圈。左右两个圆圈内分别是金乌和天狗、玉兔和蟾蜍，象征着太阳和月亮。中间一个圆圈内是莲花和游鱼，明显表示大地，共同构成了美妙的天地之和。伏羲和女娲被称为“人祖”，他们不仅是神话中人类的起始，也是男女、阴阳、乾坤结合的典范。两位神人连臂共舞，甚至将躯体缠结起来，成为合二而一的象征。

【赏459】至【赏468】是表现西王母与东王公及西王母与其侍从等的一些画面。在汉代，西王母是一个大神，围绕她的是一群有翼的仙人和祥禽瑞兽，如青鸟、三足乌、玉兔、蟾蜍、九尾狐等，而活动的中心命题是制作“不死之药”。所以，仙人忙着采药，玉兔忙着捣药。这是卫护生命和延续生命的一种象征。而当西王母和伏羲女娲被画在一起的时候，其意义就更明显了。西王母的背后升起祥云，两旁的伏羲和女娲摇着便面，长尾缠结起来，尾端又连接了小鸟，这小鸟像是代表着新的生命，落到了西王母的头上。

人们想象的神仙是快乐的、潇洒的、优越的。他们住在天堂里，优哉游哉地生活，没有忧愁，没有痛苦，更没有生老病死的重负。人间的一切享受全有，世上的所有弊端均无。它虽然出于虚构，却又为凡人所羡慕。

---

[1] 翦伯赞：《秦汉史》，北京大学出版社1983年版，第539—540页。

[2] 翦伯赞：《秦汉史》，北京大学出版社1983年版，第540页。

◀赏459　东王公和西王母
陕西米脂县出土墓门立柱画像（局部）

◀赏460　坐龙虎墩的西王母
四川合江县张家沟出土石棺画像

▶赏461　山上的西王母
河南郑州出土汉画像砖

▶赏462　端坐的西王母
四川彭山出土汉画像砖，高46厘米、宽38厘米

▲赏463　西王母及其侍从（一）　山东嘉祥县洪山村出土（局部）

▲赏464　西王母及其侍从（二）　河南新野县樊集出土画像砖

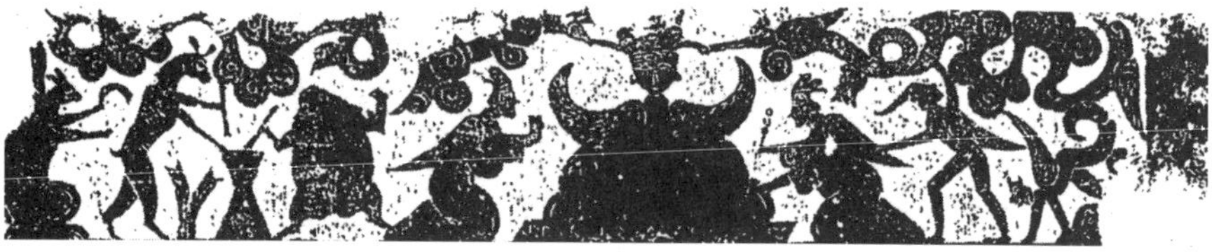

▲赏465　西王母及其侍从（三）　山东嘉祥县宋山村出土（局部）

▲赏466　西王母及其侍从（四）　山东嘉祥县宋山村出土（局部）

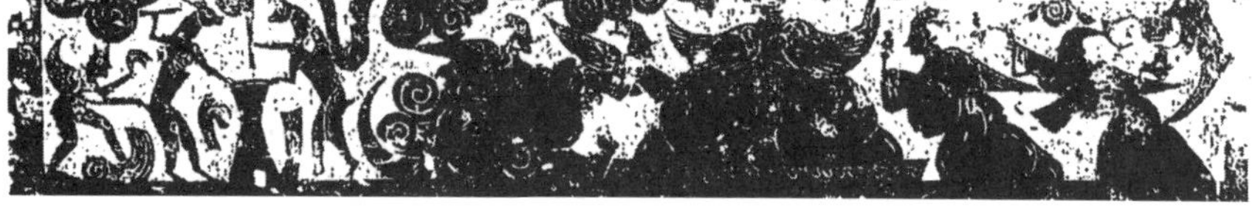

▲赏467　西王母及其侍从（五）　山东嘉祥县宋山村出土（局部）

▲赏468　西王母和伏羲女娲　山东微山县两城镇出土，高67厘米、宽56.5厘米

▲赏469 羽人（仙人）
山东沂南北寨村出土（局部）

【赏469】中的羽人长着翅膀，与龙凤为伴，在天空中自由自在地遨游。【赏470】中的仙女在西王母身旁抚琴，弹奏天上的乐曲。【赏471】中的两个仙人赤着身子，饮酒对弈。这种“六博”和人间的博戏是一样的。

▶赏470 仙女抚琴
四川彭山双河崖墓出土石棺画像（局部）

▶赏471 仙人六博
四川新津崖墓石函画像，高57厘米、宽99厘米

▲赏472 仙人出游和雷神施威图 山东嘉祥武氏祠左石室屋顶前坡局部

▲赏473 天神风雨图 河南南阳市王庄出土，高50厘米、宽170厘米

但神仙也有他们的事，并且管着人间的疾苦。【赏472】有两个画面：上层是一个女神出游，驾着云车，随从们乘龙拥簇；下层是雷神发威，众神们忙着放射雷电。【赏473】是一幅风雨图。原来“风”是由风伯吹出来的；“雨”是雨师抱着水罐向人间倾注。显然，这都是汉代画家们的想象。

二、祥禽瑞兽（龙凤、麒麟、四神等）

所谓祥禽瑞兽，大都是一些虚构的动物，其性质也属于神话的范畴。所不同的是，在它们之间，有的曾扮演过图腾标志，有的在后来又成为一种谶纬符瑞。从图形上看，描绘最多的是龙凤。

龙与凤，在中国经历了漫长的岁月，不同的历史时期都有不同的含义，其形象也不一样。闻一多说："就最早的意义说，龙与凤代表着我们古代民族中最基本的两个单元——夏民族与殷民族，因为在'鲧死……化为黄龙，是用出禹'和'天命玄鸟（即凤），降而生商'两个神话中，我们依稀看出龙是原始夏人的图腾，凤是原始殷人的图腾（我说原始夏人和原始殷人，因为历史上夏殷两个朝代，已经离开图腾文化时期很远，而所谓图腾者，乃是远在夏代和殷代以前的夏人和殷人的一种制度兼信仰）。"他又说："图腾的民族社会早已变成了国家，而封建王国又早已变成了大一统的帝国，这时一个图腾生物已经不是全体族员的共同祖先，而只是最高统治者一姓的祖先，所以我们记忆中的龙凤，只是帝王与后妃的符瑞，和他们及她们宫室舆服的装饰'母题'，一言以蔽之，它们只是'帝德'与'天威'的标记。"[1] 闻一多生于清朝末年，亲眼看到"复辟与龙旗的不可分离"，对于龙凤的感受是完全能够理解的。

然而，透过历史看龙凤，尤其是在封建社会时期，龙凤不仅是宫室舆服的装饰母题，也是向帝王歌功颂德的谶纬符瑞。在民间，并不因为这种特殊的关系而消失，依然是处处皆见，只是在后来出现了龙的"五爪"与"四爪"的区别，即只有皇帝才能用五爪龙，民间通行四爪龙，这都是后来定型的龙。早期的龙如马似蛇，以后才逐渐将身躯拉长。至于"九似"之说，其时代更晚了。

凤凰的基本形是孔雀和山雉（山鸡），成为羽族之最富丽者。战国时期的尹文子就讲了楚人误将山雉当凤凰以献楚王的故事。唐代诗人李白据此感叹说："楚人不识凤，重价求山鸡。献主昔云是，今来方觉迷。"

---

[1] 闻一多：《神话与诗》，载《闻一多全集》（第一册），湖北人民出版社1993年版。

儒家的中心思想是“仁”。所谓“仁者爱人”，过于抽象，于是创造了一个象征仁的“仁兽”——麒麟。它似鹿而一角，温驯和善，常与象征吉祥的鹿、羊在一起。

汉代石刻画像中的龙、凤、麒麟很多。如果是将龙凤画在一起，多是象征阴阳、乾坤、男女的和谐与刚柔相济，后来称作“龙凤呈祥”；如果将麟、凤画在一起，则是寓意祥和安定。另外还有称作“四灵”“四神”者。《礼记·礼运》说：“何谓四灵？麟、凤、龟、龙，谓之四灵。故龙以为畜，故鱼鲔不淰（惊骇）；凤以为畜，故鸟不獝（惊飞）；麟以为畜，故兽不狘（惊走）；龟以为畜，故人情不失。”体现了人与自然的一种和谐理念。

所谓“四神”，即指苍龙、白虎、朱雀、玄武。苍龙亦称青龙，朱雀即凤凰，白虎有翼，玄武则是龟与蛇的合体。四神是方位之神。《礼记·曲礼》说：“前朱雀，后玄武。左青龙，右白虎。”古人把天上二十八宿划分为四大星区，分别以四神命名。在地上，则是代表上天以镇守和标正四方的神。

◀赏474　龙纹
西汉时期，山东邹城市北宿镇南落陵村出土

◀赏475　龙纹（一）
山东嘉祥县出土东汉画像石局部

▲赏476（上） 龙纹（二）
山东嘉祥县出土东汉画像石局部

▲赏477（下） 龙纹（三）
山东嘉祥县出土东汉画像石局部

汉画中还有一种特意将龙的颈部或尾部、凤的颈部等，两两勾连交缠起来的，称作“交龙”或“交颈”图。这是一种装饰化的巧构，也表示两者的相好与亲和。

【赏474】至【赏480】为两汉时期的一些龙纹。它们有的像走兽，有的像爬虫，看起来较为原始。沂南的两幅龙纹，刻画有精有粗，精者表现细微，粗者健壮。

▲赏478　龙纹（四）　山东嘉祥县出土东汉画像石局部

▶赏479　青龙（左）
山东沂南县北寨村
出土

▶赏480　翼龙（右）
山东沂南县任家庄
出土

▲赏481　青龙与蟾蜍　四川渠县赵家村出土冯焕阙画像，高44厘米、宽66厘米

▲赏482　前进的翼龙　山东临沂市白庄出土（画像石局部）

▶赏493　麒麟（两幅）
上为江苏邳州尤村出土（榜题“麒麟”写作“騏驎”），下为四川彭山双河崖墓出土石棺画像局部

▲赏494　四神图（青龙、白虎、朱雀、玄武）　河南唐河县针织厂出土，高96厘米、宽49厘米

三、人神之间（升仙图、人神交往、人为神格等）

人生百年，必须面对生与死，这是谁都无法回避的事实。古人的生死观也几经变化，一开始并没有奢望“长生不老”，只要能做到“考终命”，以善终为福，也就是幸福了。战国时的齐燕（今山东、河北）滨海地区，说是东海之中有仙山，上面住着神仙，并出现了一些方术之士（方士），他们会求仙、炼丹，自言能长生不死。道教兴起，宣传得道之人能“超脱生死”。《汉书·艺文志》说：“神仙者，所以保性命之真而游求于其外者也。”《天隐子·神解》说：“在人谓之人仙，在天曰天仙，在地曰地仙，在水曰水仙，能通变之曰神仙。”秦汉时期，神仙之说盛行，从帝王到百姓，都想与“神仙”交往，得到神仙的“长生不死”之方。所以，在同时期的画像石中，有关神仙的画像很多。

在此之前，已有周穆王征西，会见西王母的故事流传。《穆天子传》的竹简虽系出土于晋代，但在画像石中已有形象的表现。后人假托班固所作的《汉武故事》中，汉武帝也曾会见西王母，书虽为后出，且不见于图像，但汉武帝崇信神仙是可信的。而西王母在画像中所以频繁出现，是因为她掌握着“长生不死”之药，并有嫦娥为证，可以使人超脱死劫。顺便说一下，在神话中，嫦娥是由神变为人的。她随丈夫后羿奉天帝之命来到人间，处理十个太阳同出，致使人们无法生存的事件。后羿善射，一口气射死了九个太阳，攸关九条性命，因而受到了处罚，永远留在人间，嫦娥也受到连累，即由神变成了人。西王母同情后羿，给了他“不死之药”。对于嫦娥来说，那药是她私吞的，由于药量重，致使身体飘上天空，但又不能回到天庭，只好飞进了月宫。唐代诗人李商隐同情她的孤单，在诗中说：“嫦娥应悔偷灵药，碧海青天夜夜心。”

人造了神，神又束缚住人。在这种精神的虚幻中，汉朝人是相信神的真实存在的。他们想象，神仙在天上过着无忧无虑、自由自在的生活。因而，人们都想方设法与神仙接近，与神仙交往。即使生前没有机会，也要在死后到天国中去。这种思想，一代一代地延续，不知影响了多少代人。

人死了，驾着马车驶向天国。【赏495】这幅画像所表现的是已临近天

▲赏495　车临天门　四川合江张家沟出土石棺画像，高75厘米、宽220厘米

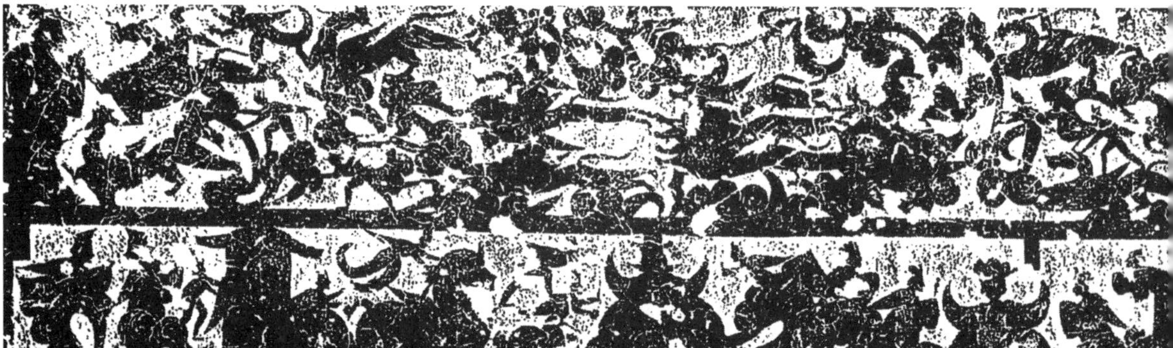

▲赏496　升仙图　山东嘉祥武氏祠后石室第二石，高134厘米、宽166厘米

国之门。天国中有楼阁，里面住着可使人长生的西王母。

【赏496】的死者已埋入坟墓，但其灵魂已被仙人接走，乘着马车，飞向太空。天上有东王公和西王母，以及各种羽人，都在云朵中飘动。

【赏497】仙人们出行了，有的乘龙，有的驾云，有的坐在龙车里。伏羲女娲仍然是亲密地将两个蛇身交缠在一起，地上的人正在拱手迎接。

【赏498】不知是在人间还是在天上，在有高大门阙的楼阁中，有仙人来访。仙人肩生两翼，同主人作六博之戏，房外引来了满天的祥禽瑞兽。

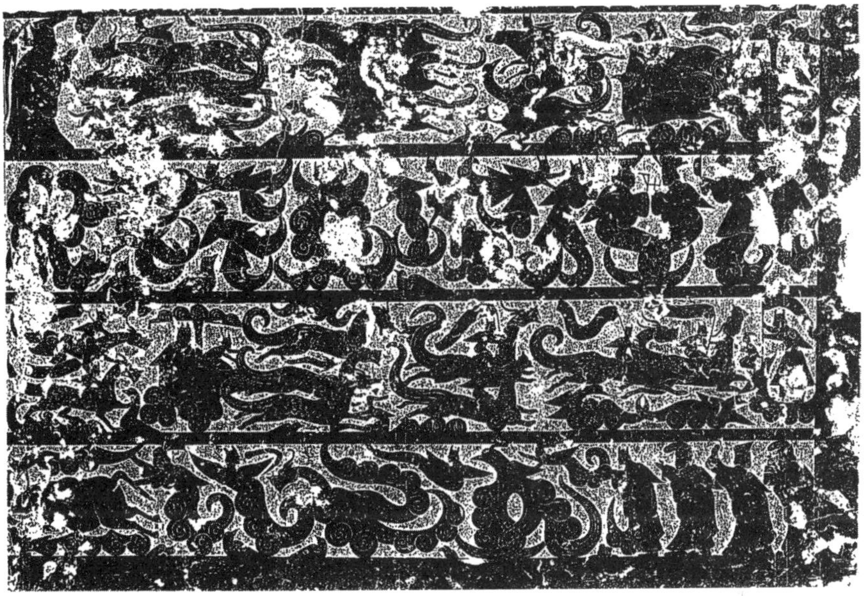

▲赏497　恭迎仙人图　山东嘉祥武氏祠后石室第五石，高121厘米、宽222厘米

▲赏498　与仙人对弈图　山东滕州城东宏道院出土，高80厘米、宽210厘米

▲赏499　神医图（四幅）　①神医治疗（山东嘉祥洪山村出土画像石局部）；②③④扁鹊针灸（山东微山两城镇出土画像石局部）

▲赏500　扬幡招魂图
山东滕州市官桥镇车站村出土，高97厘米、宽96厘米

【赏499】在汉朝人的观念中，人与神之间的界线是可以逾越的。神可以变为人，人也可以升为神。战国时的名医扁鹊，治病救人，起死回生，被誉为“神医”。到了汉代，山东人将他神化，据其名而塑造成一只人首鸟身的大喜鹊神。几幅不同的画面，都是扁鹊用石针给人治病，病者结队以求，视其为神灵。

【赏500】古人认为，人死后灵魂不灭，故有招魂之礼。画面中的招魂者，摇着招魂幡，召唤死者的灵魂归来。

参考文献

本参考文献仅限于有关画像石、画像砖的图录和论著，其他征引很多，恕不列出。

[1] 中国画像石全集编辑委员会（俞伟超主编）:《中国美术分类全集　中国画像石全集》（共8卷），山东美术出版社、河南美术出版社2000年版。第1卷《山东汉画像石（1）》，蒋英炬主编；第2卷《山东汉画像石（2）》，赖非主编；第3卷《山东汉画像石（3）》，焦德森主编；第4卷《江苏、安徽、浙江汉画像石》，汤池主编；第5卷《陕西、山西汉画像石》，汤池主编；第6卷《河南汉画像石》，王建中主编；第7卷《四川汉画像石》，高文主编；第8卷《石刻线画》，周到主编。

[2] 常任侠主编:《中国美术全集·绘画编18·画像石画像砖》，上海人民美术出版社1988年版。

[3] 张万夫编:《汉画选》，天津人民美术出版社1982年版。

[4] 顾森主编:《中国汉画像拓片精品集》，西北大学出版社2007年版。

[5] 山东省博物馆、山东省文物考古研究所编:《山东汉画像石选集》，齐鲁书社1982年版。

[6] 朱锡禄编:《武氏祠汉画像石》，山东美术出版社1986年版。

[7] 朱锡禄编:《嘉祥汉画像石》，山东美术出版社1992年版。

[8] 南京博物院、山东省文物管理处编著:《沂南古画像石墓发掘报告》，文化部文物管理局1956年。

[9] 徐州市博物馆:《徐州画像石》，江苏美术出版社1985年版。

[10] 徐毅英主编:《徐州汉画像石》，中国世界语出版社1995年版。

[11] 武利华主编:《徐州汉画像石》，线装书局2002年版。

[12] 韩玉祥、李陈广主编:《南阳汉代画像石墓》，河南美术出版社1998年版。
[13] 闪修山、王儒林、李陈广编:《南阳汉画像石》，河南美术出版社1989年版。
[14] 闪修山、陈继海、王儒林编:《南阳汉代画像石刻》，上海人民美术出版社1981年版。
[15] 南阳汉画馆编:《南阳汉代画像石刻(续编)》，上海人民美术出版社1988年版。
[16] 刘兴怀、闪修山:《南阳汉代墓门画艺术》，百家出版社1989年版。
[17] 张晓军、魏仁华、刘玉生编:《南阳汉代画像石砖》，陕西人民美术出版社1989年版。
[18] 黄留春编:《许昌汉砖石画像》，河南美术出版社1994年版。
[19] 王明兰:《洛阳西汉画象空心砖》，人民美术出版社1982年版。
[20] 南阳文物研究所编:《南阳汉代画像砖》，文物出版社1990年版。
[21] 张秀清、张松林、周到编:《郑州汉画像砖》，河南美术出版社1988年版。
[22] 薛文灿、刘松根编:《河南新郑汉代画像砖》，上海书画出版社1993年版。
[23] 关百益编:《南阳汉画像集》，中华书局1930年版。
[24] 闻宥集撰:《四川汉代画象选集》，群联出版社1955年版。
[25] 闻宥集撰:《四川汉代画象选集》，中国古典艺术出版社1956年版。
[26] 高文编:《四川汉代画像石》，巴蜀书社1987年版。
[27] 高文编:《四川汉代石棺画像集》，人民美术出版社1998年版。
[28] 龚廷万、龚玉、戴嘉陵编:《巴蜀汉代画像集》，文物出版社1998年版。
[29] 中国农业博物馆编，夏亨廉、林正同主编:《汉代农业画像砖石》，中国农业出版社1996年版。
[30] 冯云鹏、冯云鹓辑:《金石索》(“石索”部分)，书目文献出版社1996年版。
[31] 瞿中溶:《汉武梁祠画像考》(清道光五年刻本)，文物出版社1982年版。
[32] 常任侠编:《汉代绘画选集》，朝花美术出版社1955年版。
[33] 江苏省文物管理委员会编:《江苏徐州汉画象石》，科学出版社1959年版。
[34] 陕西省博物馆、陕西省文物管理委员会编:《陕北东汉画象石刻选集》，文物出版社1959年版。

[35] 北京鲁迅博物馆、上海鲁迅纪念馆编:《鲁迅藏汉画象》，上海人民美术出版社1986年版。
[36] 容庚:《汉武梁祠画像录》，考古学社1936年版。
[37] 顾森:《秦汉绘画史》，人民美术出版社2000年版。
[38] 黄宛峰等:《河南汉代文化研究》，河南人民出版社2000年版。
[39] 刘宗超:《汉代造型艺术及其精神》，人民出版社2006年版。
[40] 张从军:《黄河下游的汉画像石艺术》(上、下册)，齐鲁书社2004年版。
[41] 朱存明:《汉画像的象征世界》，人民文学出版社2005年版。
[42] 李发林:《山东汉画像石研究》，齐鲁书社1982年版。
[43] 韩玉祥主编:《南阳汉代天文画像石研究》，民族出版社1995年版。
[44] 黄雅峰:《南阳汉画像砖石的视觉造型》，河南美术出版社1994年版。
[45] 段拭:《汉画》，中国古典艺术出版社1958年版。
[46] 罗二虎:《汉代画像石棺》，巴蜀书社2002年版。
[47] 李荣有:《汉画像的音乐学研究》，京华出版社2001年版。
[48] 李凇:《论汉代艺术中的西王母图像》，湖南教育出版社2000年版。
[49] 内蒙古自治区文物考古研究所编:《和林格尔汉墓壁画》，文物出版社2007年版。
[50][美]巫鸿:《武梁祠——中国古代画像艺术的思想性》，柳扬、岑河译，生活·读书·新知三联书店2006年版。

后　记

在将画像石鉴赏的500余幅图快要选定的时候，已经紧张地工作了两个年头，深深地感到了它的分量，我自己也有些疲累了。几百块大大小小的石头堆在一起，虽然仅是千千万万画像石的一小部分，如若盖房子，将会垒起很宽敞的一所建筑。在山东嘉祥县的乡下，即距著名武氏祠的不远处，就有一座用画像石垒起来的“汉石桥”。当然，这座桥是以前的不识画像石的人修造的。好在我没有去抬石头，而是动用了拓片，也是厚厚的一摞了。

出乎意料的是，收到2008年第1期的《文物》杂志，见到一块新石头，而且引起了我的兴趣，这就是重庆云阳县出土的“汉巴郡朐忍令广汉景云碑”。吸引我的主要的不是它的碑文、书法和纹饰，而是别开生面的设计，并由此产生的联想。

“汉巴郡朐忍令广汉景云碑”刻于东汉熹平二年（173），是纪念和帝时的朐忍县令景云叔于，在他死后70年，由同乡后任朐忍县令雍陟立碑。碑首之上没有刻龙虎，而是将其放在碑的两侧，也没有刻日轮和月轮，而是将象征日月的金乌和玉兔刻在两边，在碑首的正中，刻了一个半掩半露的“妇女倚门”。

其实，就画面而言，“妇女倚门”的手法也不鲜见，在四川、山东、江苏的画像石中有不少这样表现，但都是在建筑物的半开门中，将其置于碑首中心的，则是只此一家，恐怕也不易找到重复者。

为什么要把“妇女倚门”刻在碑首呢？就碑而论，很难说明，只能从其他画像中寻找参证。重庆原属四川。1942年，四川芦山沫东乡石羊上村出土了一具石棺，棺首便刻成门的样子。门半开，一女子半露，倚门而望。她可能是个侍女。石棺是她们的安身之处，便把石棺当成了家。石棺埋在

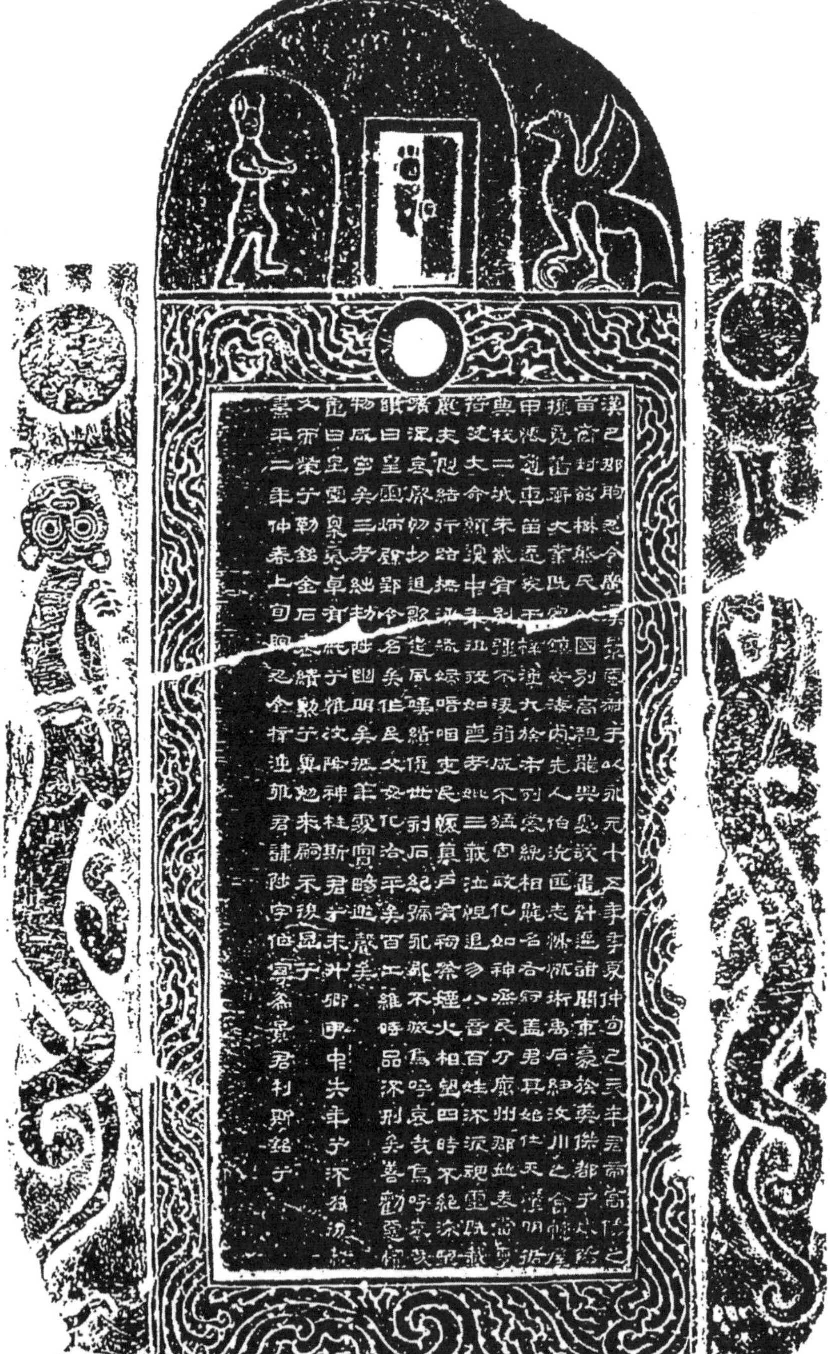

汉巴郡朐忍令广汉景云碑　重庆云阳县出土，通高240厘米、宽95厘米

土中，好像是地下的一座房子，长夜幽冥，看不到日月之光，吸不到外边的空气，听不到尘世的声音。因此，那女子从半开半掩的门缝中，向外观望，既是耐不住里边的孤寂，也可能是想看看外边的大千世界。这不过是画家的同情，为其中的人着想，并且想得很周到。就像江苏徐州一带的画像石，有的在厚厚的石板上凿一个透雕的窗子，也是同样的目的。

这具石棺的“门”旁刻有铭文。据此知道死者的名字叫王晖，卒于建安十六年，即公元211年。也就是说，王晖石棺晚于景云叔于碑，不足为证，它只是较合理地说明了前者，并非影响于前者。

四川画像中有不少这种“妇女倚门”的景象。如合江石棺画像是一座大庭院，门半开，一侍女显露半身；渠县赵家坪东无铭阙画像，虽已模糊，还能看出，似是倚门迎宾；成都曾家包汉墓的农作与养老图中，有一座庑殿式两层楼房，楼下门半开，一女子微露半身。还有两幅比较特别，都与西王母有关，可能是表现死后升仙的愿望。一幅是南溪长顺坡出土的二号石棺画像，画面中间刻元宝形门，半掩半开，一仙女探身张望。门左一间为西王母坐在龙虎墩上，门右一间有扶鸠杖的老妪和其他人，可能都是来向王母求助的。另一幅是荥经出土石棺画像，门在画面中间，一仙女扶门半开。门右为西王母端坐，门左有一对男女拥抱。

在山东的画像石中，倚门相望者多与迎送客人有关。如兰陵县城前村画像、历城全福庄画像、费县潘家疃画像。其中，城前村于1973年出土的画像石，刻于汉桓帝元嘉元年（151），画面为迎接宾客，比景云叔于碑早了22年，但两地相距很远，不知有没有影响的关系。

江苏徐州地区的画像石，画面中也有倚门相望的情景，多是在楼房建筑的门内半掩半开，露出侍者的半个身子，看情形有的似在迎送客人，有的似在把门，如睢宁墓山画像、睢宁双沟画像、贾汪白集画像、铜山耿集画像等。

从这些“妇女倚门”的画像看，虽然不能直接证明“汉巴郡朐忍令广汉景云碑”画像的来历，但可推断所刻“倚门”不是孤立现象，是将赞颂景云叔于的“德政碑”当成了他的归宿。换句话说，看到“妇女倚门”的画面时，应该将碑想象成是他的住处。那女子是从住所的门缝中向外探视的。

事隔1800多年，当我们欣赏这些画像时，不难感到，其中有两种关系：一是世俗的迎来送往，侍女们承担着陪伴的任务，要小心谨慎；二是主人死后进入墓室，在幽暗的环境里不见天日，甚至引起画家的同情，让她们从门缝里向外探视，以纾解苦闷。这是人同此心、心同此理的。由此可见，画家对生活的观察细致和表现入微，不仅揭示了社会的一个层面，也反映出人情不失。

汉代石工们所创造的艺术业绩是辉煌的。按照现代的专业分工，他们既是采石、打石的工匠，又是修造墓室的建筑师，而更重要的是在石面上刻画的画家。我们使用了“画家”的称谓，其实并不十分确切，因为那时候对于绘画、装饰、图案、工艺是不分的。对于他们来说，不仅是艺术的沟通，而是艺术的综合。

通过画像石，经历了4个多世纪的实践，在这种综合性的艺术中，中国的绘画走向了成熟。它孕育于墓葬文化，依托于建筑和石刻。虽然从雕刻的角度看未免过于平面，可是连汉朝人也没有想到，在造纸和拓印术发明之后，画像的拓片造就了中国特有的“拓印版画”，由此又开拓了纸本绘画的广阔天地。当我们回头来看画像石及其拓片时，那深沉雄大的气势，表现情节的“关系性的律动”，正是绘画成熟的明证。而那些画像石，是一种混元的艺术，“瓜熟蒂落，啐啄同时”，已到了分解的时候。所以说，画像的门不必再半掩半露了。打开那封闭之门吧，让室内透见阳光，从狭窄的墓室中走出来，通向宽阔光明的世界。

有人说我对画像石“情有独钟”，是因为它那磅礴的气势和巧构，以及所表达的情感，触动太深。也有人说我喜欢“破烂石头”，我不知说什么好。只是觉得，他和修“汉石桥”的人一样，却不知在那斑驳残破的背后，隐藏着多么丰厚的艺术精华！我视其为民族之魂。

张道一记于南京龙江

2008年春节，大雪